自行车全书

DK

自行车全书

全图解析 详尽历史

DK Penguin Random House

Original Title:The Bicycle Book

版权贸易合同登记号：01-2017-8724

图书在版编目（CIP）数据

自行车全书 / 英国DK出版社编著；《航空知识》译

. -- 北京：北京航空航天大学出版社, 2021.9

书名原文: The bicycle book

ISBN 978-7-5124-3180-5

Ⅰ. ①自… Ⅱ. ①英… ②航… Ⅲ. ①自行车－普及读物 Ⅳ. ①U484-49

中国版本图书馆CIP数据核字(2019)第240376号

自行车全书

英国DK出版社

《航空知识》译

策　　划：航空知识杂志社

执行总监：王亚男　俞　敏

翻　　译：孟繁荻　吴佩新　曹　金　张若愚

审　　译：吴佩新

责任编辑：王亚男

印刷装订：北京华联印刷有限公司

出版发行：北京航空航天大学出版社

北京市海淀区学院路37号（100191）

http://www.buaapress.com.cn

发行部电话：（010）82317024　传　　真：（010）82328026

读者信箱：bhpress@263.net　邮购电话：（010）82316936

开　　本：850×1168　1/16　印　　张：16　字　　数：823千字

版　　次：2021年9月第1版

印　　次：2021年9月第1次印刷

ISBN 978-7-5124-3180-5

定　　价：208.00元

若本书有倒页、脱页、缺页等印装质量问题，

请与本社发行部联系调换。

联系电话：（010）82317024

FSC 混合产品 源自负责任的森林资源的纸张 FSC® C018179

For the curious

www.dk.com

目录

1817—1899：自行车的诞生

在欧洲，由于动物饲料短缺，“劳夫机”（跑步车）最初成为热潮，后来广泛地流行开来。一系列的设计改良催生了第一批真正意义上的自行车。这是一个实验的时代，大多数具备现代特征的自行车都是在这时开发出来的。

1900—1945：日渐成熟

自行车曾是富人专属，但大规模生产使它们最终进入寻常人家，成为生活必需品，为人们的工作和娱乐带来了自由、独立和平等。设计上的改良使自行车变得更轻、更快，也更安全舒适。

1946—1959：黄金时代

对于自行车产业来说，战后的经济繁荣和公众的情绪变化开启了充满挑战性的时代，自行车销量下降，而汽车销量有所上升。不过自行车比赛越来越受关注，许多自行车新星们开始崭露头角，成为家喻户晓的人。

20世纪60年代：骑行的潮流

经历了一段时间的萧条之后，20世纪60年代自行车销量开始复苏。以美国施文公司为代表的自行车制造商们以全新的设计将目标瞄准了青年人市场。成人自行车市场也随着小轮车的出现而有所改善。这些设计精良、简单方便的自行车很适合城市骑行。

20世纪70年代：新浪潮

20世纪60年代出现了鼓舞人心的自行车设计，激励了新一代的骑行者，这是一个见证了新兴自行车运动的年代。此时赛车仍大受欢迎，尤其是在欧洲，而美国却出现了大量自行车探险运动——越野和山地自行车运动——在全世界掀起了一场风暴。

20世纪80年代：自行车的革新

20世纪80年代，随着自行车比赛越来越专业化，人们开始使用铝镁合金和碳纤维制成的车架。这种车架更轻，更快，更符合空气动力学。不仅是赛用自行车，即使对于日渐流行的山地自行车来说，这也是一个决定性的时代。它们的设计在迅速发展着，没过多久就出现了具备前后悬挂装置和复杂变速齿轮的车型。相比之下，越野自行车仍忠于最初的设计——简单粗犷。

20世纪90年代：走向全球

越来越多的人开始担心空气污染和全球变暖。不断兴起的环保运动团体倡导可持续发展，将自行车作为汽车的替代品。在许多城市，骑自行车上下班已是普遍现象。

2000年之后：自行车大众化

随着液压制动、电子变速、电池辅助推进技术的实现，自行车的设计、部件和材料进一步得到了改良。自行车再次成为城市生活的一部分，现在有许多城市可以提供自行车租赁服务。

自行车部件

本章阐述了自行车基本工程原理，详细介绍了各组件及其功能的重要性。

自行车的革命

现如今，孩子们很快就能学会骑自行车，这多亏了一项新发明——“平衡自行车”。人们不必借助于平衡装置就能保持平衡，人人都可以从中获得乐趣。

但有谁知道，这种平衡车其实已经有200年的历史了？早在1817年，第一款为成人设计的脚踏车问世了，它以发明者德赖斯命名，或者叫它“跑步车”也可以。那一年由于印度尼西亚坦博拉火山爆发，全年天气阴霾，导致全球动物饲料短缺，于是德赖斯脚踏车成为了马匹的潜在替代品。

德赖斯知道，人们不愿意双脚离地，在很大程度上限制了自行车行进的可能性，而限制这种新型“人 - 机 - 道路”系统普及的最大障碍，其实是骑行者们潜在的忧虑。1864年，美国掀起了滑旱冰的热潮，至此，忧虑才有所缓解。人们仅仅安心地把双脚置于踏板之上，就历经了50年的时间。而一旦熟练骑行，年轻人就把自行车变成了心中的自由机器。翻开20世纪的回忆录，其中充满了欢乐，人们外出旅行的次数增多了，与异性交往的机会也更多了。年轻的情侣很快就学会了骑着自行车躲开家长们，而结婚后还可以骑着双人自行车去度蜜月。

与此同时，在20世纪早期，法国的自行车旅行俱乐部推出了名为“斜对角”（diagonales）的一整套骑行路线，其纵横联通，遍及全法，人们甚至可以在夜间骑行。在长途旅行的过程中，世界各地的自行车爱好者们骑行的距离越来越远，经常会穿越那些欧美人原本很少涉足的危险地带。实际上，第一次陆地上的环球旅行是通过自行车实现的。

如今，越来越多的车手选择跨洲骑行作为一种大众的旅游形式，而且最快的旅行纪录在不断被刷新。

从实践角度而言，从19世纪90年代后期开始，工人们已经能够骑车回到位于新郊区、绿树成荫的住所，因为这时他们已经能负担得起自行车的价钱了。骑车也成为了运送货物、信件的一种方式，有了它，传递电报也更快了。在城市和郊区，医生、助产士和神职人员为了工作需要，把自行车作为更快捷、更方便的交通方式。消防员、医护人员、警察和军队也利用了自行车快速的优势。某种程度上，维多利亚时代晚期的机动车指的就是自行车。后来，这些自行车先驱逐渐以崭新的形式回归了今天的城市，变成了快递车、警用车乃至载客三轮车。自行车是当今所有专用机动车的先驱。

19世纪90年代，自行车进入繁荣时期。尤其在美国，自行车很畅销。商人们制造或销售整车及配件，获得了财源滚滚的致富机会。而对于与自行车存在竞争关系的运输服务部门来说，这却是灾难性的。官办马场、饲料供应商等与供应、饲养马匹相关的行当遭受了沉重打击，1896年仅在纽约地区就损失了约1.12亿美元。富裕家庭对于马夫和牧马人的需求也减少了。

一些与自行车不那么相关的行业也明显地受到了影响。年轻的新婚夫妇可能曾经为了买一架钢琴而省吃俭用，现在却以同样的价格买了两辆自行车。在奢侈的生日或者圣诞聚会上，送怀表作礼物已经太老土。人们现在喜欢腕表，因为骑车时看时间更方便。

很少有人类使用的物品能像**自行车**这样，在一定社会环境下**创造**了如此伟大的**革命**。

美国人口普查局，1900 年

骑车甚至影响了吸烟的习惯：美国人每天少抽了 100 万支雪茄，因为他们骑自行车时不方便吸烟。骑车也减少了读书看报以及喝酒的机会，因为他们不再无所事事，而是在外骑行。甚至剧院和音乐厅的上座率也降低了。曾经观众会在去剧院之前理个发，而连锁反应导致理发师也失去了这部分生意。

制帽、制衣、制鞋业也变得非常不景气。骑车的人穿便宜的俱乐部制服和沙滩鞋，这些都是现成的，不需要定制，从而成衣产业出现了。女款自行车普及之后，女士们穿上了阿梅莉亚 · 布卢姆早期开创的“理性服饰”——蓬松长裤，在短时间内，让女性解放运动获得了决定性的推动力。紧身胸衣也被“解放服装”（如新发明的文胸）取代。与此同时，德国的生活方式改革家古斯塔夫 · 耶格尔倡导的轻量级毛呢和内衣也被男性所接纳。爱尔兰作家兼剧作家乔治·萧伯纳是一名自行车爱好者，他就是耶格尔所谓的“普通服装”的早期使用者。如今，耶格尔公司在英国仍然是一个时尚品牌。

继缝纫机之后，自行车是第二种进入家庭的复杂机器。大批外行人学会了修车技术：修补、更换轮胎，修理车灯，处理技术问题如辐条损坏或刹车片磨损。

自行车被当作一种交互式的车辆物理性能测试装置，机械工程师可以用它来来评估设备的性能，现在一些国家仍然适用。充气轮胎就是早期的一个例子，几十年前的马车夫没有料到它的潜力，而自行车制造商却独具慧眼，重新改造了它。

长期以来，蒸汽动力占主导地位，自行车技术被技术官僚们嗤之以鼻，但自行车却引发了 19 世纪末期轻质材料、高科技工程的热潮。难怪自行车为汽车和飞机的出现铺平了道路。轻质钢管、焊接技术、冲压钢技术、变速传动装置，都随着自行车的发展受到了很大程度的推动。许多汽车制造商都来自于自行车制造业，建造并试飞第一架飞机的莱特兄弟是自行车技工，这些都并非巧合。

自行车也对美国的公路改造产生了重大影响。正如著名汽车历史学家詹姆斯 · J · 福林克所说：“在此之前，没有哪一项技术创新对汽车业的发展如自行车一般重要，甚至是内燃机的发明。”

托尼 · 哈德兰与汉斯 – 艾哈德 · 莱辛

自行车历史学家

1817—1899

自行车的诞生

VÉLOCIPÈDES
DOMBRET & JUSSY
St. ETIENNE LOIRE
Aoh !
oh ! enfoncées les Machines Anglaises

自行车的诞生

就像许多世界上最伟大的发明一样，我们现在所熟知的机器——自行车，是因需求而诞生的。1812 年的欧洲，农作物歉收接二连三，由于缺乏动物饲料，马匹供应短缺，人们缩短步行时间的需求出现了。这促使德国的一名公务员开发了一种以人力为动力的交通工具，以减少对马匹的依赖。卡尔 · 冯 · 德赖斯将他 1817 年的发明命名为“劳夫机”（跑步车）。

虽然他的设计缺少脚踏板，但德赖斯意识了到仅用两个轮子就能向前运动并保持平衡，他把这项突破归功于观察溜冰运动员。“劳夫机”——也叫作老式脚踏车、脚蹬两轮车或“蹬地马”——很快流行起来，在欧洲掀起了一股热潮。然而到了 19 世纪 20 年代，由于安全问题，它已经绝迹了。这种创意在 19 世纪 60 年代重新流行起来，巴黎，一辆脚蹬车的前轮装上了踏板曲柄。这一革命性改进的发明者并不为人所知——在随后的几十年里，有人提出了几点质疑——不过可以确定的是，在 1867 年，皮埃尔 · 米修是第一家大规模生产这种脚踏车的制造商。就像冯 · 德赖斯之前的“劳夫机”一样，很快就拥有“震骨机”绰号的脚踏车在颠簸之旅后立刻流行起来。这是人们第一次双脚离地在两个轮子上保持平衡，同时还可以前进。自行车就这样诞生了。

△ 卡尔 · 冯 · 德赖斯（1789—1851）是一位硕果累累的发明家。他的成果包括速记机、节能炉具和“劳夫机”。

“骑上**脚踏车**吧！”这是一批勇敢的巴黎人**大声疾呼**的战斗口号，他们是这种**新式运动**方式的**狂热**爱好者。

《体育》，1867

◁ **这幅平版画上，英国自行车被人们嘲笑。**1880—1900 年之间，该画由法国制造商布莱特和瑞希公司出版。

重大事件

▷ **1817** 卡尔 · 冯 · 德拉斯在首次设计了一辆人力驱动的四轮马车后，展示了他的两轮“劳夫机”。

△ **兴起与衰落**
整个欧洲都效仿了德赖斯的设计，不过在 19 世纪 20 年代，它的人气下降了，因为有一些国家禁止在道路上骑车。

▷ **19 世纪 30 年代** 三轮车和四轮车变得很受欢迎，因为它提升了车手的安全度。

▷ **1866** 皮埃尔 · 拉勒门特骑行了 12 英里（19 公里）到达美国康涅狄格州纽黑文市，是在欧洲以外的第一项脚踏车纪录。

▷ **1868** 第一场自行车比赛在巴黎的圣克鲁公园举行。英国人詹姆斯 · 摩尔赢得了四分之三英里（1200 米）的比赛。

▷ **1869** 巴黎工程师尤金 · 梅耶尔发明了一款带辐条的车轮，还开发了一种高轮车。这种车的前轮比普通车轮大，用以提高自行车速度。

▷ **1880** 高轮车（后来被称为“平常车”或“大小轮自行车”）的车轮直径达到了峰值，有 5 英尺（1.5 米）那么大。

▷ **1885** 约翰 · 肯普 · 斯塔利推出了“罗孚安全自行车”，这是世界上第一种在商业上获得成功的后轮链条驱动自行车。

▷ **1888** 苏格兰兽医约翰 · 博伊德 · 邓洛普发明了充气轮胎，极大提高了自行车的效率和舒适性。

早期的自行车

第一辆人力驱动的两轮装置是“劳夫机”。1817 年，卡尔·冯·德赖斯发明了“劳夫机”并获得了德国专利，它结合了自行车的三大主要原理，即如何推进、转向、平衡。车手用脚蹬地前行，同时用车把保持平衡。19 世纪 60 年代，巴黎的米修公司改进了“劳夫机”。米修将曲柄和踏板连接到自行车前轮上，车手们就即使双脚离地也可以向前行进。这种自行车通称为脚踏车，自行车进入新的发展阶段。

▽**“劳夫机”1817**

起源	德国
车架材质	木质
传动装置	单速
车轮参数	前轮 24 英寸（60 厘米），后轮 30 英寸（75 厘米）

这是第一辆在商业上获得成功的自行车，在全欧洲范围内制造了几千辆。“劳夫机”引领时尚，通常被称为“好比驹”（hobby horse）或“蹬地马”(dandy horse)。1817 年冯·德赖斯男爵用不到一小时的时间骑行了 8 英里（13 公里）。

木质把手

一个上下一体的简单木条连接着圆形木质把手控制着自行车的方向。车把偏移量不足，使得转向变得很不稳定，实施微小的方向调整也很敏感。

后-车座固定座

车座被粗略地悬挂在皮带上，安装在两个锚点上，一个在车架前部，另一个在后部。

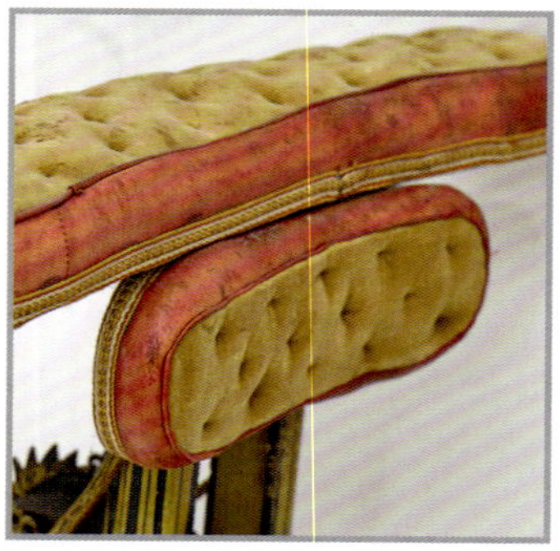

胸部固定座

胸部固定座由马鬃填充，装上了软垫。它为快走中的车手提供了一个柔软的阻力区。

车座调节器

弯曲的棘轮加大了支撑鞍座的皮带拉力；转动棘轮可以减少皮带松弛。车手越重，需要的拉力就越大。

车架前部细节

一个雕花彩绘的木盒子用来放置车把及转动前轮的机械装置。

◁ **柯克帕特里克 · 麦克米兰 脚踏车 1839**

起源 英国

车架材质 木质

传动装置 单速

车轮参数 前轮 30 英寸（75 厘米），后轮 40 英寸（102 厘米）

柯克帕特里克 · 麦克米兰是一名铁匠。人们通常认为是他发明了后轮驱动的自行车。麦克米兰制造了其中一辆使用无框木质车轮的自行车——前轮可以操纵，较大的后轮由一个连杆与踏板相连的曲柄驱动。

▷ **“链轮” D 19 世纪 60 年代中期**

起源 德国

车架材质 铁质

传动装置 单速

车轮参数 前轮 38 英寸（96 厘米），后轮 30 英寸（75 厘米）

“链轮”（德语为 Tretkurbelrad）是德国最早的高轮脚踏车之一。弯曲的车架由两部分铁构件组成，使得“链轮”车形更加优雅，并且让量产成为可能。这种车的前轮更大，这样就能在更高的位置设置传动装置。

▽ **米修脚踏车 1865**

起源 法国

车架材质 锻铁

传动装置 单速

车轮参数 前轮 38 英寸（96 厘米），后轮 30 英寸（75 厘米）

米修公司改进了“劳夫机”，将曲柄和踏板安装到了前车轴上。这种自行车有着金属车架和带有铁制轮胎的木头车轮，骑在铺满鹅卵石的道路上会令人不舒服，所以它有一个绰号——“震骨机”。

▷ **过渡期的脚踏车 约 1870**

起源 欧洲

车架材质 锻铁

传动装置 单速

车轮参数 前轮 38 英寸（96 厘米），后轮 18 英寸（45 厘米）

脚踏车的车手需要是一个高大健壮的人，这是脚踏车的问题所在。为了降低骑车的难度，制造商们生产的自行车后轮越来越小，却保留了较大的前轮。实际上，这些双轮车结合了脚踏车和普通自行车的某些特点。

1869 年左右，在巴黎最受欢迎的自行车场地——布洛涅森林举行的比赛。

大型制造商

米修

虽然，皮埃尔·米修是否发明了以他名字为代名词的脚踏车仍没有定论，但他是第一个大规模生产这种机械的人。幕后还有一群英雄们，他们的角色同样举足轻重，包括米修创业背后的智囊团——奥利维尔兄弟。

19 世纪 60 年代的巴黎出现的曲柄脚踏车是自行车演化史中的一座里程碑，这段历史可以追溯到 1817 年卡尔·冯·德赖斯发明的“劳夫机”。这是自行车历史上至关重要的时刻，铁匠皮埃尔·米修是这其中的关键人物。德赖斯的“劳夫机”必须要快速跑步才能前行，这需要车手们跨很大的步子，并且会磨损鞋靴。米修给脚踏车加上了曲柄和踏板。

米修&CIE自行车标识

第二代脚踏车有米修的署名（1868 年 9 月—1869 年 4 月）

这意味着车手能够驱动前轮在平地和坡面上骑行，这项技术改进确保了脚踏车的流行。尽管中间的几十年时间里，三轮、四轮脚踏车（手动或脚动）也得到了发展，但是没有获得广泛认可。

1813 年，米修出生在法国东北部的巴勒迪克，在早期事业失败之后，41 岁的米修搬到了巴黎。最初他为马车制造商工作，1858 年米修在戈多莫鲁瓦城的香榭丽舍大道旁建立了自己的工厂。

可锻铸铁似乎是制作车架过程中的一项高效又划算的加工处理工艺，米修作为一名铁匠，在这方面具备专业的知识。他利用专业工具及相关技能来塑造其他共同构成“震骨机”自行车的金属部件——车叉、弹性车座和车把。脚踏车的轮子、轴承以及刹车都是受当时马车部件的影响。

米修得到了富有的奥利维尔家族的支持。勒内·奥利维尔和艾米·奥利维尔都是就读于巴黎中央理工学院的工科生，他们痴迷于脚踏车的设想。1863 年，艾米在笔记本上勾勒出了无踏板脚

1869年后，约瑟夫·路克时期的油画

约瑟夫·路克画的《脚踏车比赛》是已知当时最早描绘脚踏车比赛的画作。照片中的场景发生在法国东南部的格雷镇，该小镇在第戎附近。

第一代米修脚踏车 1868

19 世纪 50-60 年代 轮滑的流行趋势席卷了整个欧洲，向人们证明了轮子能在转动的同时保持平衡。

1853 随着巴黎奥斯曼大道逐渐现代化，街道路面也越来越平整，骑自行车变得更容易了。

1865 奥利维尔兄弟测试了铸铁材质的脚踏车，代替之前的熟铁材质。

1866 勒内 · 奥利维尔和皮埃尔 · 米修在上半年合作制造了可锻铸铁材质的脚踏车。

第二代米修脚踏车 1868

1867 有着弯曲车架的第一代米修脚踏车投入了市场。

1867 米修脚踏车大受欢迎，以至于截止到年底，法国有多达 150 家独立制造商在生产这种车。

1868 法国、美国和英国最初使用“自行车”这个专业术语来描述带有踏板的两轮脚踏车，取代了“踏板脚踏车”这一累赘的称呼。

巴黎公司的木质车轮 1869

1868 第二代米修脚踏车的特点是奥利维尔兄弟和乔治 · 德 · 拉 · 博格里斯（Georges de la Bouglise）的改良专利：可调节的刹车、可调节曲柄、可自动复原脚踏板以及轮轴可自动润滑的车轮。

1868 米修脚踏车赢得了一枚皇室印章——这是来自 12 岁皇子路易 · 拿破仑的认可。

1869 4 月份，奥利维尔兄弟与皮埃尔 · 米修因一起诉讼案件而决裂。

巴黎公司的钢制辐条式车轮 1870

1869 勒内 · 奥利维尔成立了巴黎公司，并且在 9 月份举办了著名的巴黎鲁昂公路赛。当月销售量达到 300 辆的峰值。

1874 巴黎公司宣称破产，负债超过百万法郎。

19 世纪 90 年代 在民族主义的推动下，到底是谁发明了自行车，引发了德国和法国的竞争。法国方面认为皮埃尔 · 米修和他儿子才是“自行车之父”。

蹬车的设计。

他们的父亲朱尔斯拥有好几家化工厂，1864 年朱尔斯在笔记本条目中呈现了带有足尖支撑的自行车设计图。不过，米修并不是第一个与奥利维尔兄弟打交道的潜在制造商。

查尔斯 · 萨金特是巴黎的一名汽车制造商，他在 1864 年为奥利维尔兄弟打造了一辆原型脚踏车，而据说在 1863 年制造了一辆脚踏车的皮埃尔 · 拉勒门特也与奥利维尔兄弟合作过。不过，米修才是为奥利维尔兄弟造出了第一辆踏板自行车的人。尽管奥利维尔兄弟和他们天赋异禀的工程师朋友乔治 · 德 · 拉 · 博格里斯投入了资金和脑力，他们制造的所有脚踏车上面签署的是米修的名字。

虽然无法证实谁是第一个为两轮脚踏车加上踏板和曲柄的人，但在 1864 年，巴黎就已经出现了踏板自行车。

1865 年，拉勒门特带着一大堆脚踏车零部件移民美国。同年，奥利维尔兄弟和博格里斯从巴黎骑行到了里昂——全程 300 英里（482 公里）。与此同时，住在米修工厂附近的一位年轻的英国人詹姆斯 · 摩尔买了一辆木质车架的米修脚踏车，他后来赢得了第一场自行车比赛的冠军。

“年轻人的消遣，工人们的梦想。”

1868 年，《巴黎生活》对米修脚踏车的溢美之词。

一年后，报纸上开始报道脚踏自行车的消息。

1866 年中国官员在游览西欧的时候这样形容“劳夫机”和脚踏车：巴黎街上，车手用脚蹬地，车子向前如骏马奔驰。那年 4 月，法国媒体《安省报》（Le Le Journal de l' Ain de l' Ain）报道了 3 位骑踏板自行车的年轻人。11 月，拉勒门特向美国当局提交了一份与米修脚踏车几乎完全相同的设计，这是迄今已知最早的脚踏车专利。

勒内 · 奥利维尔
（1843—1875）

1867 年，米修脚踏车开始实际生产，员工从 4 人增加到 15 人，包括米修自己和他儿子欧尼斯特在内。那年生产的第一代脚踏车拥有可锻铸铁材质的弯曲车架，皮革座垫通过细长的弹簧悬挂在车架上以抵消路面的颠簸。车轮包含木制辐条和铁“轮胎”，前轮比后轮稍微大一点，直径约为 36 英寸（91 厘米）。

通过向后踩脚踏板可以达到制动的目的，也可以转动手把，拉动皮带从而将后轮的刹车装置锁死。到 1868 年，米修工厂已有 60 名工人。随着脚踏车热潮的兴起，现存的马车制造商也加入到了这股潮流中。

1868 年 5 月，笛卡尔 · 奥利维尔由于怀疑米修公司盈利的能力，于是他发起一项合伙协议，成立了米修公司。米修在巴黎负责管理工人和生产奥利维尔兄弟在里昂负责采购、宣传和账目。

由奥利维尔兄弟和博格里斯做过一系列专利改良的第二代脚踏车在同年夏天开始生产。新的车架是由强度更高的锻铁制成的，而不再使用米修的铸铁，并且采用单斜梁的形状。车架在后轮的车叉处终止，取代了强度较弱的弯曲车架。

座垫的位置提高了，这样车手就能双脚离地，这一趋势在高轮车“四分之一便士”的设计中达到顶峰。

尽管新的脚踏车很受欢迎，米修公司的情况却不太好。米修与曾帮助自己在生意中获利的奥利维尔兄弟之间出现了裂痕，这导致了 1869 年 4 月的公司清算，尽管米修仍继续以个人名义经营到年底。

奥利维尔兄弟在 1869 年 4 月成立了巴黎公司，前身就是米修公司。他们对该公司进行了大量投资，整修了车间，并做出了新的设计，比如带有辐条的车轮。1870 年的普法战争，1872 年的脚踏车热潮消退，加之奥利维尔兄弟经营不善，都暗示着 5 年后公司的倒闭。而米修品牌以及奥利维尔兄弟做出的贡献，则载入史册。

新的热潮

左边是一本 19 世纪末的图书，展示了米修脚踏车的社会地位。而右边是 1869 年左右巴黎公司的一幅海报草图。

高轮车

19 世纪 70 年代见证了好几项冶金术的改进，包括空心自行车架和带辐条的车轮。同时，由于前轮的直径在不断增大，使得脚踏板的旋转过程更加平稳且增大了轮子与地面的接触面积。这些因素促成了高轮自行车（一种前轮大后轮小的脚踏车）的出现。一些人认为这是一种危险的自行车，因为车手可能会在摔倒时头先着地。然而，它比当时的脚踏车简单轻便，速度也更快，虽然想要买到它需要花费几个星期的工资，但是它非常耐用。高轮车的灵感来源于克兰普顿火车巨大的驱动轮。

巴黎的机修师尤金 · 迈耶为他的带有径向金属辐条车轮的高轮车申请了专利。考文垂的詹姆斯 · 斯塔利用切向辐条改进了车轮，今天我们还在沿用他的标准。

▷ 常见自行车 19 世纪 70 年代左右

起源 不详

车架材质 钢

传动装置 单速

车轮参数 前轮 58 英寸（147 厘米），后轮 18 英寸（45 厘米）

这是一款典型的大批量生产的普通自行车，它的前轮很大，那时候可以轻松地碾过未铺的路面。有了可以旋转的前叉，中空车架就能够遵循前轮的轨迹了。后轮上方安装了挂钩。

▷ 常见自行车 19 世纪 70 年代

起源 英国

车架材质 钢

传动装置 单速

车轮参数 前轮 50 英寸（127 厘米），后轮 18 英寸（45 厘米）

英国考文垂有 200 家自行车制造商，这款高轮车来自于其中规模最大一家。他们最初是缝纫机制造商，以优质的工艺而闻名。在那工作的一些人引领着自行车的发展，包括英国发明家詹姆斯 · 斯塔利。

后轮刹车装置

这种带有拉线的勺形制动器让人联想起巴黎的曲柄脚踏车。为了避免在刹车时打滑，车手必须将重心转移到后轮上。

踏板装置

交替踩动踏板，将皮革驱动带从轮子两侧的鼓上拉开。自由轮的弹簧重新绕上皮带，抬起踏板。

◁ 马尔希和克雷茨希马尔“安全之星”1887

起源 德国

车架材质 钢

传动装置 双速

车轮参数 前轮 18 英寸（45 厘米），后轮 42 英寸（107 厘米）

“安全之星”有几项新的改进：后轮由弹簧皮带驱动，通过调整齿轮可以实现不同的传动比。脚踏板可以单独或一起使用，因此不同身高的人也可以骑同一辆车。

▷ 美国“鹰”牌 1889

起源 美国

车架材质 钢

传动装置 单速

车轮参数 前轮 52 英寸（132 厘米），后轮 20 英寸（50 厘米）

美国“鹰”扭转了普通高轮车的大小轮格局，能防止车手在摔倒时头先着地，但是容易让车手在上坡时向后摔。

脚踏板

“鹰”牌自行车制造公司为其镀镍钢踏板安装了可拆卸的脚趾夹，帮助车手在骑行时能够把脚踩在踏板上。

轮毂

前轮毂内的行星齿轮实现了曲柄转动一周带动车轮转动两周的功能。

◁ 赛康比－博尔特“电报混血”1892

起源 美国

车架材质 钢

传动装置 单速

车轮参数 前轮 30 英寸（75 厘米），后轮 24 英寸（60 厘米）

赛康比－博尔特制造了“电报”牌自行车，它的轮子比普通自行车或“鹰”牌自行车都要小。这款车受到了女性车手和美国通讯金融企业（如：西部联盟电报公司）邮差的欢迎。

斯塔利的“皇家萨尔沃”

对于上流社会优雅的车手来说，高轮车象征着勇敢大胆、自命不凡，那么斯塔利“皇家萨尔沃”就是一位成熟稳重的大表姐，象征着精致的骑行方式。三轮车的稳定性和舒适性消除了骑高轮车和老爷车的固有危险。1877 年首次亮相时，“萨尔沃”是当时最先进的三轮自行车，它的几项创新仍是当今自行车的核心技术。

英国人詹姆斯 · 斯塔利是三轮自行车先驱之一，他是个生气勃勃、创意不断的发明家，从修理改进缝纫机一路走到改造米修老爷车。早期高轮车出现后，斯塔利曾让一位女车手坐在前轮侧面，不再骑在车上。新自行车的稳定性很差，所以斯塔利给它加上了第三个轮子。第一辆三轮车就这样诞生了。

斯塔利在 1877 年制造的“萨尔沃”三轮车具有开创性的技术突破。1881 年，维多利亚女王在购买了其中两辆之后授予了这款自行车“皇家”称号。第一辆三轮车装有脚踏板和链条，它还具有一个差速传动装置——在车轴上的联锁齿轮装置，从而改善转弯的效果。

“皇家萨尔沃”在英国取得了成功，三轮车制造业处于领先地位。这一趋势很快在美国流行开来，并向欧洲、亚洲和澳大利亚出口。自从斯塔利免费向其他工程师提供想法供他们参考后，“皇家萨尔沃”对于推进自行车、三轮车、甚至汽车的技术发展也发挥了重要作用，其差速传动齿轮和链传动技术被第一批汽车采用。

手刹

变速飞轮杆

差动齿轮，位于轴驱动装置内，允许车轮独立转动

后平衡轮，防止自行车向后翻倒

规格参数	
起源	英国
设计师	詹姆斯 · 斯塔利
时间	1880 年左右
车架材质	钢
传动装置	双速
制动	带式刹车
车轮参数	前轮 19 英寸（44 厘米），后轮 48 英寸（120 厘米）
重量	不详

*“它们已经成为一种令人**着迷**、**兴奋**的运动及旅行方式。”*

1878 年 伦敦《世界报》对三轮车的描述

部件

“萨尔沃”自行车以其更加安全的享乐方式吸引了越来越多挑剔的爱好者们，同时它的成功也离不开优质的产品特性和工艺。使用杠杆刹车，前轮转向，拥有曲柄和踏板，装有切向辐条的车轮，甚至是一盏车灯，都让“萨尔沃”走在了三轮自行车技术的前沿。

1. 布鲁克斯双弹簧夹皮革车座 2. 后平衡轮 3. 轮毂和辐条，后驱动轮 4. 变速器包括：大间距链条、带式制动器轮毂齿轮，以及由手动杆操作的双速固定齿轮 5. 装有4个橡胶柱的脚踏板 6. 用于转向的左侧马镫手柄 7. 刹车杆 8. 向后的车铃 9. 可以发出白红两色光的电石车灯

3

1

4

2

5

6

7

8

9

大型赛事

1896 年巴黎—鲁贝经典公路自行车赛

这是自行车单日赛历史上最值得纪念的一场比赛，它之所以这么著名是因为自从这场比赛之后，人们就开始大范围的在鹅卵石道路上骑车了。自 1977 年起，鹅卵石成为了比赛奖品之一。

1896 年巴黎—鲁贝公路赛的一幅广告海报

几乎所有的专业车手都梦想着赢得巴黎—鲁贝公路赛，但只有极少数人能克服比赛中糟糕的路面条件。每个车手都只能选择这一条路，这就要求车手拥有强健的体魄、无畏的精神以及熟练的技巧。1896 年，法国北部的大部分道路上都铺满了鹅卵石；可如今，比赛的组织者却不得不寻找鹅卵石道路。

鲁贝位于法国北部加来海峡区，在比利时的边境。这里曾经是法国的工业中心，到处都是煤矿、钢铁厂和纺织厂。对于马车来说，鹅卵石是最好的路面，可是后来出现了重载卡车。矿山、工厂和磨坊雇用了大批工人，尽管工作非常辛苦，但是这批新的工人阶级很享受观看自行车赛的闲暇时光。为了迎合工人们的热情，两家纺织品制造商，西奥多·维也纳和莫瑞斯·佩雷兹，在弗特街修建了一个自行车赛车场。它于 1895 年开放，美国的传奇自行车短道选手梅杰·泰勒首次亮相欧洲赛场就是早期在这里举办的一场轨道赛。

冠军车手 莫里斯·盖利

盖利在第一届巴黎—鲁贝公路赛中获得了第三名，在 1897、1898 连续两年巴黎—鲁贝公路赛中夺得冠军，1903 年环法自行车赛冠军也是盖利。

维也纳和佩雷兹需要宣传他们雄心勃勃的赛事。他们认为，举办一次从巴黎出发的自行车公路赛能够吸引人们的眼球。在法国自行车主流报纸《自行车报》的帮助下，这两位实业家在 1896 年筹办了第一届巴黎—鲁贝公路赛。

第一届比赛

第一届比赛全长 174 英里（280 公里），起点设置在巴黎《自行车报》的公司门口，一路向北到达皮卡迪地区的亚眠市，然后到杜兰市，在那里转向东北到达阿拉斯，之后再向北，抵达鲁贝。

不幸的是，有一半的参赛者甚至都没有出发。他们大多没见过法国北部的道路，也从没听说过那里路面有多糟糕，而且那天还在下雨。

比赛刚开始不久，选手之间就拉开了差距。专业的双人自行车选手保持着较快的速度。皮卡迪颠簸崎岖的道路是参赛者的最大障碍，路上铺满了鹅卵石，而且北部地区的赛道路面情况更糟。

最终德国的约瑟夫·费舍尔以 9 小时 17 分的成绩赢得了比赛，平均速度是 18.7 英里 / 小时（30.2 公里 / 小时）。他比第二名选手（丹麦的查尔斯·梅耶）提前 25 分钟到达赛场。观众们很享受这场比赛，全程通过电报了解赛况，然而当费舍尔进入赛场的时候，观众们鸦雀无声。

他们被费舍尔的样子震惊了：全身布满了煤灰和泥土，还有摔倒留下的干涸血迹。只有两名选手在费舍尔到达后的一小时内完成了比赛，分别是 7 年后赢得了环法自行车赛的法国人莫里斯·盖利和威尔士车手亚瑟·林顿。德国车手再一次赢得巴黎—鲁贝公路赛已经是 119 年之后的事了。2015 年德国人约翰·德根科尔布赢得了比赛。

第一届巴黎—鲁贝公路赛起点处的参赛者们

这场比赛于 1896 年 4 月 19 日（周日）举办，原定于两周前的复活节，但是由于宗教原因，比赛推迟了。在随后的几年里，比赛都在复活节进行，因此有一阵子它被称为“复活节自行车赛”。

“北部地狱”糟糕的路面

在 2015 年的巴黎—鲁贝公路赛上，比利时车手尤尔根·洛兰德斯急转弯。鹅卵石道路根据粗糙程度按一至五星评分，法律上“巴黎—鲁贝之友”爱好者群体负责保修维护这条赛道。

重要事件

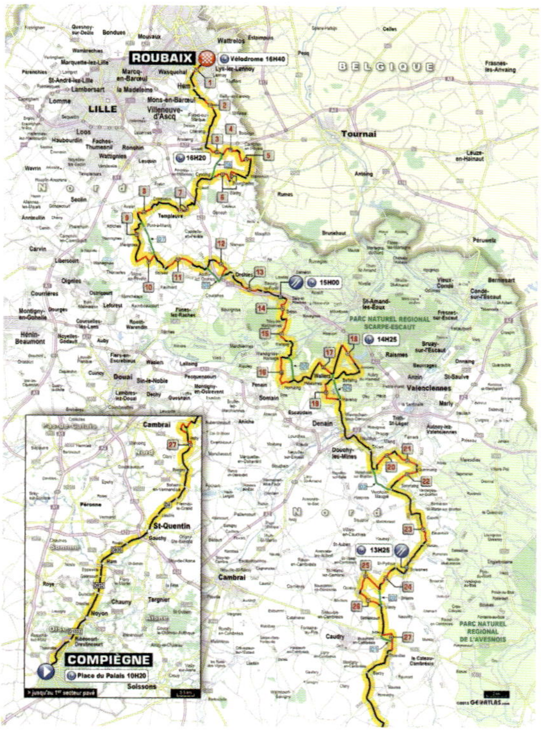

排行榜

第一名：约瑟夫·费舍尔，德国
第二名：查尔斯·梅耶，丹麦
第三名：莫里斯·盖利，法国

比赛路线

这张地图呈现了最近一次巴黎—鲁贝公路赛的比赛路线。1896 年的比赛是沿着铺满鹅卵石的主干道进行的，但是随着时间的推移，这些道路都得到了改善或经重新铺设。巴黎—鲁贝公路赛正面临着失去其独特之处的危险，正是因为那些鹅卵石的路面才给了这项赛事独特的昵称——“北部地狱”。所以在 1968 年，虽然比赛赛程仍然是从巴黎到鲁贝，但是赛道改变了，路线重新规划出鹅卵石赛段。鹅卵石赛道以埃纳省的圣昆廷教堂为起点，与平坦的道路交错相连。

当今的比赛

当今的巴黎—鲁贝比赛将起点设置在巴黎以北 50 英里（80 公里）的贡皮埃涅市。在骑行了 62 英里（100 公里）之后，车手们来到了第一个鹅卵石赛段，而整个比赛有 27 个鹅卵石赛段。

“你必须足够强壮，才能克服那些鹅卵石路段。我足够强壮，自己心里有数。”

约瑟夫·费舍尔，比赛的赢家，1896

早期三轮车

对于那些特别害怕骑自行车的人或者身体上承受不了的人来说，三轮车是个不错的选择。“劳夫机”在法国、英国和美国兴起之后不久，三轮车就出现了，并且有一些三轮车还具有机械传动系统。19 世纪四、五十年代，马车制造商生产了少量三轮车，主要是残疾人用车或者玩具车。但是随着脚踏自行车的出现，从 19 世纪 60 年代中期起，三轮车进入迅猛发展期。曾有一段时间，自行车和三轮车在私人交通工具中的地位不分伯仲。

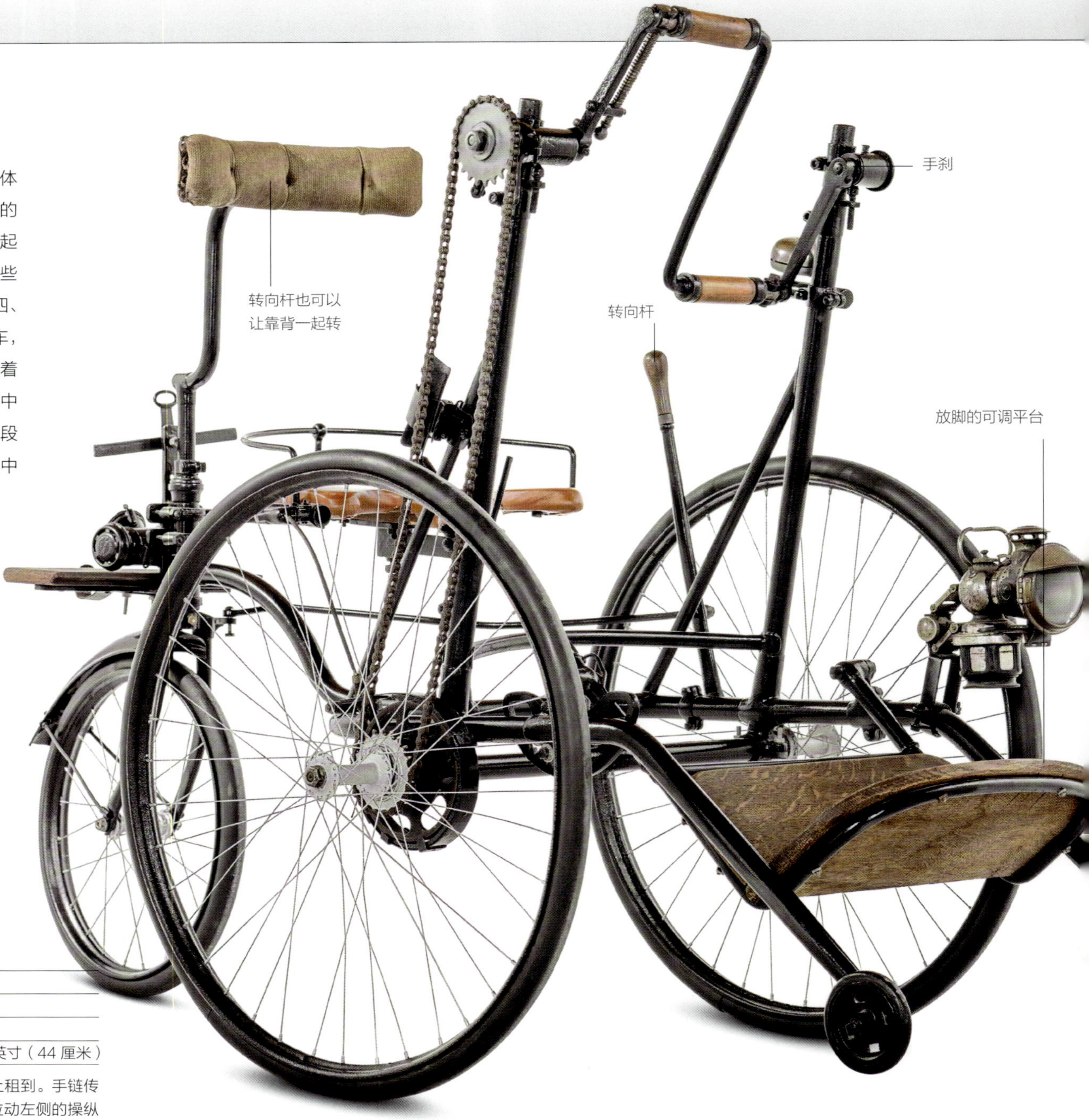

▷ 板道三轮车 约 1880

起源 不详

车架材质 钢

传动装置 单速

车轮参数 前轮 27 英寸（68 厘米），后轮 17 英寸（44 厘米）

像这样的三轮车可以在海滨人行道或木板道上租到。手链传动很好掌握，速度也不重要。车手可以通过拉动左侧的操纵杆转向。

备选设计

在 19 世纪 90 年代，自行车运动管理机构还没有对赛车进行标准化。因此设计者们可以充分发挥创意，比如：将高轮车和安全之星的特点相结合，同时防止车手在摔倒时头着地或是向后仰。安全自行车采用标配的菱形结构之后，这种创意才逐渐减少。

◁ 未知制造商 约 1880

起源 美国

车架材质 木和钢

传动装置 单速

车轮参数 前后轮 13 英寸（33 厘米），中轮 29 英寸（74 厘米）

这辆车可以称之为“无名氏”，因为关于它的信息非常少。人骑在这辆车上面的时候，中心的大轮与前后小轮是对齐的。

◁"羚羊"三轮车 1884

起源 英国

车架材质 钢

传动装置 单速

车轮参数 前轮 22 英寸（55 厘米），后轮 44 英寸（112 厘米）、42 英寸（107 厘米）

这辆三轮车由托马斯·史密斯与伯明翰家族的后辈们制造，两个大大的后轮体现出高轮车对它的影响。转向靠拉杆联动装置完成。车座安装在后车轴的后边，所以在两个后轮之间装了一个反倾斜小轮。

▷哥伦比亚三轮车 1888

起源 美国

车架材质 钢

传动装置 单速

车轮参数 前轮 24 英寸（60 厘米），后轮 40 英寸（102 厘米）

19 世纪 80 年代后期，波普工业为了复活三轮车的热度而制造三轮车。阿尔伯特·波普用笨重的三轮车将公众的视线聚焦到他那轻巧的两轮安全自行车上。这种三轮车有一个手动的带式刹车，前轮有一个悬挂环，车座下有一个特有的减震系统。

用于提高稳定性的小轮

◁雷克斯自行车 1897

起源 美国

车架材质 钢

传动装置 单速

车轮参数 前轮和中轮 28 英寸（70 厘米），后轮 14 英寸（35 厘米）

雷克斯自行车具有坚硬的轮胎，第三个车轮通过一个柔性杆与车架相连。有了它，车手们在崎岖不平的路面骑行时会舒服些。

安全自行车

高轮车的危险性导致了新式“安全”自行车的兴起，之所以叫这个名字是因为这辆车的座椅离地面近一些而且在前轮后面较远处，所以车手在摔倒时不太容易头着地。两项关键的进步成果奠定了这种趋势。第一项成果是链条传动的出现，这意味着可以选择齿轮变速，不再依赖于车轮的尺寸。第二项成果是充气轮胎的发明，这样就算是小轮车也能够提供舒适的骑行体验。1885 年，英国发明家约翰 · 肯普 · 斯塔利在“罗弗安全自行车”上运用了这些新发明。到 1893 年，高轮车已经停止批量生产。

▷ 法国军用自行车“超级燕子”1890

起源 法国

车架材质 钢

传动装置 单速

车轮参数 前轮 26 英寸（65 厘米），后轮 30 英寸（75 厘米）

“超级燕子”是一辆特殊的安全自行车，采用了单管弹性车架。它有一个小一点的前轮和大一点的驱动后轮，以及径向辐条、减震螺旋车把、可调节弹簧车座。

▽ 斯威夫特安全弹性自行车 1888

起源 英国

车架材质 钢

传动装置 单速

车轮参数 30 英寸（75 厘米）

这款自行车具有弹簧车座和前叉悬挂装置，这样车手会比骑着刚性自行车的时候要舒服一些。因为轮子较小、有链传动装置且容易安装，所以这是一款实用性强的自行车。

前悬挂装置

前叉通过一个螺栓与车轴相连，允许车上下起伏，减缓了骑行过程中的颠簸程度。

◁ 克雷普陀“阿尔法短腿鸡”约 1896

起源 英国
车架材质 钢
传动装置 双速
车轮参数 24 英寸（60 厘米）

这款车由英国克雷普陀公司制造，是前轮驱动自行车的最终版本。它容易维修，车座低矮且位置靠前，有变速装置，在爬坡或骑快车的时候就能切换速度了。

▷ 德斯利 · 佩德森 1898

起源 英国
车架材质 轻质钢
传动装置 单速或 3 速
车轮参数 26 英寸（65 厘米）

这款车取自丹麦发明家迈克尔 · 佩德森的设计，特色是吊带式的车座和三角形管材车架。从 1897 年到 1914 年，它消耗的生产成本是跑车的六倍。

◁ 通克公司制造的“老山核桃”1898

起源 美国
车架材质 木质
传动装置 单速
车轮参数 26 英寸（65 厘米）

芝加哥的通克公司最初是为音乐行业生产包厢家具的，它们生产的车架和轮缘用的是 16 层堆叠的山核桃木。通克公司声称老山核桃木是第一代木质安全自行车。

▷“小天鹅”女式自行车 1898

起源 美国
车架材质 钢
传动装置 单速
车轮参数 26 英寸（66 厘米）

“小天鹅”是由美国俄亥俄州代顿市的斯托达德制造公司制造的，它采用了极端的环形车架设计，两侧都由管材构成。这款自行车的制造指标很高，只生产了少量。

“哥伦比亚”军用自行车

在安全自行车成气候之时，世界上有几个国家的军方也开始试验这种自行车。美国最早的正式军用自行车部队是 1891 年成立的康涅狄格国民警卫队第一信号队。这支部队配备的就是哥伦比亚军用自行车，这种自行车用的是固体实心轮胎、金刚石车架，有一个前悬挂装置，配件齐备，可以用来携带包括步枪和刺刀在内的军用装备。哥伦比亚自行车公司的老板——美国内战老兵阿尔伯特·波普积极推广了这种军用自行车的使用。

1818 年，德国发明家卡尔·冯·德赖斯提议用他的“劳夫机”（第一辆自行车）作军事通讯车；20 年后，英国皇家军事学院的一名讲师提议将“劳夫机”提供给步兵团使用。1875 年，意大利军队开始用自行车作为通讯车。1887 年，英国和西班牙正式设立了军用自行车部。管理部门必须决定出军用自行车的适当规格：是选择久经考验的普通自行车（大小轮自行车，绰号“便士”）还是新式安全自行车？他们还需要调查自行车还有哪些潜在的军事用途。

英国军事委员会认为，自行车最大的益处就是它可以作为马匹的实用替代品，以便在长途中迅速转移步兵和设备。在考虑了 50 多种自行车制造商的设计之后，委员会选择了安全自行车，因为它更简便、轻质、快速，也更容易操作。美国军方领导人也得出了类似的结论。

1890 年的“哥伦比亚”军用自行车是非常理想的选择。这辆自行车为每一件步兵装备所设计的配件都令人自豪。它使用的是实心轮胎，而不是未经考验的充气轮胎，并且为了能让步兵在崎岖的地势更舒适一些，它安装了一个前悬挂装置及弹性良好的车座。

皮质车座安装在柔性“鹅颈”座杆和螺旋弹簧上

后挡泥板上绑着皮包和军号

刺刀刀套拴在车后叉上

规格参数	
起源	美国
设计者	阿尔伯特·波普
生产日期	1890 年
车架材质	钢质
传动装置	单速
车轮参数	前轮 30 英寸（75 厘米），后轮 28 英寸（70 厘米）
重量	加上装备大约 50 磅（23 公斤）

*“如果自行车被子弹击中了，**只需要枪匠的抢修**；可是马匹万一中了弹却不能送去修理店。”*

吉姆·菲茨帕特里克在《战时自行车》中引用当时作家的话。（1998 年）

部件

这些部件符合军队的特殊需要，反映了当时最先进的自行车技术。例如，军方在深思熟虑之后决定放弃使用新式充气轮胎，因为它容易被扎破而且难以修复。取而代之的是实心轮胎，虽然轮胎坚硬，但是轻质前悬挂装置和带有精致二级弹簧的车座提供了舒适性。

1. 皮质车座安装在柔性的“鹅颈”座杆和螺旋弹簧上 2. 挎包和刺刀鞘 3. 刚性连接的隔齿链条 4. 前置的片状弹簧悬挂装置 5. 带有滚珠轴承和橡胶块的平滑踏板，可以与军靴完美契合。 6. 可装 60 颗步枪子弹的弹药匣 7. 与勺形后刹车相连的制动杆 8. 弹簧支架上的电石气车灯

3

1

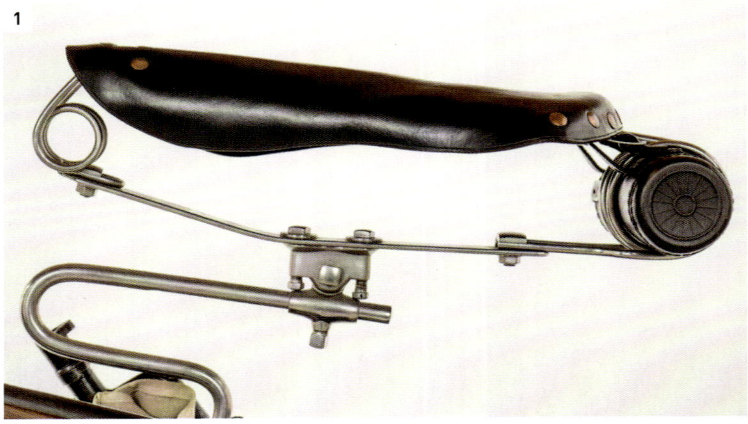

4

2

5

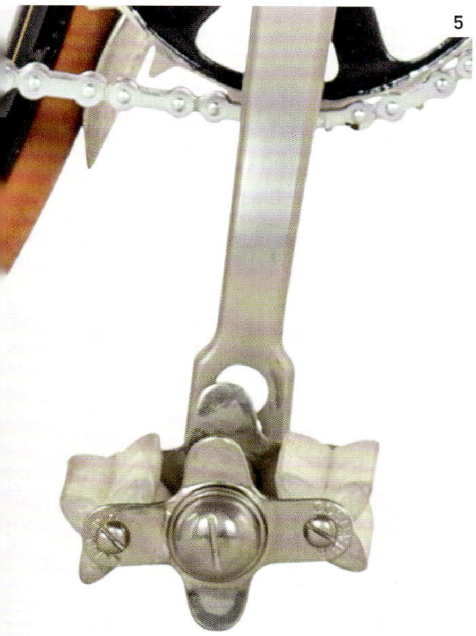

6

7

8

早期的赛用自行车

19 世纪 90 年代，安全自行车与充气轮胎、链条齿轮传动的结合使专业自行车比赛得以迅速发展。比赛吸引了大批观众，场地是被称为自行车赛车场的坡面轨道。在欧洲大陆上，城市间公路上的自行车比赛流行了起来（尽管英国不允许这样做）。赛用自行车的车架是由凸缘铸接的轻质钢管构成的，轮缘是木质的。倾斜车架的角度、高底架和长轮距提高了自行车在高速情况下的性能和稳定性。车把的高度下降了，这样车手就能坐的低一些，并减少风阻。

后置车座将车手的重心放在了驱动轮上

轮轴支承在滚珠轴承上，以减小摩擦

安装在木质轮缘上的充气轮胎

△"胜利飞鸟"赛用自行车 1895

起源 美国

车架材质 钢

传动装置 单速

车轮参数 28 英寸（70 厘米）

"胜利飞鸟"车型由奥弗曼自行车公司为自行车轨道赛和公路赛制造的。这款车装有充气轮胎，轮距比较长，以确保高速状态下的稳定性。整车重 23 磅（10 千克）。

▽"豪路"赛用自行车 1894

起源 英国

车架材质 钢

传动装置 单速

车轮参数 28 英寸（70 厘米）

这款赛车（Howe Path）的特色是，采用了正统的安全车架，有倾斜的管材横梁以及安装在后轴上的钩爪。为了减轻重量，这款车没装挡泥板，只有一个能对轮胎加压的前刹车。

工具包

随着充气轮胎的诞生，车胎破损是一个新的威胁，因此随身携带补胎工具是个明智的选择。

降低的车把降低了风阻

刹车装置

这辆车的特色在于勺形刹车能够直接在前轮上加压。不过在潮湿的路面它们起不到作用，并且会磨损轮胎。

钩爪便于快速换轮，而且修补扎破的轮胎也更容易些

倾斜的顶管，较低的座位

◁艾弗 · 约翰逊 · 特拉斯 1896

起源	美国
车架材质	钢
传动装置	单速
车轮参数	28 英寸（70 厘米）

这款自行车的车架设计与众不同。有一根额外的管子连接着上下两根竖管。这根管子强化了整个车架，有助于提高车辆性能和转向的精准性。

▷"萨米气动"充气轮胎安全自行车 1896

起源	英国
车架材质	钢
传动装置	单速
车轮参数	28 英寸（70 厘米）

这款自行车是由布里斯托尔的"猎迷"自行车公司为美国著名赛车手 A.A. 齐默尔曼制造的，并以他命名。这辆车只有 20 磅（9 千克），受到了全世界自行车手的追捧。

◁"老炮儿牧马人"1896

起源	英国
车架材质	钢
传动装置	单速
车轮参数	28 英寸（70 厘米）

这款车是特别针对公路赛而设计的，这种激进的设计让车手可以屈身向低，靠近前轮，从而减少风阻。这辆车的轮距较大，而且是第一款两个轮子同时拥有刹车的自行车。

▷阿德勒公路赛自行车 41 号 1897

起源	德国
车架材质	钢
传动装置	单速
车轮参数	28 英寸（70 厘米）

这款车将阿德勒作为它们公路赛车型的品牌，特点是木质的轮缘上安装了充气轮胎，以及修长而坚硬的皮质车座。车重只有 23 磅（10 千克），阿德勒 41 号是又一款著名的轻质自行车。

第一辆双人自行车

两人同骑一辆自行车的设想可以追溯到卡尔·冯·德赖斯的早期设计。从那以后，在自行车发展的每个时期，都能在两轮车和三轮车中找到双人车的存在。当今比较常见的双人车形式是两个人一前一后坐，前面的车手是控制转向的领航员，后面的车手是“司炉工”。不过在 19 世纪 90 年代，更常见的方式是女车手坐在前面，男车手在后座蹬脚踏板并控制刹车和转向。无论哪种方式，双人车都是由两名车手提供动力，但是只有一个车头，从而赋予了双人车独特的空气动力学优势。偶尔还会出现双人并排骑车的“社交型”配置。双人车还为视力受损的人提供了骑车的乐趣，他只需要跟着他的“领航员”当一名“司炉工”。

△“奥林匹克”双人三轮车 1895

起源	英国
车架材质	钢
传动装置	单速
车轮参数	26 英寸（65 厘米）

19 世纪 80 年代，弗兰克·H·帕尔金在伍尔弗汉普顿开始生产“奥林匹克”自行车。当他制造出充气轮胎双人车之后，人们却不认可自行车上男女前后座。于是换成了女人坐在前座，男人在后座负责转向。

1895 年，两名德国移民在芝加哥创立了阿诺德·施文公司，他们分别是来自阿德勒工厂的伊格纳茨·施文和优秀的肉类打包工阿道夫·阿诺德。多年来，一个专门的经销商将施文自行车打造成了美国家喻户晓的品牌，直到 1992 年施文公司破产。

三人车

施文坐在三人车的后座，他的妻子坐在前座，儿子坐在他俩之间的特制安全椅上。

△施文家庭双人自行车 1897

起源	美国
车架材质	钢
传动装置	单速
车轮参数	28 英寸（70 厘米）

这辆自行车是为公司创始人伊格纳茨特地为自己和他妻子制造的，所以叫做家庭自行车。在德国人阿道夫·阿诺德的经济援助下，伊格纳茨与 1895 年在芝加哥创立了阿诺德·施文自行车公司。

◁“哥伦比亚”军用双人自行车 1896

起源 美国
车架材质 钢
传动装置 单速
车轮参数 27 英寸（68 厘米）

“哥伦比亚”自行车公司的创始人阿尔伯特·波普上校，有一次骑马外出，途中偶遇骑高轮车的人。他回来之后便决定开始造自行车。这种双人自行车可用于侦察，也可以运送人员和物资。

▽ 阿德勒自行车工厂 AG 三人自行车 1897

起源 德国
车架材质 钢
传动装置 单速
车轮参数 28 英寸（70 厘米）

这款三人自行车被用作赛车场上的领路车，为它后面的赛车们减少了空气阻力，这样它们就能在远距离中骑得更快。海因里希·克莱耶于 1880 年创立了阿德勒·法赫拉德·维克公司。

▷ 庞妮特“旅伴”双人自行车 1897

起源 美国
车架材质 钢
传动装置 单速
车轮参数 28 英寸（68 厘米）

庞妮特双人自行车的售价大约在 100 美元，但从未取得商业成功。公司宣称这辆车好骑也好推，转向顺滑，容易安装。庞妮特自行车可以双人骑也可以单人骑，不过大家都觉得它太重了。

MAFAC
DURAL
FORGE

1900—1945

日渐成熟

STURMEY·ARCHER

2 SPEED GEAR

THE GEAR THAT
MAKES CYCLING EASY

WE FIT IT HERE

日渐成熟

△ **工人自行车**
对许多行业尤其是通信行业来说，自行车是必不可少的，因此出现了一些专门针对不同行业用途的自行车。（参见 62—63 页）

随着 20 世纪的到来，自行车的使用经历了一场变革。19 世纪后期，自行车产业的繁荣与萧条由它在欧美中产阶级的受欢迎程度而决定。他们有钱也有闲暇时间来享受一天之中的狂热。但是，时过境迁，在其他新式交通工具（比如汽车）的挑战下，自行车不再时髦，最终成为了工人阶级的交通工具。

由于批量生产和新制造技术的普及，自行车的成本降低了，意味着工人们也能够买得起自行车了。这很快引发了社会效应：19 世纪 90 年代，自行车为女性带来了自由，推进了妇女解放运动。在新世纪，自行车带来的人口流动的增长是许多国家发生社会变化的一个因素。工人们在闲暇时间可以自由旅行，这意味着包括婚姻在内的关系网络可以延伸到更远的地方。

从自行车技术上来说，创新代表着流行。20 世纪初，自行车装上了由杠杆推动的变速传动装置。20 世纪 30 年代，车架材质应用了航空工业的合金钢，变得更加结实、轻质。自行车有了娱乐与私人交通之外的用途，比如：邮递、警察巡逻、军用，甚至双人自行车可以用作救护车。自行车不再是上流社会的专宠，已完全进入了寻常百姓家。

重大事件

▷ **20 世纪初** 飞轮的发明提高了自行车的舒适性，车手在下坡滑行的时候可以不用蹬脚踏板也能在坡底安全刹车。

▷ **1901** 美国的沙发自行车在欧洲得到了推广，它是最早的卧式自行车之一。

▷ **1902** 世界上第一个 3 速轮毂齿轮由施图美 - 爱驰公司发明，它能在杠杆的推动下提供可靠的变速。

▷ **1903** 首届环法自行车赛在这一年举行。自行车运动的热潮转向了公路赛，而不再是基本的传统轨道赛。

▷ **1914-1918** 第一次世界大战中，同盟国和协约国双方都用到了自行车，包括用于侦察的折叠自行车。

▷ **20 世纪 30 年代** 尽管双人自行车和旅行越来越受欢迎，但自行车的使用率在许多国家出现了下降趋势，尤其是在美国。这是因为汽车行业对人们的游说确保了汽车的主导地位。

▷ **1933** 制造商施文推出了具有充气轮胎的流线型飞行器自行车，仅在美国的儿童自行车市场收获了良好的销售业绩。

▷ **1939-1945** 由于第二次世界大战期间汽油短缺，世界各地的自行车使用量都在增长。

“我来告诉你我对骑自行车的**看法**吧。我认为在**妇女解放**方面，自行车做出全世界最大的**贡献**。

苏珊 · B · 安东尼，美国的政治活动家，1896 年

△ **家庭自行车**
20 世纪 30 年代，随着生活水平的提高和工薪家庭闲暇时间的增加，双人车变得尤为流行。

◁ 施图美 – 爱驰在 1902 年制作的一张海报，宣传它新颖的齿轮轮毂结构。

20 世纪 30 年代之前的赛用自行车

在 19 世纪与 20 世纪之交，欧洲对于自行车比赛的热情高涨起来。1903 年的环法自行车赛和 1909 年意大利自行车赛为观众带来了精彩的表演，也为自行车制造商提供了一个推销产品的舞台。当时的自行车都是用刷了漆的钢材建造的，在一些比赛中，车手需要在一天之内用这些笨重的自行车骑行超过 250 英里（400 公里）的路程。大多数的自行车都是单速的，因此为了达到变速的目的，车手们必须在接近山丘或崎岖地形时将车停在路边更换驱动轮，或者更换齿轮。早期的自行车通常没有后刹车，由于它们只有定速齿轮而不能溜车滑行，不过车手可以通过向后蹬踏板来控制速度。

▷ 代顿 1904

起源 英国

车架材质 钢

传动装置 单速

车轮参数 28 英寸（70 厘米）

木质轮缘是赛用自行车的一种规范，因为组织者担心刹车时产生的摩擦热会融化粘连轮胎的胶水。代顿为自己的轻质自行车感到自豪，经常夸耀它的混合材质车架。

◁ 特罗特 1904

起源 法国

车架材质 钢

传动装置 双速

车轮参数 28 英寸（70 厘米）

法国制造商查尔斯 · 特罗特直到 1958 年之前都在生产摩托车和自行车。它的许多自行车跟基础摩托车一样，都使用了钢管车架。1904 年的特罗特自行车有两套传动装置，向前蹬踏板可以选择第一套，向后蹬踏板可以选择第二套。

▷ 格洛丽亚出口型自行车 1920

起源 意大利

车架材质 钢

传动装置 单速

车轮参数 28 英寸（70 厘米）

第一次世界大战后，自行车技术进步了，创下比赛纪录的平均速度也提高了。和许多高端制造商一样，格洛丽亚使用手工切割的凸耳来连接车架管，连接处采用对比鲜明的蓝色图案。这款车使用了舒适的橡胶车把套、打气筒安装座和前后刹车。

▷ **欧宝 ZR 3 1927**

起源	德国
车架材质	拉丝钢
传动装置	单速
车轮参数	28 英寸（70 厘米）

欧宝起初是一家缝纫机制造商，如今是汽车巨头。其创立之初，多年来一直是自行车制造行业的领军者，同时也是一个成功车队的赞助商。这个型号的车架涂着欧宝标志性的黄黑两色。

▽ **汤姆 · 伦恩 加米奇 1928**

起源	英国
车架材质	钢
传动装置	单速
车轮参数	28 英寸（70 厘米）

随着自行车的普及，伦敦加米奇自行车公司开始生产普通赛用自行车。这款车型在后轮处有一个前倾式翘板，可以在发生爆胎事故时轻松更换车轮。

低矮的车把

带有长前倾落地式车把帮助车手在冲刺时更好地发力。

20 世纪 30 年代之后的赛用自行车

到了 20 世纪 30 年代，大多数赛用自行车都有落地式车把和前后刹车。像坎帕尼奥洛（参见 46—47 页）这样的配件制造商开始完善多齿轮装置，后来被称为后变速器。五颜六色的漆面，镀铬的细节和精心设计的车架凸耳将制造商们的自行车与竞争对手区分开来。车上安装打气筒已成为规范，1937 年的环法自行车赛组织者允许车手使用变速器和更加耐用的金属轮缘。

▷ 蔡特－利 运动自行车 1928

起源 英国

车架材质 钢

传动装置 单速

车轮参数 28 英寸（70 厘米）

蔡特－利在制造优质轻型自行车和部件的领域享有盛名。这辆车有着双臂凹槽牙盘，还有为恶劣天气额外加装的车灯和挡泥板。

齿轮杆系

齿轮杆系是变速器的前身，它的特点是能够将链条挑起来挂在后轮毂齿轮上。

▽ 比安奇 1930

起源 意大利

车架材质 钢

传动装置 3 速

车轮参数 27 英寸（68 厘米）

比安奇公司成功举办一连串高调的大陆赛，所造比赛用自行车结实、轻质，广受赞誉。车手只需使用连接着后车叉的杆系就可以变速，再也不用把车先停下来。比安奇车架通常涂刷成天青色——这种颜色还带着一点儿比安奇标志性的淡绿色调。

◁ C · F · 戴维 1932

起源 英国

车架材质 钢

传动装置 单速

车轮参数 27 英寸（68 厘米）

戴维制造的这款自行车经济实惠，结构简单的耳状凸把和车座，确保了最低的车架制造成本。车上没有采用奢侈的后轮刹车或变速齿轮。

▷ WEJ' 59 特殊赛用自行车 1934

起源 英国

车架材质 钢

传动装置 单速

车轮参数 27 英寸（68 厘米）

英国的车架制造商 W · E · J 宣称他们的车架是按照飞机的精度标准制造的，并将飞机图案印在了黄铜车标上。整车采用高档车架，车座焊接在车座杆较低的位置。这样车手骑行时，就形成了一个紧凑的后三角结构，不必太过弯腰。

▽ 贝恩斯兄弟 VS37 "旋风" 1941

起源 英国

车架材质 钢

传动装置 3 速

车轮参数 27 英寸（68 厘米）

贝恩斯创造性地推出了不同寻常的"门"式车架设计，可以在自行车加速时消除车身的抖动。型号名称中的"37"指的是以英寸为单位的轮距长度。人们由此意识到，原来短轮距的自行车也有可操纵性。

勒图尔纳速度自行车 1941（复制品）

最初这个型号的自行车是施文为法国的速度自行车手"红魔"阿尔夫 · 勒图尔纳制造的，以帮助他打破时速 100 英里（160.934 公里 / 小时）的速度极限。他在 1938 年以每小时 91.37 英里（147.04 公里 / 小时）的速度首次创造了最高纪录。3 年后，他在美国加州以每小时 108.98 英里（147.04 公里 / 小时）的速度成为首位骑行速度超过 100 英里 / 小时的车手。

"红魔"自行车

这辆车有一个大尺寸链盘和小尺寸后齿轮，这使得它具有高传动比，能够在起步时就保持高速。

吉诺·巴塔利在 1948 年的环法自行车赛中领先于斯坦·奥克尔

大型制造商

坎帕尼奥洛

在所有大型自行车品牌中，坎帕尼奥洛可能是历史上与自行车精神最相关的一个品牌。这家总部位于意大利北部维琴察的家族企业在成立多年之后，仍然在生产令人梦寐以求的精美零部件，这些部件都是按照最严格的标准制造的。

以图利奥的签名作为公司的标识

图利奥·坎帕尼奥洛是一名业余自行车手，在 20 世纪 20 年代，他亲身体验了赛车的残酷现实，当时自行车竞技被认为是像古希腊科林斯城邦进行的那种纯粹的角逐。1927 年 11 月，在意大利北部白云石山举行了一场自行车比赛，狂风夹杂着冰雹，坎帕尼奥洛公司诞生了——尽管故事的细节一直受到历史学家的质疑。

当时的赛用自行车只有两个齿轮，分别安装在轮毂两侧。为了变速，车手必须停车将后轮取下并翻转 180 度，然后再将其装入车架，这样另一侧的齿轮就能够与链条啮合了。

图利奥声称，他在“胜利”杯大奖赛中一路领先，但是在通过意大利东北部格罗斯·德昂山口赛段时却不得不停下换车轮。他的手指一度被冻在了连接车轮与车架的蝶形螺母上，结果丧失了获胜的机会。

手拉手

1955 的环法自行车赛，查理·高尔落后于路易森·波贝。赛前最受欢迎的波贝用坎帕尼奥洛自行车继续赢得了比赛的全面胜利。

“格兰动”(Gran Sport)变速器 1953

1930 图利奥·坎帕尼奥洛制造了他的第一件产品——一种可快速释放的扦子。
1933 图利奥注册了公司名称——坎帕尼奥洛 SRL。
1935 他的快速释放扦子向英国市场出口。
1940 坎帕尼奥洛提出了他的第一个变速部件——坎比奥·科莎双杆变速器。
1943 坎帕尼奥洛的商标显示了一个被车轮圈起的带翼快速释放杆。

“新纪录”变速器 1965

1948 坎帕尼奥洛在法国的科尼(Cognin)开设了一家工厂。
1950 坎帕尼奥洛的工厂规模增至 123 人。
1953 第三代“格兰动”变速器完善了坎帕尼奥洛的平行四边形变速器技术。
1958 保持纪录的车型，其变速器具有合金毂和连接无销曲柄的牙盘。
1965 “新纪录”变速器问世。
1973 比安奇－坎帕尼奥洛车队的车手费利斯·吉蒙蒂赢得了世界公路自行车锦标赛。

“超纪录”变速器 1983

1981 坎帕尼奥洛在老家维琴察设立了新总部和生产工厂。
1986 符合空气动力学的圆形变速器——“C- 纪录”问世。
1989 坎帕尼奥洛为山地车市场制造了一款越野变速器。
1992 “功量能”(Ergopower)变速器推出，整合了刹车器和齿轮杆。
1998 为了开发碳复合材料技术，建立了复合材料部门。

“超纪录”EPS 变速器 2011

2005 为了抵抗将生产外包至远东的压力，坎帕尼奥洛在罗马尼亚开设了一家工厂。
2008 坎帕尼奥洛成为了第一个能提供 11 速的变速器品牌。
2011 坎帕尼奥洛发布了电动变速(EPS)系统
2014 意大利车手文森佐·尼巴利赢得了环法自行车赛冠军，这是自 1998 年马克尔·潘塔尼获胜以来，首次在自行车上全部使用坎帕尼奥洛的部件

几十年的市场领军者

左图是 20 世纪 50 年代的海报，描绘的是坎帕尼奥洛赞助的车手，右图是 2015 年的“超纪录”变速器组件。

图利奥的父亲是一家五金店的老板，所以他能很好地解决赛车的机械问题。自 19 世纪后期以来，这款自行车几乎没有什么变化。图利奥在 1930 年提出了针对更换车轮的解决方案，完善了可以快速释放的扦子，通过转动一根连杆就可以变速。

图利奥发明的的扦子具有独创性，是除了那些批量生产的低价自行车之外的标配。它囊括了坎帕尼奥洛的品牌精神——开发简单优雅的部件，改善各层次车手的骑乘体验。

图利奥于 1933 年注册了他的公司，并立刻将他的快速释放理念运用于变速技术。变速器是在 19 世纪后期发明的，但是知道 20 世纪 30 年代旅行车手们开始使用这种装置，变速器的理念才得以实现。坎帕尼奥洛于 1940 年生产了坎比奥·科莎变速器，这种变速器采用了安装在车座管上的双杆设计，第一个杠杆将快速释放扦子分离开，第二个杠杆将链条挂上齿轮。虽然双杆的坎比奥变速器难以操作，但它凭借着可靠性与名气，被赛车手广泛使用，吉诺·巴塔利在 1948 年环法自行车赛上靠它取得了胜利。

图利奥·坎帕尼奥洛
(1901—1983)

坎帕尼奥洛凭借其“格兰动”变速器，在自行车部件制造业顶端站稳了脚跟。

受到法国尼威克斯(Nivex)公司制造的旅行三轮车变速器的启发，坎帕尼奥洛开发了一种电缆驱动的平行四边形设计，每一次变速都能做到精准可靠。这款变速器的原型在 1950 年米兰的一次展览会上展出，并于 1951 年投入生产。很快，它就成为了所有竞争对手评判的标准。

在整个 20 世纪 50 年代，坎帕尼奥洛的产品装饰着最成功车手们的自行车。在之后的 30 年里，超过三分之二的环法自行车赛以及意大利自行车赛冠军都使用的是坎帕尼奥洛生产的齿轮和刹车。坎帕尼奥洛除了赞助那些精英级别的职业赛车手，仍继续为提升所有车手的日常骑行质量而努力。1956 年，该公司推出了一系列新产品，从踏板到龙头以及双螺栓座椅，便于车手调整车座的位置。

坎帕尼奥洛还展现了一种思想，即顾客与产品之间的交互体验(无论是个人用户还是公司用户)。上世纪 50 年代末，公司提出了“套件”概念，开发了一套设计精美的完整配件，包括脚踏板、刹车、齿轮、链条和龙头。在那个时期，坎帕尼奥洛挑战了混合使用不同品牌部件的现有模式，这种模式在当前自行车产业也司空见惯的。

在 20 世纪六七十年代，坎帕尼奥洛在高端自行车赛中占据着不可撼动的地位。公司在 1965 年引入了“新纪录”套件。1973 年，公司通过“超纪录”系列设立了风格、性能和轻量级设计的新标准。然而，由于来自远东竞争对手(尤其是日本的禧玛诺)的廉价零部件流入世界市场，导致坎帕尼奥洛在上世纪 80 年代失去了市场主导地位。

坎帕尼奥洛在 20 世纪 90 年代通过专攻高端公路自行车的核心市场进行了反击。它是首家能够生产厂制车轮的公司，在 2000 年引入了 10 速传动系统，后来这项成果被禧玛诺沿袭。尽管坎帕尼奥洛不再主导自行车行业，但它作为能够买的到最好部件的供应商，仍保持着自己的小众地位以及植根于自行车运动历史的家族企业血统。

*“坎帕尼奥洛的**历史**就是**现代**自行车的故事”*
广告标语 2008

测试工况

维琴察的工厂为坎帕尼奥洛的所有产品提供疲劳测试设备，比如这个碳纤维链条。

旅行自行车和休闲自行车

在美国，骑车的受欢迎程度和人们对其购买力的提高导致了休闲自行车行业的衰落，大多数自行车被当成是为了青少年和儿童制造的玩具车，而从德国进口的带有凹凸不平充气轮胎的越野车才算时尚。在欧洲，骑自行车仍是一种成人运动，多级变速自行车越来越普遍。环游骑行流行了起来，人们可以花上一天或几天时间来探索乡村美景。

△“金星”1922

起源	德国
车架	材质钢
传动装置	3 速
车轮参数	前轮 20 英寸（50 厘米），后轮 26 英寸（65 厘米）

齐柏林飞艇公司工程师保罗 · 贾雷在他的孩子刚学会骑自行车时就获得了卧式自行车的专利。这辆车的控制杆由缆绳驱动而不是踏板，J-Wheel 被认为是上世纪 70 年代高前把伏身驾驶摩托车的前身。富人们喜欢它轻松简易的操作方法。

△ 亚历山大“火箭”自行车 20 世纪 30 年代

起源	美国
车架材质	钢
传动装置	单速
车轮参数	26 英寸（65 厘米）

尽管“火箭”的金属车架具有弧度，但它仍有些笨重。它的产地在德克萨斯州，深受报童和邮递员的喜爱。由于二战的开始，金属需求量增大，美国人不得不把自行车变成废铁。

△ 谢尔比“气流”20 世纪 30 年代

起源	美国
车架	材质钢
传动装置	单速
车轮参数	26 英寸（65 厘米）

20 世纪 30 年代，制造商们想要为那些在非铺装路面上骑车的人们创造舒适的骑行感受。谢尔比的解决方案是设计一个带有滑动弹簧的前悬挂装置。“气流”的车架由无缝接合的钢管制成，接合处是手动挫平的。

◁ 埃尔金“蓝鸟”1936

起源	美国
车架材质	钢
传动装置	3 速
车轮参数	26 英寸（65 厘米）

“蓝鸟”配备了内置记速器、车头灯、装饰用燃油槽、圆滑的挡泥板和镀铬车把。产地是马萨诸塞州，昂贵的成本意味着它的销量不会很好。

*“**自行车**自始至终都有助于**身体健康**！”*

美国自行车行会 1920

▽ **乔 · 库克**

“帝国海燕” 1938

起源 英国

车架材质 钢

传动装置 3 速

车轮参数 27 英寸（68 厘米）

乔 · 库克是伯明翰一家定制自行车店的老板，他制造了帝国海燕“超强”自行车，车架前部和链条架上都有半弯形的钢管。

车头标识

“帝国海燕”车头标识非常醒目。车身名为“海燕”，深蓝字迹辨识度很高。乔 · 库克认为海燕代表速度与优雅，并以此命名。

传动装置

这个时期的大多数轮毂齿轮，比如这个轻量级二级变速齿轮，都是用一条切换链通过空心轮轴将控制绳连接到齿轮杆上。

反光镜

棱镜反射器是 1924 年发明的。1927 年的英国道路交通照明法案提出了自行车必须装有红色的反光镜或红色尾灯的要求。

变速杆

施图美 - 爱驰的变速杆安装在顶架上，它连接着控制绳与轮轴上的切换链。

车头灯

具备这款车头灯的自行车领先于时代。直到 1968 年联合国将自行车列入交通工具类别中，自行车才算符合法律要求。

“钻石”67 型

这款 67 职业车手型(专业的赛车车型)是 20 世纪 30 年代末“钻石”的巅峰，它是一款轻质钢架赛车，拥有一整套铝制部件。从 20 世纪 50 年代到 90 年代,“钻石”一直是东方集团的高端品牌。如今，德国最古老的自行车品牌“钻石”率先推出了一系列新技术和制造工艺，从链条设计到合金工艺。

1882 年，涅维特家族中的弗雷德里希和威廉兄弟创立“钻石”缝纫机品牌，两兄弟生产第一辆自行车是在 1895 年。有了 1898 年的双滚子链条（比现有的车链更强大，能够提供更好的变速效果）等创新，兄弟俩赢得了打造优质轻量赛车的荣誉。67 型是在 1936 年柏林奥运会之前最初生产的，德国队的自行车运动员就是骑着这型车赢得了两枚金牌。恩斯特 · 伊赫比和卡尔 · 罗伦茨获得男子双人 2000 米（6562 英尺）的冠军，而托尼 · 梅肯斯获得男子 1000 米（3281 英尺）冲刺赛的冠军。

这款车的车架由薄壁钢管制成，轻质而坚硬，达到了最高制造标准。67 型的生产一直持续到 1954 年，这一年 67 的外形特征传给了新的型号 167。作为民主德国（东德）计划经济的一部分，“钻石”公司为许多东方集团的自行车队和院校生产自行车。20 世纪 90 年代之前，“钻石”自行车在各类比赛中取得了一系列胜利，包括 1955 年和 1959 年的塔夫 · 舒尔（Täve Schur，民主德国著名自行车运动员）和平竞技赛。该品牌于 2002 年被特里克自行车公司收购。

规格参数	
起源	德国
设计师	不详
时间	约 1939
车架材质	铬钢车架，铝凸耳
传动装置	3 速传动
制动	卡钳式
车轮参数	28 英寸（70 厘米）
重量	约 24 磅（11 公斤）

“精准的运行、坚实可靠的设计以及一流的用材让钻石自行车成为德国的顶级品牌。”

1893 年“钻石”自行车广告

“钻石”的标识

大家认为这个“微笑男孩”的标志是一幅漫画，要么是被赞助的赛车手，要么是公司的广告经理。

部件

“钻石”公司开发了设备和内部专业技术来打造自己的品牌和铝合金部件，因此，在钢模上铣切出来的踏板、曲柄、龙头、车把、坐垫、水壶、轮翼螺母成为了 67 型的焦点。20 世纪 30 年代，木质轮缘是最轻也是最结实的赛用轮缘，而费希特尔 & 萨克斯的三级后轮变速器提供了可靠的链驱动齿轮传动。

1. 洛曼皮车座 2. 费希特尔 & 萨克斯短距链条三级变速器 3. 安装了铝合金刹车杆和“钻石”公司水壶的车把 4.48 齿链条 5. 费希特尔 & 萨克斯变速杆和头管接头 6. 带有钻石公司浮雕的铝制龙头 7. 安装在前叉的 SPORLUX 卡钳式刹车 8. 铝合金翼型螺母

3

1

2

4

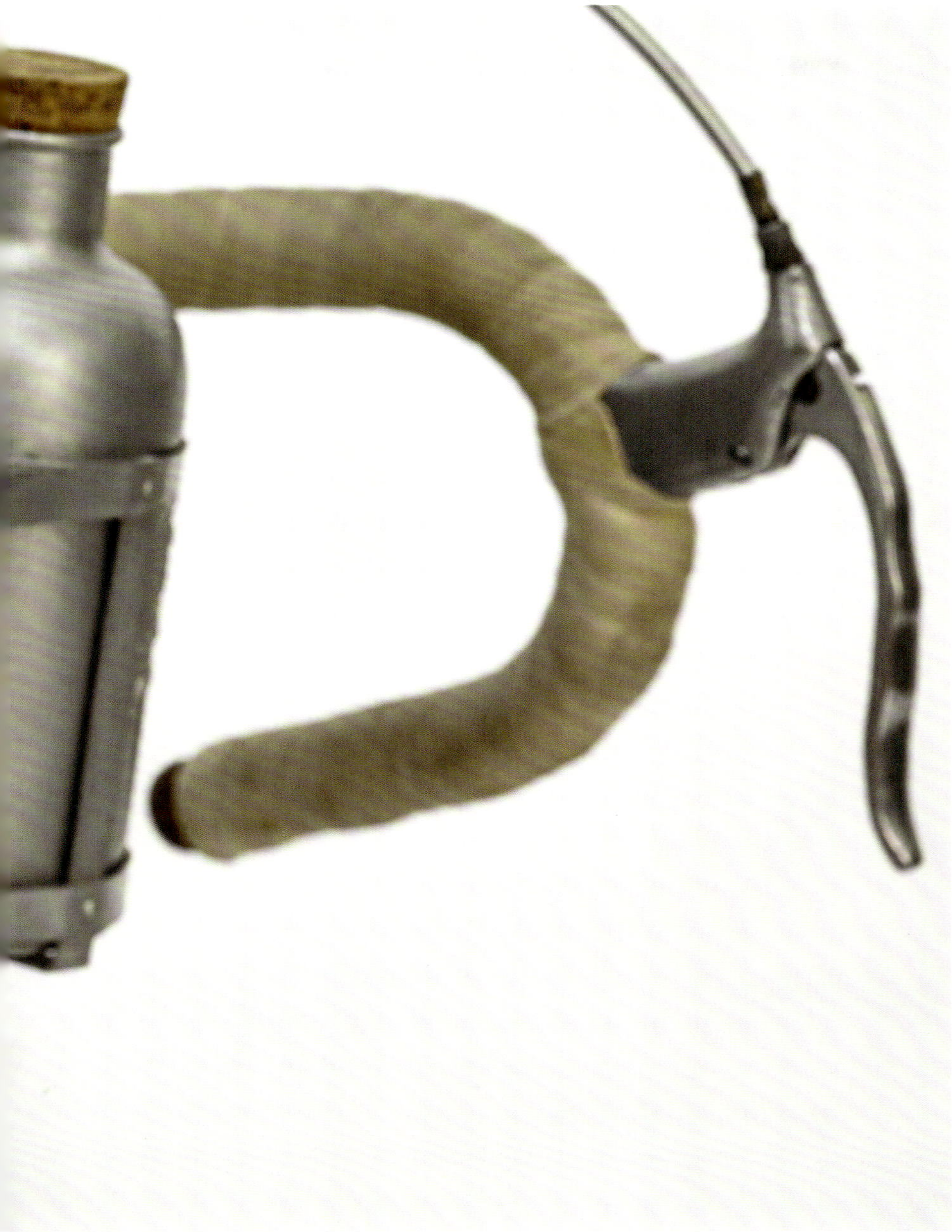

6

7

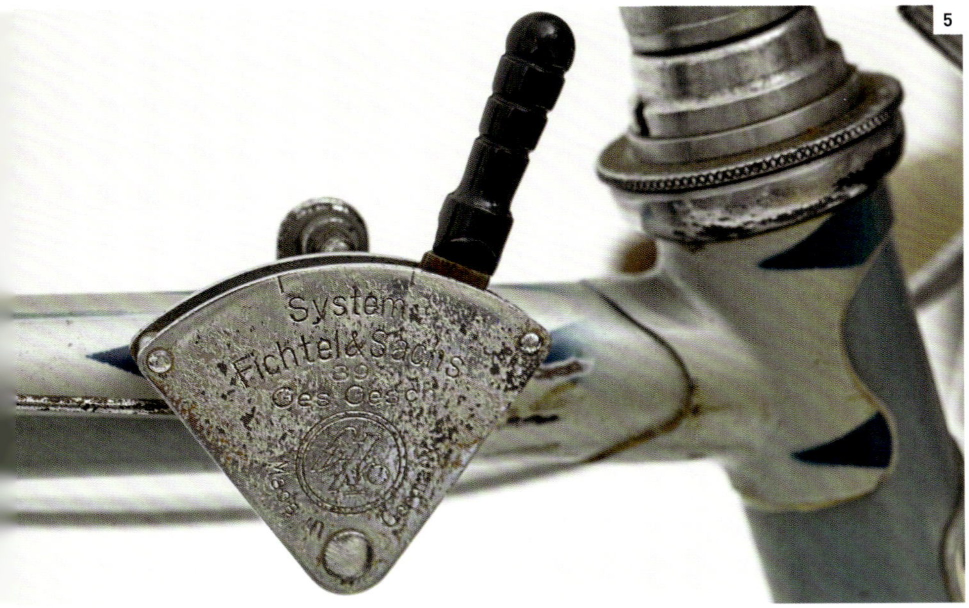

5

8

卧式自行车和三轮车

在充气轮胎自行车出现不久后就有了卧式自行车。尽管较低的座椅位置意味着更符合空气动力学，但它们并没有带来可观的经济影响，直到 20 世纪 30 年代人们才对它产生强烈的兴趣，尤其是在法国。一旦安全自行车占据了主导地位，人们就不再追捧三轮车了。20 世纪 70 年代，美国领导的自行车复兴运动席卷了整个西方世界。

△ 赛尔巴赫 比赛专用三轮车 1932

起源 英国
车架材质 钢
传动装置 单速
车轮参数 前轮 26 英寸（65 厘米），后轮 27 英寸（68 厘米）

莫里斯 · 塞尔巴赫是一家总部位于伦敦东南部的优质轻型自行车制造商，它生产的三轮车结构紧凑，打破了许多公路赛的纪录。塞尔巴赫公司还掌握锥型管制造工艺。

△ 莫切特“速卧”车 1933

起源 法国
车架材质 钢
传动装置 单速
车轮参数 20 英寸（50 厘米）

法国制造商乔治 · 莫切特在 20 世纪 30 年代开始生产卧式自行车。这类自行车具备很强的空气动力学优势，以至于普通车手都能用它赢得比赛。因此很快它们就被禁止参加主流的自行车运动。

▷ 凯旋穆勒 自动自行车 1936

起源 英国
车架材质 钢
传动装置 单速
车轮参数 22 英寸（55 厘米）

穆勒自动自行车由丹麦工程师霍尔格 · 穆勒设计，在英国凯旋公司的许可下制造出来。它就像汽车一样具备方向盘，还具备由方向盘操控的专利转向系统。英国自行车冠军伊芙琳 · 汉密尔顿推出了这款自行车，但卖出去的数量并不多。

为儿童设计的自行车

尽管人们已经学会用脚来平衡自行车，但三轮车仍然是孩子们学习骑车的必需品。回顾巴黎的曲柄脚踏车，它们在过去 150 年里的基本设计几乎没有改变，除了用于容纳更多乘客的“站立”车型。

◁ 儿童三轮车 1913

起源 英国
车架材质 钢
传动装置 单速
车轮参数 前轮 14 英寸（35 厘米），后轮 12 英寸（30 厘米）

这辆车是那个时期儿童三轮车的典型代表。和 19 世纪 60 年代的法国自行车一样，这辆三轮车是通过连接在前轮上的一对简单曲柄推动的。为了将生产成本降到最低，这辆三轮车选用了实心橡胶轮胎而不是充气轮胎。

◁ **布斯三轮车 1938**

起源 英国

车架材质 钢

传动装置 3 速

车轮参数 26 英寸（65 厘米）

在大多数自行车零件还是钢质的时候，这种优质轻量的三轮赛车采用了一些铝合金部件。它的“超级冠军”传动装置是由瑞士的公路赛纪录保持者奥斯卡 · 艾格设计的。

▷ **青少年玩具车公司“天空之王”1936**

起源 美国

车架材质 钢

传动装置 单速

车轮参数 前轮 15 英寸（38 厘米），后轮 9 英寸（23 厘米）

这款三轮车的概念来源于一档美国电台节目，节目内容是关于一名叫做“天空之王”的飞机驾驶员的冒险经历。考虑到飞机的空气动力学特性，三轮车仿照了英雄飞机的设计风格。此处展示的车型是当代的一件复制品。

19 世纪后期，世界各地兴起了许多由女性领导的追求男女平等的政治运动。随着自行车的普及，二者之间产生了关联，自行车成为了女权运动的象征。1895 年，美国人安妮 · 科普夫斯基成为第一个骑车环游世界的女性。女子自行车俱乐部和女子自行车比赛也变得常见了，比如 20 世纪初巴黎的自行车赛。

为女性设计的自行车

随着自行车越来越便宜、越来越普及，更多的女性可以享受自行车带来的自由。女士安全自行车是在 20 世纪初发明的。它的车架和车把位置给车手提供了直立的骑行姿势，而车架的下凹设计意味着女性即使穿着连衣裙也可以轻松地骑上自行车。此外，这类自行车通常配有裙子防护罩来防止裙子被后轮缠住。随着时间的推移，女性逐渐摒弃了约束性的服装，而是换上了方便骑车的短裙或灯笼裤。

△ NSU 女士自行车 1915

起源 德国
车架材质 钢
传动装置 单速
车轮参数 26 英寸（65 厘米）

NSU（后来更名为奥斯内卡苏姆工厂）最初是一家针织机制造商，于 1892 年开始生产自行车。该型号的自行车采用了加强环形车架和大截面充气轮胎。

◁ 伪装者 GMBH “雪绒花” 约 1935

起源 德国
车架材质 钢
传动装置 单速
车轮参数 26 英寸（65 厘米）

这款高质量的自行车车架是双环形设计，拥有专利车撑和为后轮货架量身定做的皮箱。座椅支架上印有雪绒花图案。

▷ 道斯高效旅行自行车 1935

起源 英国
车架材质 钢
传动装置 3 速
车轮参数 26 英寸（65 厘米）

这款女士轻型旅行自行车配备了由缆绳操控的卡钳式刹车。长轮距和车架角起高了自行车的稳定性，座椅位置则提升了长途骑车的舒适性。链条护罩和挡泥板保证了车手的安全。

◁ BSA 彼得罗尼拉 女士运动自行车 1936

起源 英国
车架材质 钢
传动装置 3 速
车轮参数 26 英寸（65 厘米）

参加女子俱乐部比赛或者计时赛都需要运动型自行车。彼得罗尼拉具有短轴距、轻质框架以及 3 速施图美－爱驰变速器，刹车是强有力的卡钳式设计。

▽ **SH 自行车公司女式自行车 20 世纪 40 年代**

起源 日本

车架材质 钢

传动装置 单速

车轮参数 26 英寸（65 厘米）

这款优质的女式自行车采用的是加固环形车架，带有一个螺栓紧固的后置架和车撑。全封闭式链箱保护车手的同时也确保了车链较长的使用寿命。

公司标识

就像许多汽车制造商在他们的汽车前面安装了公司的车标一样，许多自行车公司也纷纷效仿。这辆自行车的前挡泥板上有一个类似火箭的设计。

◁ **塞姆勒女式自行车 1942**

起源 荷兰

车架材质 钢

传动装置 单速

车轮参数 26 英寸（65 厘米）

这款典型的女性自行车采用了特殊的菱形镂空车架，它有两根平行的底架和一个弹簧车座。裙罩、链箱和挡泥板保证了车手的安全、清洁和干燥。车左后的货架可以用来运输物品。

体育报纸

从 19 世纪末期到 1960 年，带有插图的体育报纸是比赛信息的主要来源。

大型赛事

1909 年环意大利自行车赛

像环法自行车赛一样，环意大利自行车赛诞生于两家报纸的竞争中。从一开始，这就是一场属于勇敢的挑战者和热情的赞助商的长途比赛。

路易吉 · 加纳（左）在1909年环意大利比赛之后的留影

照片里是第一届环意大利自行车赛的冠军和他旁边的第七名达里奥 · 贝尼——一名公务员参赛者。他们肩膀上缠绕的是备用轮胎。

报社是 20 世纪初的大型企业，因为人们只能通过报纸来了解世界上正在发生的事。环法自行车赛（参见 178—179 页）就是两家报社《机动车报》（L' Auto）和《自行车报》（Le Vélo）之间的回合战争。《机动车报》在 1903 年组织了第一届比赛，并且它的销售额在短期内超过了竞争对手。

在这种情况下，两家意大利报社《晚邮报》（Corriere della Sera）和《米兰体育报》（La Gazzetta dello Sport）也成为了竞争对手。《晚邮报》计划了一场比赛，但是《米兰体育报》的编辑图罗 · 莫尔加尼受到前两届比赛的鼓舞，说服了报社老板艾米利奥 · 科斯塔马尼亚和自行车板块的编辑阿曼多 · 考格耐特去参加米兰—圣雷莫比赛和第一届环伦巴第古典赛。1908 年 8 月 7 日，《米兰体育报》宣布了一项绕意大利的自行车赛计划。

那时候，长途骑自行车对人们来说很有吸引力。大多数人没有远行过，在农村，许多人几乎没有离开过自己的村庄。职业自行车手用相对简单的机器（自行车）就能完成长途旅行，这一事实在当时超出了大部分人的想象。

车手们尽全力发挥

第一届环意大利自行车赛于 1909 年 5 月 13 日在米兰开赛，5 月 30 日比赛结束。米兰到博洛尼亚赛段长 248 英里（397 公里），都灵到米兰赛段长 128 英里(206 公里）。此外还有六个中途的赛段：最短的一段有 142.5 英里（228 公里）；最长的一段是一条围绕意大利上半部分的环路，长达 235 英里

穿越米兰终点线

成千上万的观众见证了车手们完成第一届环意大利赛的最后一段赛程。车手们有的是独立参赛有的是团队参赛，也有外国参赛选手。

（378 公里），首都罗马位于环路的最南端。

因此，现在的赛段数量减少了而每段的距离增长了。在 18 天内，车手们一共骑行了 1530 英里（2448 公里）；开始的时候有 127 人，但最后只有 49 人抵达终点线。第一届环意大利自行车赛根据每一阶段选手的得分数总和来排名次。

*“我的车就要**烧起来**了！”*

当被问及通过终点线之后的感受时，路易吉 · 加纳这样回答。

这是为了避免出现 1904 环法自行车赛中同样的问题，当时有些不公正的支持者为了让自己喜欢的车手赢得时间优势而延缓其他车手的速度。按照得分而不是用时来排名次意味着观众不再有干涉比赛过程的动机了。不过这也意味着冠军路易吉 · 加纳不是全赛程最快的车手。如果 1909 年的比赛像现在这样按时间分胜负，那么第三名车手乔瓦尼 · 罗西罗利将以相当大的优势取胜。

有一个问题的确影响了第一届环意大利自行车赛——车手们的作弊行为。其中三人在第三阶段开始前被取消了参赛资格，因为没有他们通过控制点的记录。后来人们发现这三个人坐火车完成了部分赛段。然而，总的来看这场比赛还是取得了巨大成功。大批的观众前来观赛，米兰赛段的比赛吸引了大约三万观众。加纳是名副其实的冠军，他在当年已经赢得了米兰 · 圣雷莫比赛的冠军，并且在 1908 年的环法自行车赛中名列第五。他用赢得的奖金在 1912 年建立了自行车工厂。这场史无前例的比赛极大地促进了《米兰体育报》发行量的增长，成为了一年一度的比赛（除了一战、二战期间）。

冠军费利斯 · 吉蒙蒂

在 1976 年环意大利自行车赛，这位意大利车手在做最后的爬升——9045 英尺（2757 米）的斯泰尔维奥山。吉蒙蒂已经三次赢得环意大利自行车赛的冠军并九次登上了领奖台。

重要事件

排行榜

第一名：路易吉 · 加纳，意大利

第二名：卡洛 · 加莱蒂，意大利

第三名：乔瓦尼 · 罗西罗利，意大利

赛程

第一个弯道避开了现在比赛中需要通过的高大山脉，但仍有一些吃力的爬坡，包括在在第三赛段那不勒斯和基耶蒂之间的罗拉卡索、里奥内罗 - 圣尼蒂科和马色龙（Macerone）的坡道，第六赛段佛罗伦萨到热那亚之间陡峭的帕苏布拉科，以及第七赛段热那亚到都灵之间的考勒迪纳瓦。除了顶尖的意大利车手外，其他的参赛选手包括法国车手吕西恩 · 佩蒂特 - 布雷顿和比利时的西里尔 · 范 · 哈瓦特，所以第一届环意大利自行车赛其实是一场国际化的比赛。

1908年8月7日《米兰体育报》头版

为了给比赛做宣传，报纸还给比赛赞助商打了广告，这些赞助商要么是自行车制造商，要么是轮胎制造商。

特制自行车

19 世纪 80 年代早期，自行车已经成为个人、小型企业和大型组织的专用工具。随着自行车的普及，它们发挥的用途也越来越多。有些自行车专门为了运动而造，比如自行车足球和自行车曲棍球。此外，还开发了为个人工作需求设计的自行车。店主和供应商们意识到他们可以利用自行车扩大产品销售范围从而增加销量，电话订单也可以在几小时内由自行车手配送。

▷ 乌尔夫 美国冰上自行车 约 1920

起源	美国
车架材质	钢
传动装置	单速
车轮参数	28 英寸（70 厘米）

这辆冰面自行车是芝加哥冰上自行车（Ice-Bicycle）设备公司制造的。它采用了标准的跑车车架，后轮的轮缘上有通过螺栓连接的钉子。前叉上有一个用于转向的巨大滑轨。现在的一些冰上自行车也有类似的设计。

◁ 弗里施奥夫 足球自行车 1920

起源	德国
车架材质	钢
传动装置	单速
车轮参数	26 英寸（65 厘米）

自行车足球运动诞生于 1893 年，很快在欧洲和美国流行起来。足球是由车轮的转动和车手的头部控制的。这类自行车采用了低传动比的固定齿轮，低车座，高车把，且没有刹车。

▷ 快递公司（Express AG）体操自行车 1920

起源	德国
车架材质	钢
传动装置	单速
车轮参数	26 英寸（65 厘米）

艺术自行车是一项受到严格管制的国际比赛项目，运动员们在自行车上表演体操和芭蕾。他们使用的自行车必须符合精确的规格要求。

△ 沃尔德 冰激凌配送三轮车
约 1930

起源 英国
车架材质 钢
传动装置 单速
车轮参数 28 英寸（70 厘米）

各行各业的商人都在使用商业三轮车。沃尔在 1923 年推出了第一辆冰激凌配送三轮车，直到 1939 年，已有 4000 辆这样的三轮车上路。制造这些三轮车的主要有两家制造商：华力克公司（Warrick & Co.），以及好德扬恩公司（Alldays & Onions）。

◁ 哈弗德 瓦内特 1937

起源 英国
车架材质 钢
传动装置 单速
车轮参数 前轮 18 英寸（45 厘米），后轮 26 英寸（65 厘米）

哈弗德公司生产、销售用于汽车贸易的零部件。他们还生产自行车，并且拥有一批小货车，可以送货给客户。因为采用了无横梁车架、大型前端货架及舒适的车座，这款自行车在英国地区得到了广泛使用。

▷ G.P.O 艾斯维克绅士运送车 1938

起源 英国
车架材质 钢
传动装置 单速
车轮参数 24 英寸（60 厘米）

英国“红邮差”的自行车是最著名的运输自行车之一。为了实现运送邮件的功能，许多家制造商都按照邮局标准制造这类自行车。这些用耐用材料制成的车很结实。

战争中的自行车

在一战期间，自行车在步兵信差和救护人员中广泛使用。自行车之所以受欢迎是因为他们很轻、很安静，而且不像马那样需要喂食。当时的型号都是配备了前置货架、步枪夹、打气筒和轮胎修理工具。在二战期间，自行车在欧洲主要用于空投，伞兵从飞机跳下之后可以用特制的折叠自行车的到达敌后战场。二战后，自行车仍被军方广泛使用，尤其是在亚洲，尽管最后一个专门的自行车步兵团（属瑞士军队）在2003年才解散。

△"急行军" M05 约 1940

起源	瑞士
车架材质	钢
传动装置	单速
车轮参数	26 英寸（65 厘米）

"急行军"（Militärvelo）自行车于 1905 年首次生产，直到 1989 年才被瑞士军队使用。它的特色是带有箱子和架子的重载车架，这样的设计是为了携带设备。为了在低负载的时候也能停住，这款车配备了 3 种刹车装置。

▽皇家恩菲尔德步枪自行车 约 1940

起源	英国
车架材质	钢
传动装置	单速
车轮参数	28 英寸（70 厘米）

这种特殊的军用型号自行车的基本配置是一辆标准的跑车，配备后置载物架、步枪夹子和重载轮胎，采用弹簧车座、刷了油漆的车身、橡胶踏板。传动装置局限于单速飞轮。

◁ 哥伦比亚自行车

起源 美国

车架材质 钢

传动装置 单速

车轮参数 26 英寸（65 厘米）

哥伦比亚自行车有重载辐条和装了充气轮胎的轮缘。双顶管增加了车架强度，使它能够携带重达 200 磅（91 千克）的载荷。这辆自行车自重 55 磅（25 千克）。

△ BSA MK2 伞兵自行车 1943

起源 英国

车架材质 钢

传动装置 单速

车轮参数 26 英寸（65 厘米）

针对二战期间所有主要空降行动的需求，包括诺曼底登陆和“市场花园”行动在内，英国研发了该型号自行车。伞兵可以把自行车对半折叠，带着它们从飞机上跳下。一旦他们到达地面，很容易就能展开自行车并按照常规方式使用。

◁ 第二次世界大战中的施文军用自行车 20 世纪 40 年代

起源 美国

车架材质 钢

传动装置 单速

车轮参数 26 英寸（65 厘米）

成立于 1895 年的施文公司以其高标准的自行车制造而闻名。它的军用自行车而型号具有全焊接的车架、链条罩和车撑。制动靠车后部的倒刹车轮毂完成。二战期间，施文每年生产一万辆这样的自行车。

1946—1959

黄金时代

Miele
Oel
BOSCH
RL/wa 1
6 V 3 W

Le Parisien
libéré
LE FILM OFFICIEL DU
TOUR DE FRANCE 49
L'ÉQUIPE

黄金时代

第二次世界大战之后，自行车凭借着它的可购性和实用性得以复兴。在欧洲，新自行车的销量在短暂的乐观中上升。回国的美国士兵将这种轻质的欧洲自行车带入了未经开拓的市场，帮助传播了美国人还不习惯的新潮流。但是战后经济复苏由于新形式消遣（汽车、购物中心和电影院）的出现受到了抑制，它们削弱了人们追求战后重建的热情。

自行车的流行度逐渐衰减与开启黄金时代的公路赛车形成了鲜明对比。公路赛的核心赛事——从艰难的一日经典赛（例如在春天的鹅卵石路面举行的巴黎—鲁贝自行车赛）到折磨人的为期三周的大环赛（其中最重要是环法自行车赛）——已经能举办得很好了。正是在战后时期，体育赛事中的第一批超级明星出现了，比如著名的意大利人冯斯托·科比，这位年轻的“后浪”对于年长对手吉诺·巴塔利来说是个优雅又时尚的人。他庆祝成功的方式也是那么优雅，第一次将好莱坞式的魅力带入了自行车世界。

一直以来，日本的自行车行业在全世界都是海外技术潮流的追随者，并逐渐开始挑战德国、英国和美国的实力。自行车本身仍带有欧洲殖民主义色彩，但它作为一种工作工具，已经受到许多发展中国家人民的赞许。

“他似乎是在**爱抚着车把**，而他的身体像是用螺丝与车座连接在了一起，他那修长的腿就**像瞪羚的四肢**一样伸展到踏板上。”

前环法自行车赛的冠军安德烈·勒杜克这样描述冯斯托·科比

◁ **1949 年环法自行车赛海报**，冯斯托·科比以 145 小时 36 分的从成绩赢得比赛。

重大事件

▷ **1940** 钨极惰性气体焊接（也即 TIG 焊、氩弧焊）是一种精密的连接金属管材方法，这项技术在航空工业最先应用，本年首次用于自行车车架焊接。

▷ **20 世纪 40 年代** 自行车在亚洲一些城市的扩张进程中起到一定的作用，它为工人提供了交通工具并成为了企业的一种经营手段。

▷ **1947** 第一届战后环法自行车赛冠军是一位名叫让·罗毕克的法国人。

▷ **1950** 自行车越野赛在 40 年前的欧洲北部首次举行。1950 年，巴黎举办了首届自行车世界锦标赛。

▷ **1951** 坎帕尼奥洛发布了“格兰动”（Gran Sport），一款平行四边形的后变速器，大大改进了现有的变速设备。

△ 越野赛

20 世纪 70 年代，自行车越野赛成为一项主流运动，而它的起源可以追溯到 20 世纪 50 年代的荷兰，当时有越野赛在那里举行。

▷ **1956** 日本制造商禧玛诺在生产了几十年的 3 速轮毂齿轮之后，发布了它的第一款变速装置。

▷ **1958** 女子自行车运动在世界锦标赛用别上得到了认可，公路赛和越野赛仍有争议。

▷ **1958** 中国实现年产 100 万辆自行车的目标。

赛用自行车

战后的欧洲尽管财政紧缩，自行车比赛仍在复苏。自行车变得更轻、更结实，几乎所有的高端车架都是由雷诺兹 531（雷诺兹在伯明翰制造的一种钢管）制成的。在过去几十年里，雷诺兹钢管一直是卓越标准的象征，也是许多高质量车架制造者的选择。合金部件制造商们改进了产品，齿轮传动和刹车可靠性得到了显著提升。冬季的欧洲 6 日自行车赛重新兴起，吸引了大批观众，一些制造商成立了自行车队来向大众推销他们的产品。

△施文 派拉蒙 20 世纪 40 年代

起源 美国

车架材质 钢

传动装置 单速

车轮参数 27 英寸（68 厘米）

派拉蒙在美国赛车手中非常受欢迎。高质量的车架是在芝加哥手工制作的，并有一系列的定制选项可供选择，包括镀铬和镜面抛光。

◁喜耐力 皮斯塔 1947

起源 意大利

车架材质 钢

传动装置 单速

车轮参数 27 英寸（68 厘米）

这辆冰面自行车是芝加哥冰上自行车（Ice-Bicycle）设备公司制造的。它采用了标准的跑车车架，后轮的轮缘上有通过螺栓连接的钉子。前叉上有一个用于转向的巨大滑轨。现在的一些冰上自行车也有类似的设计。

▷萨内特 银光 1948

起源 英国

车架材质 钢

传动装置 单速

车轮参数 27 英寸（68 厘米）

萨内特最著名的车型是一款价格不菲的滞销车型，它有着银色光泽的车架、摇篮状的底架和交叉的座椅支架。早起的托架制造采用了银焊工艺，后来证实这种工艺的强度不够，所以之后的车架采用了管接工艺来强化接头。

◁弗雷加斯 1949

起源 意大利

车架材质 钢

传动装置 4 速

车轮参数 27 英寸（68 厘米）

在 1930、1933、1948 年获得世锦赛冠军之后，都灵的弗雷加斯给人们留下了深刻的印象。它的车架有着流畅简约的线条，与花哨的潮流背道而驰。弗雷加斯使用了特殊的几何图形，创造了短的顶管，减少了车架在加速和急转弯时发生的扭转。

▷“大力士”20 世纪 50 年代

起源 英国

车架材质 钢

传动装置 4 速

车轮参数 27 英寸（68 厘米）

英国“大力士”自行车公司以跑车和休闲车闻名。这辆小巧的“大力士”自行车是许多长距离自行车赛纪录保持者冠军车手艾琳·谢里丹骑过的。

▽“游荡者”世界纪录自行车 1950

起源 德国

车架材质 钢

传动装置 单速

车轮参数 27 英寸（68 厘米）

这款自行车是专为德国摩托车手卡尔·海因茨·克雷默定制的，他在 1950 年创造了时速 96 英里 / 小时（150.5 公里 / 小时）的自行车世界纪录，而这个速度是摩托车才能达到的。

兰令赞助的自行车轨道世界锦标赛车手瑞格·哈里斯

大型制造商

兰令

20世纪的大部分时间里，英国自行车最有代表性的品牌——兰令，是世界上最大的自行车制造商。作为质量、可靠性和高价值的代名词，兰令是首批真正获得全球商誉的自行车品牌之一，一直非常专注于海外市场。

兰令品牌可以追溯到1885年，英国人理查德·莫里斯·伍德黑德和法国人保罗·安戈伊斯在英国诺丁汉兰令街建立的一个自行车工作室。除了为顾客修理自行车外，伍德黑德和安戈伊斯也开始生产少量自己的自行车，他们将其命名为兰令。

弗兰克·鲍登（1848—1921）

第一辆兰令自行车的质量引起了海外市场的兴趣，尤其是法国自行车工业中心的圣艾蒂安。但安戈伊斯和伍德黑德的商业能力与他们的自行车制造技能并不匹配。1887年，威廉·埃利斯带来了公司的第一笔投资。之后，1888年，弗兰克·鲍登的投资使公司稳定了下来。

鲍登成为了兰令背后的推动力，鼓励着公司提高产出和效率，并推动创新特性的开发，例如专利变速器。

兰令的名字在1889年登记注册，鲍登也成为了公司的董事长、主管和大股东。该品牌的象征取自鲍登家族的徽章，是一个装饰了苍鹭的车头标牌。

兰令赶上了19世纪90年代的自行车热潮，在诺丁汉拓展了新的经营场所也增加了产量。兰令公司签约并赞助了了第一届自行车世锦赛冠军车手阿瑟·A·齐默曼，这是它的国际化努力的一部分。来自美国新泽西州的齐默曼在1893年的芝加哥世锦赛上赢得了短距赛和6.2英里（10公里）赛，这为兰令的国际魅力加了分。

1902年推出的施图美-爱驰轮毂齿轮成为了公司的一大支柱，它能够提供可靠的变速并且不需要特别维护，因为变速器的装置放置在轮毂内，远离灰尘和水，成本也不高。很快，全球范围内的兰令自行车都用上了轮毂齿轮。

尽管兰令是一个英国品牌，但它坚定地将重心投向了海外市场。鲍登从公司成立之初就一直在推广欧洲销售网络，到20世纪初，其出口已经远至南美、印度和澳大利亚。在英国殖民关系的帮助下，兰令的国际视野确保了它能够很好地满足当地的需求。

> *“为什么还要走路呢？兰令——全钢自行车”*
>
> *1925年的广告*

兰令自行车的车头标识

20世纪60年代为兰令公司带来了重大变化。兰令先是拒绝了与激进的自行车设计师亚历克斯·莫尔顿合作的机会，而莫尔顿在1962年推出的F系列小轮车饱受盛赞，兰令迎头赶上。

兰令的回应是兰令小轮车（RSW），但它在设计和构造上都不如莫尔顿的小轮车。

另一个重要的变化是兰令收购了英国金属管道工程公司TI。当它与TI公司现有稳定的自行车品牌（包括国际品牌飞利浦和“大力士”）合并后，兰令成为了世界上最大的自行车制造商，诺丁汉是它的制造中心。到20世纪60年代末，该公司每年生产超过400万辆自行车，其中75%销往出口市场。通过海外工厂和外国公司的销售协议，兰令生产了6万多款特殊车型以满足当地需求。

兰令推出的最具标志性的自行车品牌之一是“凤头”儿童款自行车，该款车的设计灵感来自于风靡一时的美式后轮平衡特技自行车，比如施文的“魔鬼鱼”（Sting-Ray）。“凤头”于1970年在英国上市，在其制造的10年间，仅在英国就卖出了150万辆。

在20世纪70年代，兰令公司另一项引人注目的举动是首次赞助了一个专业自行车队。

大众的自行车

从1899年的广告到20世纪50年代的色彩艺术，兰令晋升为休闲公用自行车，并得到了专业人士的认可。

兰令的诺丁汉总部

1946年，兰令工厂占地27英亩（11公顷），拥有5000名员工。1952年，兰令新建了一座占地40英亩（16公顷）的工厂，雇佣了大约7000人。

警用巡逻自行侧 20 世纪 40 年代

RSW 小轮车 1965

“凤头”（Chopper）MK Ⅱ 1972

兰令 TI 20 世纪 80 年代

1885 理查德 · 伍德黑德和保罗 · 安戈伊斯在诺丁汉的兰令街开设了他们的工作室

1888 兰令的 3 款车型——两款跑车和一款三轮车被出口到法国。

1889 兰令自行车公司被注册为公司的正式名称

1893 兰令公司的扩张速度太快了，不得不在兰令街工作室临近的街区租了几间房子。

1894 公司创始人伍德黑德和安戈伊斯离开了兰令公司董事会，将公司的完全控制权交给了弗兰克 · 鲍登

1901 首次使用“全钢自行车”营销口号

1908 施图美 - 爱驰发布了轮毂刹车和与之相连的倒刹车

1926 诺丁汉工厂每周生产 3000 辆自行车，并且自己生产天然气和电力，自己挖井取水。

1939 英国自行车手托米 · 古德温在 365 天的时间里骑行了 75065 英里（120805 公里），这一纪录至今仍然没人打破。

1948 兰令公司在美国波士顿建厂，接下来的 20 年里，印度、南非、加拿大、联邦德国和马来西亚的分厂紧随其后。

1953 兰令在诺丁汉的工厂每年生产超过 10 万辆自行车

1963 全球的兰令员工数量达到 12000 人

1965 兰令公司为了响应莫尔顿的 F 系列自行车而开发了兰令小轮车（RSW）

1970 兰令的“凤头”自行车在英国推出

1980 兰令是第一个也是唯一一个赢得环法自行车赛的英国自行车品牌

20 世纪 90 年代 兰令 M-Trax 山地车迎合了越野自行车的发展

2012 兰令公司被荷兰爱克赛尔（Accell）自行车公司收购

在 1974 年第一赛季中，TI- 兰令队赢了 50 场比赛，并在 1980 年携荷兰车手约普 · 佐特梅尔克赢得了环法自行车赛，这是唯一一场英国品牌自行车获胜的比赛。

20 世纪 80 年代，远东廉价自行车生产商的竞争导致兰令在国内外的销售下滑。TI 在 1987 年将兰令品牌卖给了卢森堡的德比国际公司，该公司在 1999 年出售了诺丁汉工厂，没有再购置新的工厂。

兰令公司停止了在英国的车架制造业务。4 年后，自行车组装业务也停滞不前。兰令公司的自行车分公司现在由荷兰爱克赛尔（Accell）自行车公司所有。虽然它的制造中心已经不在诺丁汉了，但兰令在前英国自行车工业中心保留了一个设计和分销的网站。

兰令的成功

海报宣传的是施图美 - 爱驰轮毂齿轮和“凤头”儿童自行车

休闲实用自行车

对于参与二战的欧洲国家来说，从战争结束到 20 世纪 50 年代末的那段时期，见证了自行车行业的繁荣与萧条。人们被压抑的需求在战后立即得到了释放，使该行业陷入了急剧衰退的困境。随着国民经济的恢复和改善，人们转向了助力车、小轮摩托车和汽车。实用自行车的维护成本很低，普通大众都可以负担得起，它既可以用于工作也可以用于娱乐休闲。不过各国自行车的规格和人们的偏好有所不同。欧洲人倾向于骑着同一辆自行车上下班、购物或休闲活动，而美国人骑车主要是为了消遣。

△ 默纳克“白银王者”1948

起源 美国
车架材质 铝合金
传动装置 单速
车轮参数 26 英寸（65 厘米）

自行车由热处理的铝合金制成，于 1934 年就投入使用。1948 年的版本采用了六角形管材，能让自行车的整体性能更强，重量更轻。

◁ 兰令“运动旅行者”20 世纪 50 年代

起源 英国
车架材质 钢
传动装置 3 速
车轮参数 26 英寸（65 厘米）

在这一时期，跑车风格的自行车是兰令最畅销的自行车，并且囊括了各种各样的型号。运动旅行者自行车的特色是施图美－爱驰的轮毂齿轮、发电机驱动车灯和布鲁克斯皮革车座。这款车还有为女士设计的型号。

▷ 美诺 美乐（Melior）1950

起源 德国
车架材质 钢
传动装置 单速
车轮参数 26 英寸（65 厘米）

上世纪 20 年代，美诺公司开始生产自行车，后来它生产了各种型号的自行车。1950 年的“旅行者”型号以强度和可靠性著称。它的特色是后置的行李架、链条罩和一个靠前轮驱动发电的车灯。

▽ 施文“黑色幻影”女式自行车 1955

起源 美国

车架材质 钢

传动装置 单速

车轮参数 26 英寸（65 厘米）

无论在施文黑色幻影男士自行车还是女式自行车中，铬都是关键要素。膝关节弹簧系统和摩托车质感（比如假油箱）让黑色幻影成为了施文自行车的标志之一。

前悬系统

安装在车架上的弹簧连接着双车叉，可以提供灵活平稳的驾驶感受。

◁ 尼曼公司“新月”女士自行车 1955

起源 瑞典

车架材质 钢

传动装置 单速

车轮参数 26 英寸（65 厘米）

“新月”最初来自于芝加哥的“西部车轮”工厂，被作为“工薪阶层廉价自行车”。20 世纪初，生产线转移到了瑞典，那里的一家领军制造商纽曼公司继续使用该品牌。这辆女式自行车带有一个弹簧皮座。

比安奇“巴黎—鲁贝”赛用自行车

有着标志性的“天青色”配色方案和经过检验的血统，“巴黎—鲁贝”自行车可以作为世界上最老牌自行车制造商马克·比安奇的象征。1885 年，艾多尔多·比安奇在米兰开了一个工作室，后来成为了注明自行车制造商。他生产的自行车被意大利皇室采用，让一些最好的轻质钢赛用自行车成为了家喻户晓的名字。比安奇和冯斯托·科比（1950 年“巴黎—鲁贝”赛冠军）的名字联系到了一起。

对于自行车爱好者来说这是一款经典的轻量自行车——一种老式的钢架赛车，它在 1951 年制成，以庆祝去年冯斯托·科比在“巴黎—鲁贝”自行车比赛中获得冠军。作为最大胆的赛车手，科比用比安奇自行车赢得了无数比赛，甚至在 1949 年和 1952 年赢得了环法自行车赛冠军。意大利人管这叫做冠军之中的冠军。

事实上，“巴黎—鲁贝”是比安奇现有的顶级自行车“Folgorissima”的新名字，而不是专门设计的新车型。Folgorissima 可大致翻译为“超级闪电”，在 1949 年首次投放市场，标志着坎帕尼奥洛改良单杆变速器坎比奥·科莎的问世，并取代了比安奇在 20 世纪 40 年代的顶级赛车“闪电”（Folgor）。在同样的营销策略下，比安奇在 1954 年再次将其顶级自行车重命名为坎皮亚·德尔·蒙多，庆祝上一年科比在世界公路锦标赛赢得冠军。

“巴黎—鲁贝”自行车配备了当时最高质量的配件——由比安奇自己生产的可锻铸件连接的双层对接钢管，管头镀铬。坎帕尼奥洛的 4 速坎比奥·科莎变速器是一大亮点，1951 年它也更名为“巴黎—鲁贝”，这就是科比获胜的影响力所在。

规格参数	
起源	意大利
设计师	不详
时间	1951
车架材质	钢
传动装置	4 速
制动	卡钳式刹车
车轮参数	28 英寸（70 厘米）
重量	大约 24 磅（11 公斤）

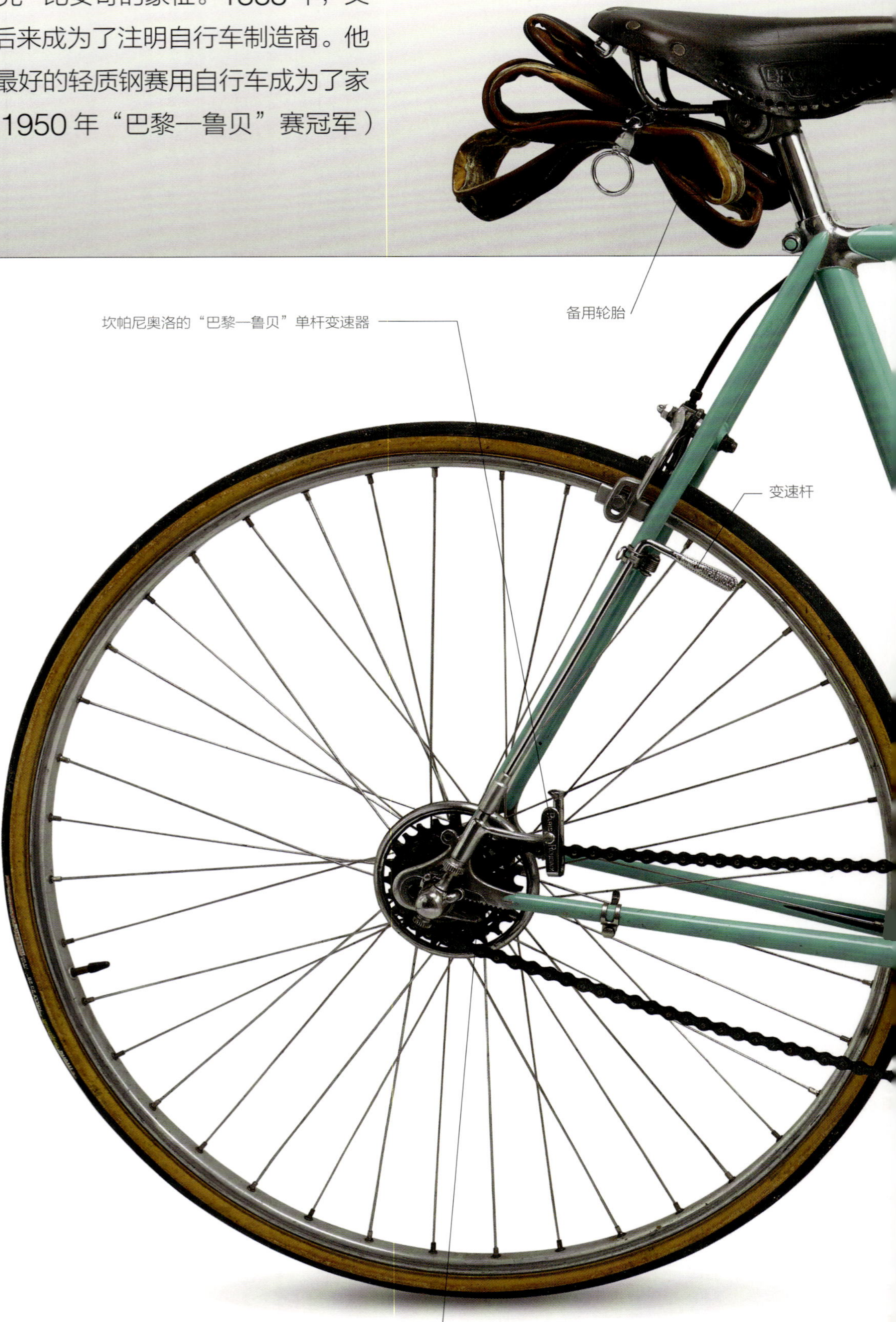

“比安奇的**天青色**是这款运动自行车最具特色的**配色方案**。”

比安奇，谈及标识配色方案

比安奇的标识

比安奇公司以其创始人的名字为标志，用鹰和皇冠作为装饰，象征着意大利皇族萨伏伊。

铝合金刹车杆

比安奇制造的螺旋形车龙头

前管上镀铬的管接头

比安奇的天青色配色方案据说是来自于萨伏伊王后玛格丽塔眼睛的颜色

最初的“巴黎—鲁贝”自行车定制钢质曲柄，在链条周围写着三个比安奇的缩写字母“B”

夹子和带子将车手的脚固定在踏板上

部件

许多装饰“巴黎—鲁贝”自行车的原始部件都是意大利的其他制造商为比安奇定制的。龙头和车把由安布罗西奥制作并刻有比安奇的名字，而比安奇的轮毂几乎可以肯定是由坎帕尼奥洛或弗拉泰利·布里维奥制造的。轻质铝质轮缘是都灵的尼西生产的。

1. 带备胎的布鲁克斯皮车座 2. 坎帕尼奥洛“巴黎—鲁贝”变速器和后轮车叉钩爪 3. 带有橡胶罩盖的通用制动杆安装在比安奇车头的科比钢制车把上 4. 坎帕尼奥洛变速器 5. 安装在下梁的打气筒 6. 带有夹子和带子的比安奇赛车踏板 7. 通用卡钳式刹车 8. 带有坎帕尼奥洛快速释放杆的前轮毂

3

1

2

4

6

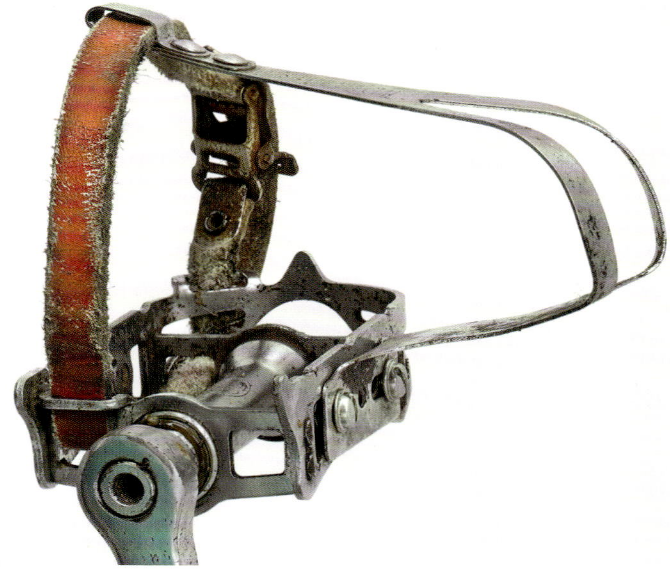

7

5

8

美国儿童自行车

在经历了第二次世界大战后，美国成为了第一个弃用自行车的国家。与此同时，在英国，直到 20 世纪 70 年代，大多数家庭才拥有第一辆汽车。试图重振美国成人自行车市场的努力收效甚微，因此美国自行车市场被儿童休闲自行车占了主导地位。自行车成为了运动玩具，有时候制造商会利用卡通人物作为营销手段，并模仿年轻车手们喜欢的摩托车外观。

*“这是一种**低成本**交通工具，并且可以**帮男孩子们挣钱**。”*

霍勒斯·赫夫曼谈论到“报童”自行车。

▽ 哈菲“收音机”自行车 1955

起源 美国

车架材质 钢

传动装置 单速

车轮参数 26 英寸（65 厘米）

这款自行车由俄亥俄州代顿市的霍夫曼公司制造，在“油箱”里有一个管式收音机。自行车有红色、蓝色、绿色三种颜色可控选择。霍夫曼公司在18个月内生产了8500辆该款自行车，之后停产。

收音机电源

收音机的电源盒由薄金属板制成，放置在自行车后架上。电池可更换，有两块，实行三包。

舒适的车座

除了拥有较大轮胎之外，充分填充的弹簧座椅也确保了平稳舒适的行驶，这是人们理想的骑行感受。

移动的音乐

每辆自行车都内置了一个三真空管收音机。这台收音机精选了音量控制旋钮、调频器和大功率天线，这种天线能接收到 100 英里（160 公里）以内的信号。

未来主义的车头灯

前挡泥板上的电池灯发出金黄色的光。它的设计让人联想起美国动画片《摩登原始人》中的太空时代风格。

◁ **哈菲“超级女孩”可调节自行车 1949**

起源 美国
车架材质 钢
传动装置 单速
车轮参数 20 英寸（50 厘米）

这是第一款被称为“哈菲”的霍夫曼自行车，它对美国儿童自行车市场产生了巨大的影响。它的一个关键的特点就是小直径充气轮胎，这就意味着车和人可以保持同步。

▷ **哈菲“超级男孩”可调节自行车 1949**

起源 美国
车架材质 钢
传动装置 单速
车轮参数 20 英寸（50 厘米）

这辆自行车被称为可调自行车，因为它有固定在后车轴的训练轮或者稳定器，当孩子学会骑车之后，这些装置就可以拆卸掉了。

◁ **谢尔比“唐老鸭”1949**

起源 美国
车架材质 钢
传动装置 单速
车轮参数 20 英寸（50 厘米）或 24 英寸（60 厘米）

这款自行车是谢尔比自行车公司的一项商业成就。华特 · 迪士尼的唐老鸭是孩子们最喜欢的角色，谢尔比将唐老鸭与儿童自行车结合起来，车把下面是唐老鸭的脑袋，有着呱呱叫的喇叭和闪光的眼睛。

▷ **JC 希金斯 充气轮胎女孩自行车 20 世纪 50 年代**

起源 美国
车架材质 钢
传动装置 单速
车轮参数 20 英寸（50 厘米）

希金斯是美国邮购公司西尔斯罗巴克的品牌名称。这款车分为男孩和女孩版本，有着摩托车的外形和前悬挂装置、后轮整流罩、流线型后架。

旅行自行车

它们的到来，为实现骑自行车独立旅行创造了机会。随着时间推移，大多数制造商都推出了旅行自行车。在 20 世纪 30 年代，由于工人阶级的日益富裕和户外运动的影响，骑车旅行的方式迅速流行了起来。旅行自行车的设计可以使人舒适地骑行较长的距离，而且通常轮距较长以增加稳定性。对于车上装的行李来说，前后挡泥板是非常重要的（这样泥水就不会飞溅到行李上）。这些自行车有不同规格的齿轮来应对不同地形。

△ 麦克莱恩“俱乐部”1948

起源 英国

车架材质 钢

传动装置 3 速或 4 速

车轮参数前轮 26 英寸（65 厘米），后轮 27 英寸（68 厘米）

麦克莱恩公司成立于 1922 年。它的俱乐部型号自行车使用了雷诺兹 531 管——由锰、钼和碳钢组合而成。这些自行车是根据买方要求的规格而设计的，其中包括变速器或施图美 - 爱驰的齿轮。

▽ RO 哈里森 1950

起源 英国

车架材质 钢

传动装置 5 速

车轮参数 26 英寸（65 厘米）

RO 哈里森公司与 1933 年成立，是一家总部位于伦敦的高品质经典轻型车架制造商。它在 1950 年制造的车型有着旅行自行车典型的前叉挠度和车架角，并安装了悬挂充打气筒的挂钩。

双管

自行车的车架应该重量轻且刚性好，许多制造商生产的车架都采用了双上梁、双座杆、双下梁。

电池能源

最早的车灯靠油或碳化物产生的火焰照明，可能会发生危险。电池灯不仅更安全，而且可以产生更亮的光线。

◁**麦克莱恩 艾克拉(Ekla)1949**

起源 英国
车架材质 钢
传动装置 10 速
车轮参数 27 英寸(68 厘米)

这款顶级自行车采用高品质的装饰管接头，车叉顶点钎焊在雷诺兹 531 管上。它配备了 10 速变速器、布鲁克斯车座和温曼式(Weinmann)刹车(刹车杆带有罩盖)。

▷**E&P 斯特里克 1950**

起源 德国
车架材质 钢
传动装置 3 速
车轮参数 26 英寸(65 厘米)

这辆车由德国比勒费尔德的 E&P 斯特里克公司制造，这是战后西欧旅行自行车的典型例子。它的特色是侧面的车撑、合金链条罩和带来舒适骑行的中心弹簧车座。

◁**吉洛特“交际家”旅行自行车 1951**

起源 英国
车架材质 钢
传动装置 3 速
车轮参数 27 英寸(68 厘米)

AS 吉洛特公司坐落在伦敦的坎伯韦尔，因高品质的生产工艺和对细节的注重而闻名全球，它生产的自行车用于比赛、俱乐部骑行和旅行。这款“交际家”自行车的特色是合金轮缘车轮和大法兰轮毂，以及减轻了重量的合金刹车。

中国“飞鸽”自行车以英国 1932 年款兰令跑车为基础，于 1950 年 7 月投入生产。当时，工人们接到任务，要造出一种坚固、耐用又轻便的自行车。图中这辆“飞鸽”车凝聚着工人师傅霍宝庭的心血和智慧。在中华人民共和国政府支持下，自行车成为交通运输工具，产量巨大，以至于后来中国被称为“自行车王国”。自行车也成为了中国城镇家庭必备的“三大件”之一，另外两样“大件”是缝纫机和手表。

工作自行车

早在 1881 年，英国邮局就用三轮车运送包裹和信件，很快自行车也被改装，用于运送货物。制造商们引入了特殊的设计，使自行车能够运送各种类型的货物、信件和报纸。屠夫和面包师用自行车运送他们的产品，当地工匠在去客户家中时用自行车运载他们的工具，而军队则将自行车用作轻型运输工具。由于城市交通拥挤，自行车成为了便捷的代步选择，因为它们容易操作，占用更少的停车空间，也不需要昂贵的燃料。

脚踏式砂轮

一块石头砂轮由连接在自行车后轮上的辅助皮带驱动。砂轮可以磨削一系列工具，从刀到斧头。

▽**“磨刀匠”自行车 20 世纪 50 年代**

起源	德国
车架材质	钢
传动装置	单速
车轮参数	65 厘米（26 英寸）

磨刀匠用这种特殊的自行车不仅可以帮助他们接触到顾客，还可以提供磨刀石。世界各地都在使用这些车，它们都是基于普通跑车设计的，但是有一个额外的驱动机制用来旋转砂轮，还配备了装工具和水的“家伙事儿”。

车撑与载物架

这辆车的载物架很容易就能改装成车撑。架子能转动至地面并撑起后轮，在磨刀时提供一个稳定的底座。

磨刀匠的工具包

车架上安装的金属盒被整合到车架的形状中。盒子里装着工匠用的工具，侧面装有铰链以便轻松取放工具。

链盘

这款自行车配备了华丽的 5 臂镀铬链盘。防护罩的设计可以阻止车手的衣服和砂轮上的金属卡住自行车链条。

发电瓶

这个装置就像一个瓶子，为车前灯提供能量。自行车轮胎的侧壁上放置了一个滚轮，当轮子向前转动时，发电瓶就会产生电力。

安装在车架上的变速杆

耐用的轮子和轮胎

能够支撑篮子的小前轮

◁ **帕什利 德里自行车 1948**

起源 英国

车架材质 钢

传动装置 3 速

车轮参数 前轮 20 英寸（50 厘米），后轮 26 英寸（65 厘米）

这款自行车专为送货设计，它的特色是安装在小前轮上的大柳条筐。它有可伸缩的前车撑和加固车架。车手的舒适感得益于弹簧车座和橡胶车把。

后部载物架，用于携带巡逻员的工具

耐用的车轮和车胎

▷ **“胜利” RAC 巡逻自行车 20 世纪 50 年代**

起源 英国

车架材质 钢

传动装置 单速

车轮参数 26 英寸（65 厘米）

20 世纪 50 年代，皇家汽车俱乐部的巡逻员使用了这款自行车，该俱乐部向英国司机提供路边援助。这款车基于重型跑车车型，配备了后部载物架用来携带工具兼以展示 RAC 的徽章。

后行李架

后部倒刹车

前车撑

◁ **俾斯麦 货运自行车 20 世纪 50 年代**

起源 德国

车架材质 钢

传动装置 单速

车轮参数 前轮 18 英寸（45 厘米），后轮 26 英寸（65 厘米）

这辆特制的自行车是由俾斯麦公司生产的，这是一个以生产高品质耐用自行车著称的制造商。这款车有一个加固环形车架、前后载物架，和弹簧车座。装载货物时，前部车撑提供了稳定性。

▷ **施文 “台风马戏团” 高空钢丝自行车 1959**

起源 美国

车架材质 钢

传动装置 单速

车轮参数 26 英寸（65 厘米）

这款自行车基于施文跑车，适合马戏团的高空钢丝骑行。它的轮子由实心木头制成，有着一圈凹槽以保持在钢丝上的稳定性。转动前叉，就可以固定前后车轮。

凹槽车轮

这种木质的车轮有较深的凹槽，有助于骑车的人停留在高空钢丝上。

转向叉固定在车的正前方

低传动比的固定齿轮驱动

1954 年日内瓦越野锦标赛海报

大型赛事

1950 年自行车越野锦标赛

现在的自行车越野赛是在公园或林地赛道举行的，但过去多在城镇中心举办，在那里比赛很受公众欢迎。在法国巴黎举行的国际越野选拔赛成为世界第一个官方赛事。

自行车越野赛始于 20 世纪初，作为公路赛车手的冬季运动。这些比赛采用单圈赛道，在一片广泛区域的几个村庄进行。车手们需要自行寻找路线，唯一的规则是必须按照特定的顺序穿过村庄，并且不允许使用公路。由于车手们要在教堂塔楼或尖顶楼之间骑行，所以越野赛也被称为障碍赛。随着体育运动的发展，越来越多的参赛者加入进来，观众们也渴望观看比赛。组织者开始在树林和公园中布置赛道，甚至将赛道设置在障碍物混杂的城镇里。事实证明后者非常受欢迎，因为观众们在这些地方可以直接接触到比赛。

罗伯特 · 欧布伦

法国车手欧布伦在 1937 年至 1942 年间曾四次获得国际越野选拔赛冠军，五次夺得法国越野锦标赛冠军，但没能在第一次世锦赛中夺冠。

著名的国际越野选拔赛于 1924 年在法国东北部的里尔推出，于 1934 年更址于巴黎，直到 1939 年之前都是年度赛事。后来在法国和比利时法语区的许多自行车比赛因为组织难度大，在二战期间都搁置了，包括环法自行车赛。然而德国人接管了被占领的法国地区后，他们就开始鼓励一些比赛，希望以此方式赢得当地人的心。国际越野选拔赛是被批准的比赛之一，并于 1941 年的巴黎蒙马特区再次举行。

这条赛道长约 4921 英尺（1500 米），而且多山，没有平坦路段。赛道包含了城市街道，穿过维莱特广场的一条小路以及通往著名圣心堂的阶梯。车手全程需要骑行 10.5 英里（17 公里），还必须扛着自行车爬上 1400 级台阶。1942 年，比赛再次暂停，并在 1947 年回归。

1949 年，比赛转到了巴黎的高地区域，但这一次是在一个有更多越野场地的森林地区。和以前一样的是，比赛采用迂回路线，除了起点和终点，赛道还经过林间小径和开放式公园，公园中有一条非常陡的下坡路可以出入“魔鬼洞”。这是一条相当艰难的赛道，比现代越野赛具有更多天然障碍，其中包括车手必须要翻越的巨石。

长期以来，国际越野选拔赛一直被看作是一项非正式的越野世锦赛，在 1950 年正式成为越野赛的一种。

在巴黎的高地上，法国人让 · 罗毕克赢得了比赛，因为前一年参加了比赛，所以他对这条赛道了如指掌。在 1947 年环法自行车赛结束后，罗毕克率领四名法国车手全力以赴夺取了职业生涯中的第二次大胜。

*“我知道我会赢。罗杰 · 隆多给我制造了一定的**阻力**，但我**确信**自己能够**击败他**”*

让 · 罗毕克从不相信虚伪的谦虚。

欧文 · 佛肯是2008年比利时锦标赛的冠军

比利时人在男子自行车越野赛中称霸世界，以至于别国选手想要赢得比利时越野锦标赛就如同赢得世界冠军一样困难。在过去的 20 年中，比利时总共赢得了 12 个男子自行车世界冠军，排名第二的荷兰赢得了 4 个冠军。

重要信息

排行榜

第一名：让 · 罗毕克，法国

第二名：罗杰 · 隆多，法国

第三名：皮埃尔 · 尤迪，法国

比赛的变革

国际越野选拔赛于 1934 年从法国东部的里尔搬到了巴黎。在 1941 年蒙马特地区赛道首次使用之前，这项比赛都是在不同赛道上举行的。这一地区一直是比赛的主场，直到 1949 年转向了巴黎东南部文森斯附近的高原，因为此处能提供更多越野道路。当国际自行车联盟开始规范这一赛事之后，1950 年国际越野选拔赛正是在这条赛道上被指定为第一个正式越野世锦赛。

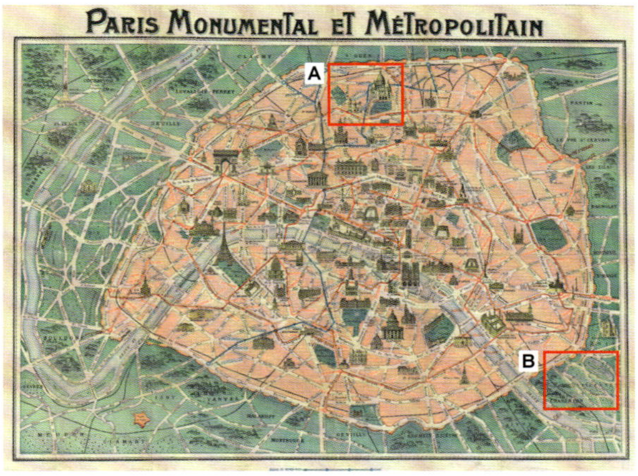

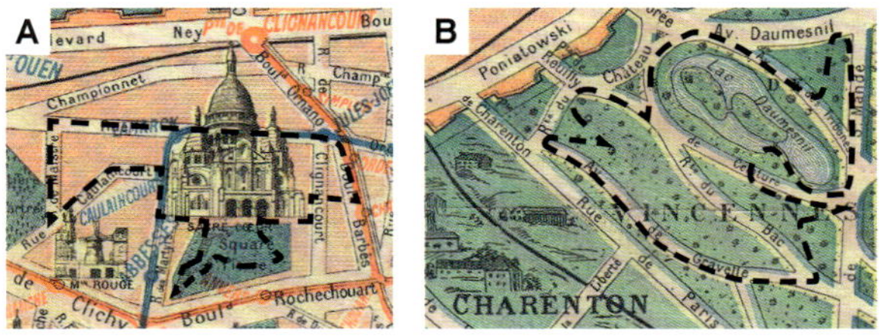

两条赛道

地图 A 显示了围绕着蒙马特和圣心堂的早期路线。地图 B 显示了巴黎东南部高原的砾石覆盖区域。

扛着自行车走在圣心堂台阶上

在无法骑行路段，车手必须扛着他们的自行车步行通过，即使是在现代比赛中。在 1950 年蒙马特赛道的每一环上，车手都面临着几个石阶赛段。最长的一段是通往圣心堂的与索道平行的石阶。

双人自行车

从二战结束到 1959 年这段时期，英国和其他参与二战的欧洲国家的自行车市场经历了一场从繁荣到萧条的过程：起初满足了人们在战争中被压抑的需求，然后自行车工业的热度急剧下降，随着经济状况的改善，人们转向了机动化的交通工具——助力车、摩托车和汽车。苦苦挣扎的英国自行车制造商对双人自行车并不感兴趣，尽管少数专家确实制造了量身定做的双人车。在德国和美国，大部分制造商也生产双人自行车，因为人们认为它可以为孩子带来乐趣。

驱动双人自行车

拥有两名车手意味着需要两倍的腿部力量来驱动自行车，但是也产生了更大的推动力。为了克服这个问题，许多旅行自行车都配备了特色齿轮。

△ 伦施 弯曲座管双人自行车 约 1948

起源	英国
车架材质	钢
传动装置	5 速
车轮参数	27 英寸（68 厘米）

上世纪 30 年代，哈利 · 伦施在伦敦开始以个人名义建造自行车。1940 年，他制造了一款有着弯曲座管和一对横向支架的短轮距双人车。伦施在 1943 年投产了巴黎自行车。

▷ 鲍尔 女士双人自行车 1949

起源	德国
车轮参数	钢
传动装置	3 速
车轮参数	26 英寸（65 厘米）

鲍尔·沃克公司成立于 1911 年，由位于德国法兰克福的路德维格 · 鲍尔公司创立，并于 1922 年开始生产自行车。鲍尔可以提供全系列型号的自行车，从日常单人自行车到双人自行车甚至赛车。

△“巴黎旅行”双人自行车 1950

起源 英国

车架材质 钢

传动装置 10 速

车轮参数 27 英寸（68 厘米）

“巴黎”是哈里·“扳手”·伦施在 20 世纪 40 年代使用的品牌。他设计的“巴黎旅行”双人车深受法国轻量级自行车设计的影响，采用了圆角钎焊，从而没有使用管接头连接车架管。

▽ 儿童双人自行车 约 1950

起源 英国

车架材质 钢

传动装置 单速

车轮参数 14 英寸（35 厘米）

这辆罕见的三轮双人车制造者不详。英国“三角”玩具公司在 20 世纪 50 年代初制造了类似的自行车。不像“三角牌”自行车，这辆双人自行车有螺栓固定的顶管。它已经重新粉刷过，车座也不是原装的。

刹车系统

有了两名车手的载重，双人自行车的有效刹车显得非常重要。这款伦施型号的特色是早期的 V 型刹车。

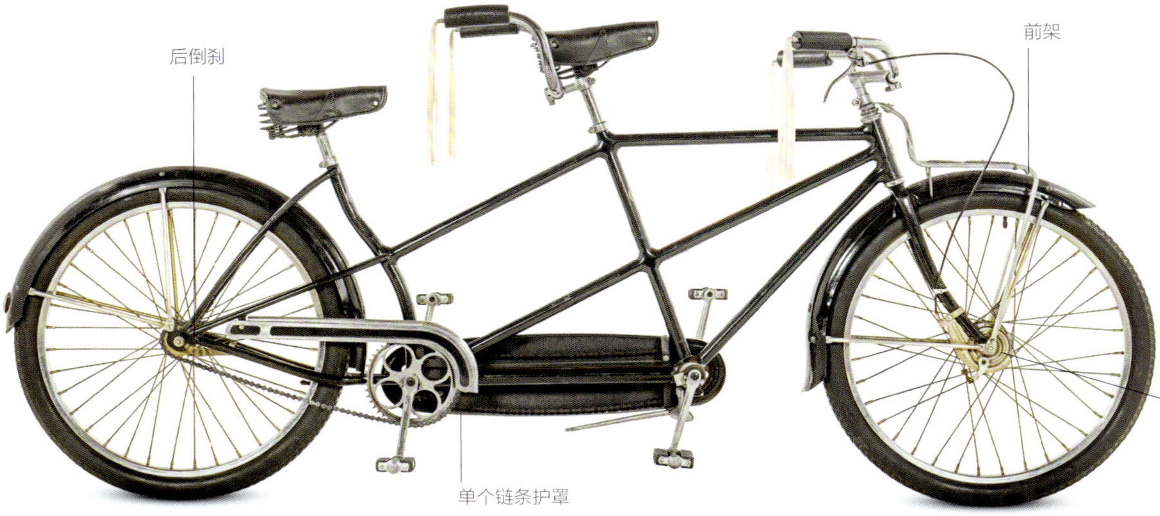

◁施文 AS 双人自行车 1955

起源 美国

车架材质 钢

传动装置 单速

车轮参数 26 英寸（65 厘米）

施文 AS（阿诺德 - 施文）双人自行车采用了重型辐条和车架。链条护罩防止了车手的衣服触及油渍或被勾住。后座下的弯曲座管给这款车的整体风格增色不少。

20世纪60年代

骑行的潮流

Moulton stand

骑行的潮流

△ 1968 年施文发布的圣诞广告

广告词：这款“魔鬼鱼”，是今年必备的儿童自行车。

随着汽车时代的全面到来，自行车制造商向汽车行业寻求推广产品的线索。第一个利用摩托车配件定制青少年喜爱的自行车的制造商是施文，他在 1963 年发布了“魔鬼鱼”儿童自行车，立刻受到了欢迎和效仿。它有着摩托车的风格，变速杆安装在顶管，高椅背的“香蕉”形车座安装在大一些的后轮上，车把向后，是第一辆“后轮平衡”车型，之所以这么说，是因为车手可以轻松地把前轮抬起，仅靠后轮触地特技维持全车平衡。

20 世纪 60 年代，“后轮平衡”车型的普及为全球自行车产业的复苏做出了贡献，在美国，这 10 年的销量首次超过了 400 万辆。需求扩散到了其他市场，10 速赛车在美国流行了起来，欧洲进口和本土仿制品的销售都开始蓬勃发展。

1962 年英国推出了莫尔顿 F 自行车，一个全新的概念诞生了。设计这款车的工程师发明过一种迷你汽车上使用的游离式橡胶悬挂装置，从传统的菱形车架到车轮尺寸，F 型自行车完全重新考虑了所有设计原则，是一辆带有悬挂装置的小型自行车，采用跨步式车架，正好迎合了市场的流行趋势。它适合短途旅行，骑行感受轻松舒适，尤其适合女性，很快就成为了新时代的时尚偶像。

“自行车是人类已知的**最文明**的交通工具。其他形式的交通工具变化万千，**只有自行车始终如一。**”

爱丽丝 · 默多克，《红与绿》，1965 年。

◁ **莫尔顿自行车上能乘载多少个比吉斯乐队歌手？** 吉布三兄弟和科林 · 彼得森，1961 年在伦敦

重大事件

▷ **1960** 环法自行车赛首次被电视台直播，提升了这项运动的吸引力和广告潜力。

▷ **20 世纪 60 年代** 自行车在亚洲和非洲的许多地方完全融入当地文化，成为重要经济资产。

▷ **1964** 雅克 · 安基提尔成为第一个五次赢得环法自行车赛的选手。

▷ **1965** 美国自行车运动的复苏，标志着美国汽车联盟的复兴。该联盟成立于 1880 年，但从 20 世纪 50 年代初就进入了休眠状态。

▷ **1967** 在英国明星汤姆 · 辛普森于当年环法自行车赛期间使用苯丙胺之后，服用兴奋剂的问题开始凸显。

▷ **1968** 自行车一小时耐力赛最高纪录是由丹麦人奥勒 · 里特创造的，骑行距离 30.25 英里（48.53 公里）。

△ 环法自行车赛中的死亡事件

在对汤姆 · 辛普森进行尸检后发现，他除了服用苯丙胺，还喝了酒，死于心脏衰竭。

▷ **1968** 为了体现贝利尔 · 伯顿（英国）在女子自行车赛中的重要地位，她本人受邀参加了在法国举行的男子大奖赛。

旅游沙滩车

最初的旅游沙滩车施文 B-10E 是 1933 年在美国设计的。这类车针对年轻人市场，设计成摩托车的样子，还为美国带来了低压充气轮胎。旅游沙滩车有着直立的骑行位置，坚固的结构和舒适的骑行体验。由于它们笨重大且不能变速，所以不适合山地骑行，但适合用来在海滩和郊区街道游弋。这些自行车在美国一直很受欢迎，直到 20 世纪 60 年代英国和欧洲的助力车进口后，它们才过时。20 世纪 90 年代以后，人们对旅游沙滩车的兴趣再度高涨。

△ **鲍登“空间探测器”1960**

起源	美国
车架材质	玻璃纤维
传动装置	单速
车轮参数	26 英寸（65 厘米）

鲍登“空间探测器”有着不同寻常的设计感，它是用模压纤维玻璃制成的，造价昂贵。这款车只造出了 544 辆，稀有使它成为一款有收藏价值的自行车。

▽ **鲍登 300 1961**

起源	美国
车架材质	玻璃纤维
传动装置	单速
车轮参数	26 英寸（65 厘米）

鲍登 300 是鲍登“空间探测器”的升级版。它也采用了玻璃纤维车架，而且全球只有 8 至 10 辆，所以更稀有。

▷ **哥伦比亚“雷电”女士自行车 20 世纪 60 年代**

起源 美国

车架材质 钢

传动装置 单速

车轮参数 26 英寸（65 厘米）

这款中量级自行车体现了欧洲轻型跑车对美国自行车设计的影响。哥伦比亚“雷电”自行车保留了经典美国旅游沙滩车的特点，包括类似燃料箱的设计以及带有火箭鳍的链条护罩。

◁ **海华莎“星际飞行”20 世纪 60 年代**

起源 美国

车架材质 钢

传动装置 单速

车轮参数 26 英寸（65 厘米）

海华莎是 20 世纪 30 年代美国著名的蒸汽火车的名字，甘布尔五金店为自己的自行车选取了相同的名字。为了与轻型的欧洲进口自行车竞争，早期旅游沙滩车的假油箱变化出更时尚的形状，并采用了电池驱动的车头灯。

▷ **施文“台风”1966**

起源 美国

车架材质 钢

传动装置 单速

车轮参数 26 英寸（65 厘米）

“台风”是 1962 年到 1966 年间施文系列车型之一。它没有采用诸如油箱之类的高端设备，结实、做工精良、价格合理。它有着坚固的钢架，中量级轮胎和管式漆包轮缘，成为高效、耐用的自行车。

兰令赞助的自行车轨道世界锦标赛车手瑞格·哈里斯

大型制造商

标致

两个多世纪以来，标致公司一直是法国运输业的代表性企业，它的故事要追溯到19世纪末期汽车技术的发展源头。从20世纪60年代到80年代，标致公司车队成功囊括了十次环法自行车赛的胜利，这是前所未有的纪录。

对于一个以炼钢业发家的实业家来说，自行车的生产是一个合乎逻辑的步骤。标致公司成立于1810年，生产各种各样的产品，包括工具、钟表弹簧、剃须刀片，和法国东部杜省的工厂生产的钢制咖啡机。第一辆标致自行车由公司联合创始人让·皮埃尔二世的孙子阿曼德·标致在1882年制造。这款车以标致自行车的品牌引领了自行车的大规模生产潮流，混合了普通及高轮车型两种设计风格，也即法国人所说的“大轮”（Le Grand Bi）。自行车的生产从标致公司的博利厄工厂起步，这个工厂于1857年被公司收购进来，早先生产连衣裙上的优质钢箍。这条生产线给标致带来了生产优质辐条的技术和相关专业知识。

阿曼德·标致（1849—1915）

第一辆标致三轮车和安全自行车于1886年公布于世，与公司独特的狮子图案交相辉映。

19世纪80和90年代是工业技术飞速发展的时期，标致是当时许多工程设计公司的典范。这款自行车还不能被划分到人力驱动车的种类中，包括阿曼德标致在内许多公司的工程师都在致力于机动自行车、三轮车和四轮车。1890年，标致推出了第一辆汽车，在接下来的100年里，该公司的运营范围包括自行车、助力车、摩托车和汽车。到19世纪后期，标致的自行车系列囊括了双人车、三轮车、四轮车和12种不同型号的公路自行车，而在19至20世纪之交，该公司每年生产大约两万辆自行车。标致利用法国最新的举国赛事——环法自行车赛来积累资本，并于1904年第二届比赛中派出了代表队，一切合乎逻辑。接下来的一年里，标致连续四次夺冠：1905年，路易斯·特鲁瑟利耶夺冠；1906年勒内·鲍狄埃夺冠；1907年和1908年布列塔尼区的卢西恩·佩蒂特连续夺冠；他们都是标致车队的选手。

第一次世界大战期间，由于法国军队的需求，标致扩大了汽车的生产规模。1926年，标致的汽车部和两轮车部——包括自行车和摩托车，分家运营。这辆P-10自行车，配备了前后刹车、木质轮缘、邓洛普轮胎，1927年又增添了一个工具包。几十年来，P-10一直在标致系列中象征着顶级车型。

产品多样

20世纪的标致公司不仅生产自行车，还生产成系列的三轮车。

高山骑行

在1975年环法自行车赛上，伯纳德·特维纳骑上了山路平台，图中的他身穿标致公司经典的的棋盘格子队服。两年后，他赢得了比赛，将标致品牌推上了自行车赛的巅峰。

"大轮"高轮车 1882

- **1858** 标致的狮子商标——代表着力量、坚韧和敏捷。
- **1882** 阿曼德 · 标致生产了公司的第一辆高轮自行车"大轮"。
- **1886** 标致的第一批自行车和三轮车投放市场。
- **1890** 保罗 · 博里隆用标致自行车赢得了短距离世锦赛冠军。
- **19 世纪 90 年代** 标致为开发飞行自行车提供奖励。莱特兄弟后来在第一次动力飞行中运用了自行车技术。

标致老式双人车 1926

- **1913** 奥斯卡 · 艾格用一辆标致车创下了 24.045 英里（43.525 公里）的新纪录。
- **1914** 从 1914 年到 1918 年间大约生产了 6300 辆标致自行车，用于第一次世界大战。
- **1958** 标致开始为汽车行业制造零部件，以应对不断下降的自行车销量。
- **1967** 在标致车队的赛季，艾迪 · 莫克斯赢得了米兰—圣雷莫和世锦赛的冠军，罗杰 · 平恩赢得环法自行车赛冠军。

有着华丽的"神经元"管接头的 PX10 1968

- **1972** 新工厂的开业使标致成为欧洲大陆最大的赛车制造商。
- **1974** 标致在全球的销量达到了 90 万辆
- **1977** 伯纳德 · 特维纳赢得了近十届环法自行车赛的冠军
- **1983** 标致公司发布了 CPX 系列，其中包括了安装了前轮和后轮悬挂装置的"后轮平衡"车型，以及小轮自行车（BMX）。

PY-10FC 碳纤维车架 1985

- **20 世纪 80 年代** 标致车队的"外籍军团"（包括史蒂芬 · 罗奇和罗伯特 · 米勒）赢得了一系列的主要赛事，提高了专业自行车的全球知名度。
- **1987** 标致自行车公司被并入标致汽车零件部，不再自行制造整车。
- **2010 年代** 如今，标致汽车部门和选定的自行车零售商可以提供四种产品系列：越野车、混合动力车、公路赛车、儿童自行车。

标致 广告招贴画

早期的广告反映了标致车型对休闲车手和赛车手的吸引。由于彩色平板印刷术的进步，印刷品成为了"美好时代"的一种艺术形式。

1984 年，标致推出了 VTT1，这是第一款为法国越野市场生产的山地车。

然而标致正在输给它的竞争对手。"必须使用法国本土制造的零部件"这项政策使成本居高不下，而远东地区制造的廉价零部件更削弱了法国本土工厂的竞争力。标致的专业车队于 1986 年解散，不久之后，标致自行车停产。标致的名号被授权给世界各地获得许可的公司，品牌存活了下来。但法国自行车制造业，这一曾经的支柱产业，已经不复存在。

"标致……自 1894 年以来就是欧洲自行车公路赛和轨道赛的大赢家"

1970 年的广告标语

第二次世界大战乱局之中，标致公司的产品一度被德国占领军强行征用。不过标致的产量还是从 1930 年的 16.2 万辆跃升到了 1955 年的 22.2 万辆，此时约有 3500 名工人在博利厄工厂工作。

PX-10 公路赛车采用玛法（Mafac）、辛普利（Simplex）及强光（Stronglight）等公司的纯法国造的零部件，并引入了不锈钢车架这项新技术。20 世纪 60 年代，标致品牌的命运出现了转机，这在很大程度上归功于专业自行车手们备受瞩目的比赛成绩。1963 年，标致车队车手换上了全新的带有黑白网格条形图案的队服，目的是在报道主流比赛的单色黑白照片和电视画面中更加显眼。

狮子图案
20 世纪 70 年代
标致公司的商标

新一轮家喻户晓的名字涌现了出来：查理 · 高卢（卢森堡），汤姆 · 辛普森（英国），艾迪·莫克斯（比利时）和罗杰 · 平恩（法国）为车队赢得了主要比赛的奖项。到 1977 年，标致车队已经 10 次赢得环法自行车赛。

标致的强劲表现延续到了 20 世纪 70 年代，从美国引领的自行车热潮中受益，这是一个轻型 10 速赛车受到高度追捧的时代。1972 年，该公司将生产线转移到巴黎附近罗米利的具备最高艺术水准的制造工厂，在那之后，全球的标致自行车供应量大大增加了。

1983 年，标致推出了 PY-10FC，这是首批大规模生产的碳纤维车架自行车之一。该公司声称，它比钢结构的同类产品轻 30%，坚硬 8%，前叉和后车撑也由轻质铝制成。

技术创新不局限于公路自行车——

品牌重生

铝架标致自行车是塞纳河畔罗米利（Romilly-sur-Seine）工厂组装的，该工厂现由瑞典公司和持有生产许可证的"欧洲自行车"（Cycleurope）公司共有。

公路赛车

20 世纪 60 年代，美国人越来越意识到锻炼身体的重要性，对欧洲自行车运动也愈发感兴趣，在此激励下，自行车的销售蓬勃发展。美国的制造商（比如施文）开始生产自己的轻型赛车。人们抛弃了跑车和旅游沙滩车，取而代之的是与着轻型车架和下沉式车把的型号。在过去的十年里，自行车在不断地进化，齿轮数量增加到了 6 个，齿盘也有 2 到 3 个选择。由于零部件更轻、轮胎更窄，整车的可靠性提升了，所以比赛中赛车的平均速度也提高了。

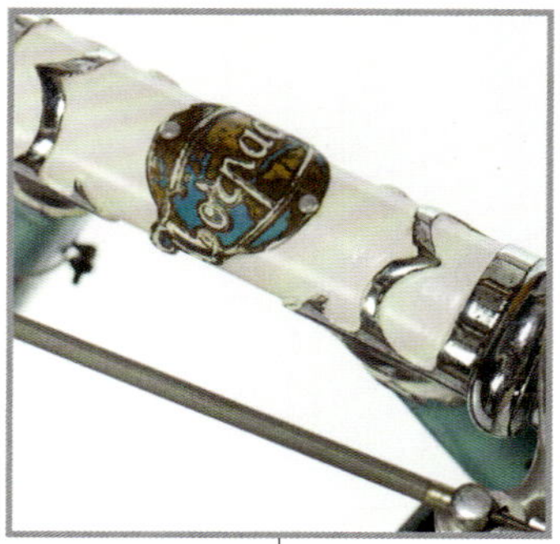

"鱼雷"车头标牌

车头标牌使用黄铜或合金制成的，它的特点是放在地球仪前面的商标。标志的细节是用搪瓷涂料精雕细刻的。

▽"鱼雷" 20 世纪 60 年代

起源	意大利
车架材质	钢
传动装置	6 速
车轮参数	70 厘米（28 英寸）

早在 1908 年，"鱼雷"就以制造高性能赛车而闻名。这款自行车被涂成珠光宝气的绿松石色，最高级的型号采用了内置缆线。

车座下的管组

每一根单独管头都采用了抛光工艺。座撑的特色是扇形顶部的眼睛，创造了镌刻风格的外观。

后置变速器

坎帕尼奥洛"格兰动"后置变速器是较昂贵的部件之一。坎帕尼奥洛系列广受欢迎，是因为它能够提供可靠的变速。

前轮变速器

坎帕尼奥洛公司的创始人图利奥·坎帕尼奥洛以他儿子的名字瓦伦蒂诺给这款变速器命名。钢质部件可以将链条从大齿盘切换到内侧的小齿盘。

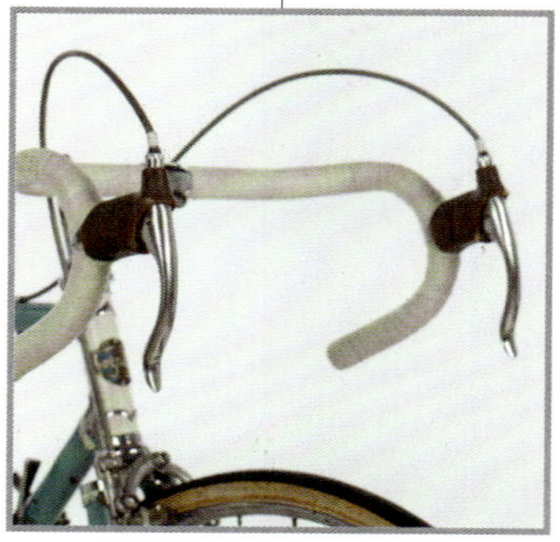

刹车杆

一个典型的"不符合空气动力学"杆的例子：刹车缆线被固定在车架外部而不是藏在胶带里面。车手们通常会在钢质杆上手工钻孔以减轻重量。

◁ 费尔赫芬 · 泰普 竞赛自行车 1960

起源 德国

车架材质 钢

传动装置 5 速

车轮参数 70 厘米（28 英寸）

费尔赫芬的车架是由雷诺兹 531 管材制成的。该车是一款中型公路自行车，可以供业余选手使用。它的刹车线是由铝合金夹子固定的，变速器位于车把末端，在下坡骑行时便于使用。

▷ 和亲“马帮”1962

起源 英国

车架材质 钢

传动装置 6 速

车轮参数 70 厘米（28 英寸）

和亲（Hetchins）公司是英国一家以制造高端赛车和高性能自行车闻名的制造商。“马帮”（Magnum Bonum）以其卷曲的管接工艺而闻名，这使得它的车架即使在远处也格外醒目。

◁ 康多尔专业自行车 1963

起源 英国

车架材质 钢

传动装置 6 速

车轮参数 70 厘米（28 英寸）

康多尔建立起了轻量级自行车的声誉，很多竞赛选手都渴望着能骑上这款专业车型。这个伦敦品牌是为数不多存活到现在的品牌之一。

▷ 喜耐力“超级科莎”1968

起源 意大利

车架材质 钢

传动装置 6 速

车轮参数 70 厘米（28 英寸）

喜耐力（Cinelli）的自行车凭借着其高质量的意大利造管身吸引了全世界车手的目光。他们精心制作的车架采用了坎帕尼奥洛式的部件。“超级科萨”受到了意大利奥运代表队的青睐。

20 世纪 60 年代，许多国家的制造业部门都开始大规模批量生产自行车，比如英国诺丁汉的兰令工厂可以每分钟生产一辆自行车。尽管如此，在大规模且现代化的工厂之中，这个时期的所有自行车仍然是靠手工组装的，工人们会将很多部件有序地装配到车架上。

赛道自行车

从外表上看，20 世纪 60 年代的赛道自行车看起来和 20 世纪初的行车非常相似。然而仔细观察后，你会发现它的品质、重量以及设计都发生了很大变化。较低的车头能够形成更符合空气动力学的骑行姿势。更坚硬的车架在高速状态下也能有更好的表现，并且能抵抗因一开始就站姿加速而产生的横向应力。建造要求更复杂，用料会更多，也会增加车重，所以管接工艺无需那么华丽，通过简化管接手法，车重自然就会轻一些。较重的皮革铜钉车座也不再使用，车手们更喜欢塑料或轻质合成材料制成的车座。

贝利尔 · 伯顿

尽管约克郡车手贝利尔·伯顿在童年时期被健康问题困扰，她还是成为了 20 世纪全球最成功的女性自行车手之一。在职业生涯中，她不仅在 90 多场比赛中赢得名次，还获得了 7 个世界冠军，并创下了 1967 年女子 12 小时计时赛的世界纪录。这项 277.25 英里（446.2 公里）的纪录一直保持到了 2016 年。

贝利尔·伯顿是上世纪 60 年代英国家喻户晓的名字，被授予不列颠帝国官佐勋章（OBE）和员佐勋章（MBE）。这张照片是她在伦敦的冠军会上。她于1996 年去世，享年 58 岁。

△ 卡尔顿定轮赛车 1962	
起源	英国
车架材质	钢
传动装置	单速
车轮参数	28 英寸（70 厘米）

价格实惠、质量上乘的卡尔顿在上世纪 60 年代被兰令收购。这款车的特点是，采用了与和亲公司的知名设计相类似的复杂管接头。通过镀铬的雷诺兹 531 钢管制造车架，来实现镜面式的表面处理。

▽ 维京 维特斯 1963	
起源	英国
车架材质	钢
传动装置	单速
车轮参数	28 英寸（70 厘米）

在 1963 年的世界锦标赛中，冠军车手贝利尔 · 伯顿骑着这辆维特斯自行车赢得了金牌。维京系列自行车牢牢锁定了富有竞争力的赛车手们，包括公路赛和轨道赛。

▷ **汤米·戈德温 1964**

起源 英国

车架材质 钢

传动装置 单速

车轮参数 28 英寸（70 厘米）

戈德温是 20 世纪四五十年代的一名专业轨道赛车手，在 1948 年伦敦奥运会为英国赢得了两枚铜牌。他为自行车制造商 BSA 工作，也为自己制造了许多赛车，所以他有机会选用上乘的零部件。

◁ **金达“竞技道” 1965**

起源 瑞士

车架材质 钢

传动装置 单速

车轮参数 28 英寸（70 厘米）

金达公司“竞技道”（Gcda Bahnrad）采用了常见的雷诺兹 531 管，精致而优雅。这款自行车由最好的部件制造而成，世界级的赛车手在为期 6 天的轨道赛中都曾使用过它。它采用坎帕尼奥洛“纪录”式曲柄和车轮轮子，以及喜耐力车把和车头。

▷ **法列罗·马西专用自行车 1968**

起源 意大利

车架材质 钢

传动装置 单速

车轮参数 28 英寸（70 厘米）

在意大利米兰维格雷利赛车场的工作室里，前赛车手法列罗·马西制作出了时髦又特别的自行车。虽然这些自行车价格不菲，但是总有排队购买的人，其中包括职业自行车手。他曾骄傲地说："我没有竞争对手，只有效仿者。"

莫尔顿豪华自行车

与传统的菱形车架自行车不同，这款完全重新设计的莫尔顿豪华自行车以它迷你身材的舒适性、坚固性和实用性为傲。1962 年推出的莫尔顿系列 5 款自行车中，F 型原型车被设计成了一种适用于城镇的实用新型自行车，并且可以用于全负荷的自行车旅行。高回头率的都市风设计，旨在吸引新的用户，包括女性车手。

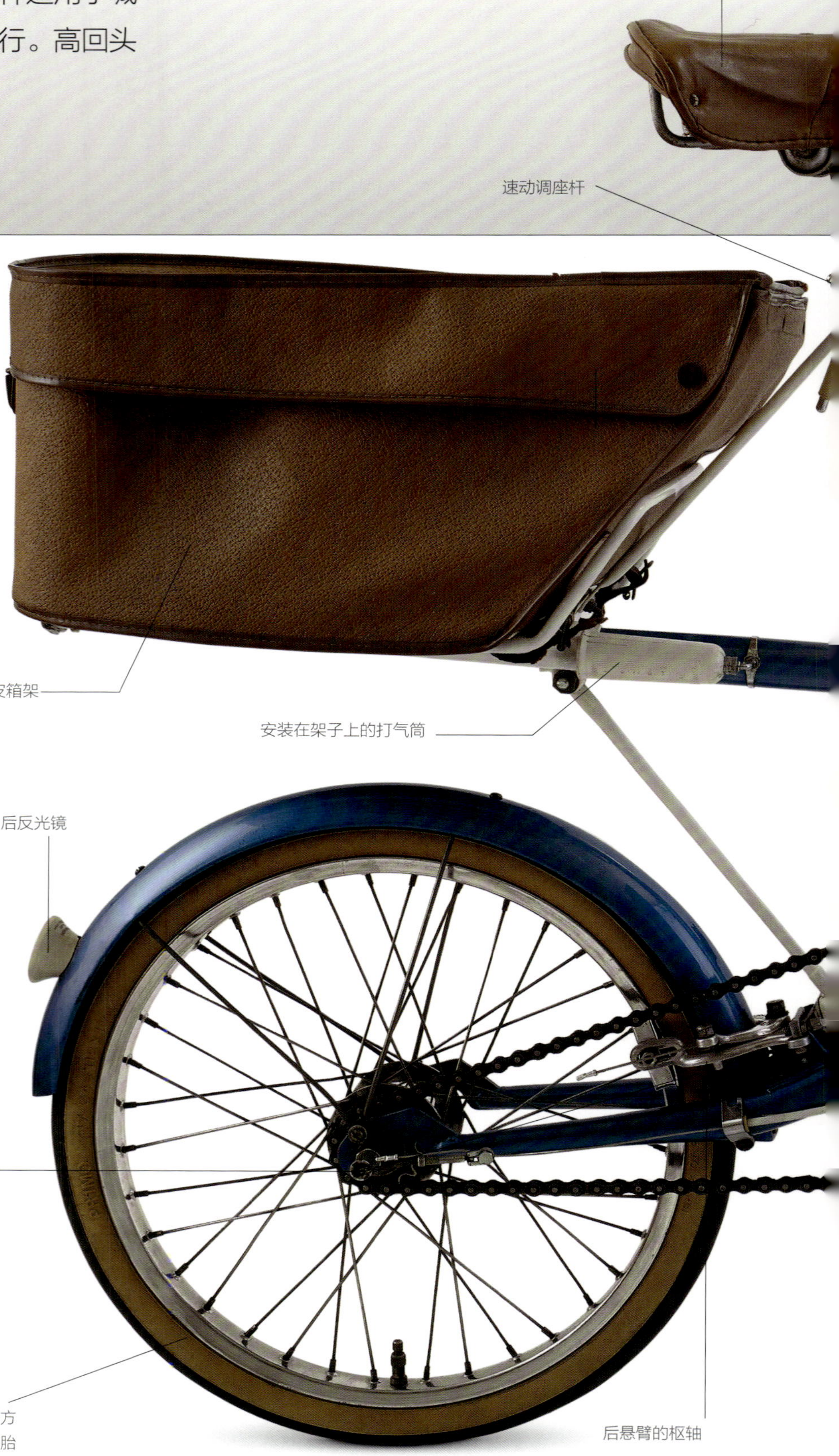

在 1956 年第二次中东战争的刺激下，汽油变得昂贵，越来越多的汽车主们开始将自行车作为交通工具，英国工程师亚力克斯 · 莫尔顿开始重新思考现代自行车的设计问题。他的解决方案是创造一款风格中性的 F 型号，这种车架摒弃了传统的上梁和座撑，而改为对车手更友好的跨步式车架设计。

与所有原版 F 系列中的 1 号车型一样，实用性是莫尔顿设计理念的一部分，因此豪华版莫尔顿有着在后轮上突出的水平钢梁，可以用来携带行李箱。与标准尺寸的自行车车轮相比，带有高压轮胎的小尺寸车轮具有更好的机动性，承担更少的空气阻力，同时也降低了车的重心，以便提高其携带行李时的稳定性。前后车叉上的橡胶材质悬挂装置抵消了小轮的剧烈颠簸。

莫尔顿豪华自行车持续生产到 1966 年，是原版莫尔顿系列畅销品之一。到今天，最初的莫尔顿设计已经进行了无数次的革新和改进，从可分离车架的“偷渡者”到有着下沉式车把的“6 速”系列，再到 AM 型空间构架设计和轻量级新系列车型，都获得了众多忠实粉丝。

规格参数	
起源	英国
设计师	亚历克斯 · 莫尔顿
时间	1962
车架材质	钢
传动装置	4 速
制动	卡钳式刹车
车轮参数	16 英寸（40 厘米）
重量	大约 30 磅（13.6 公斤）

*“造型**美观**，操作**灵敏**，骑行舒适，安全**可靠**！”*

诺曼 · 福斯特，建造师

莫尔顿自行车标识

在所有的早期 F 型号中，独特的双 M 标志被涂成蓝色。莫尔顿是在英国埃文河畔布拉德福德设计出来的。

部件

与系列 1 的大多数其他型号相比，莫尔顿豪华自行车拥有更高质量的零部件。铝制零件比刚零件轻，而 4 速的施图美 - 爱驰轮毂齿轮提供了额外的动力。尽管随着莫尔顿系列的不断发展，相应的部件也会有所不同，但客户可以从一系列产品中选择自己喜欢的部件，比如前轮、安装在轮毂的前灯发电机。

1. 乙烯树脂车座 2. 带有可调节高度快速释放杆的座管接头 3. 安装在车架上的打气筒 4. 施图美 - 爱驰 FW 4 速轮毂齿轮 5. 白色的聚乙烯齿盘 6. 装了 GB 铝制卡钳式刹车的前叉 7. 莫尔顿牌艾迪车铃 8. 带有时髦铆钉的钎焊接头 9. 前悬系统的橡胶“风箱” 10. 带有防飞溅裙边的前轮挡泥板

4

1

2

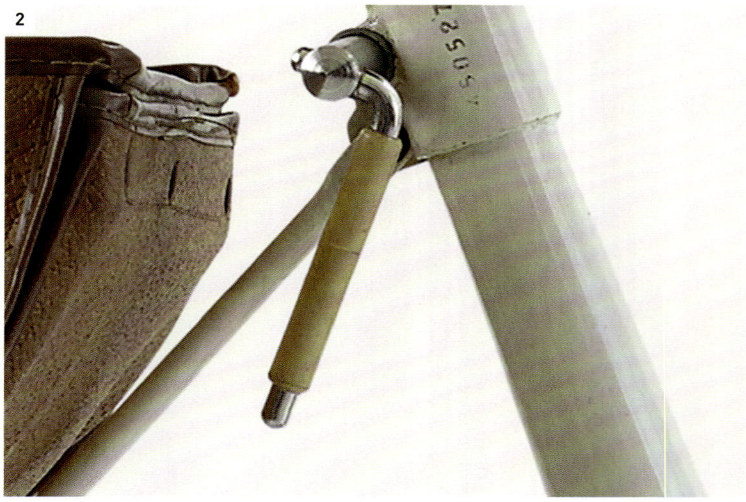

3

5

6

7

8

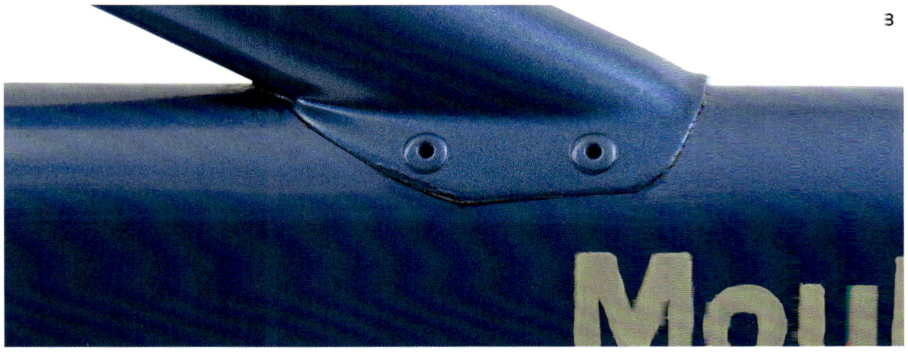

9

10

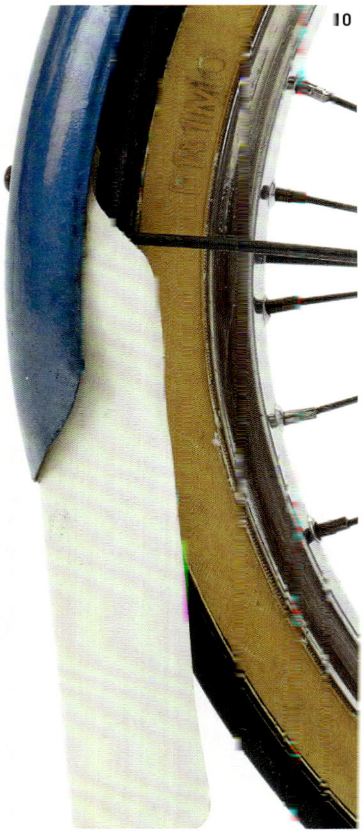

小轮自行车

在英国，1962 年莫尔顿自行车的出现是经典自行车领域的大变革，它面向的是上班族。多姿多彩的 60 年代涌现出了大批的迷你裙、迷你轿车、小轮车制造商，它们同莫尔顿自行车一起，成为了时代的象征。莫尔顿的特色是橡胶材质的前轮悬挂系统，这意味着它在长途骑行中会比其他自行车更舒适。小轮车因为其短程适用性在城镇中流行了起来。有些小轮车还被设计成了折叠款，便于在汽车或公交车上携带。

△ 皇家恩菲尔德“启示录”1965

起源 英国
车架材质 钢
传动装置 3 或 4 速
车轮参数 20 英寸（50 厘米）

这款车可能是除莫尔顿牌之外最好的一款小轮车了，车架布局紧凑且与标准自行车有着同样的轮距，顾客可以选择前载物架或后载物架。

◁ 兰令 20 1968

起源 英国
车架材质 钢
传动装置 3 速
车轮参数 20 英寸（50 厘米）

这款畅销车型解决了 RSW16 车型的一些问题。增大了尺寸的车轮可以让骑行和转向更加流畅。顾客能选择可折叠或不可折叠的“逃票者”款型。

▽ 赫科玛 Jopo 20 世纪 60 年代

起源 芬兰
车架材质 钢
传动装置 双速
车轮参数 24 英寸（60 厘米）

Jopo 小轮车采用了结实的压制钢来制作车架，它们被焊在了一起，提升了耐用性。主下梁装了铰链，便于折叠。车座和头管角度提供了舒适的骑行。

▷ 莫尔顿自行车 1962

起源 英国
车架 钢
传动装置 3 速
车轮参数 16 英寸（40 厘米）

莫尔顿在 1962 年向市场投放了小轮自行车，之后一夜成名，带来了小轮车市场的繁荣，扭转了战后英国自行车销量下滑的局面。1967 年，莫尔顿公司被兰令接管，并在 1971 年推出了 Mk3 车型。

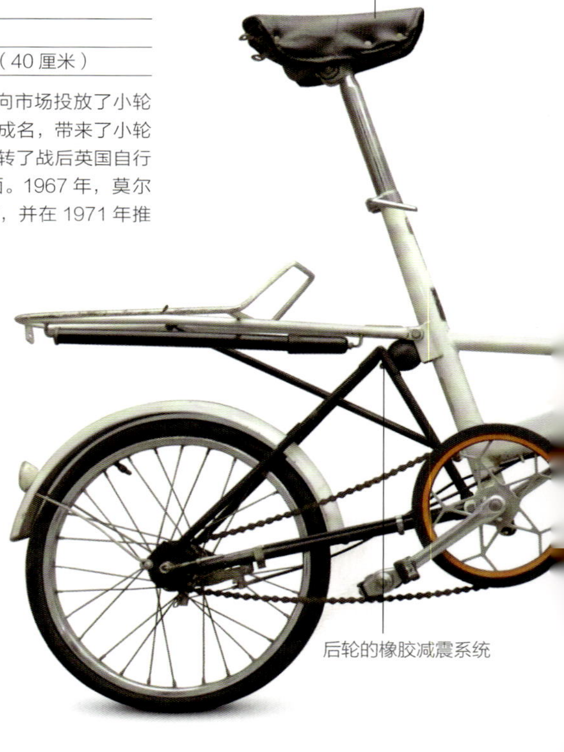

◁**兰令 小轮车（RSW）16 1965**

起源	英国
车架材质	钢
传动装置	3 速
车轮参数	16 英寸（40 厘米）

不像莫尔顿自行车，这款车没有采用任何悬挂减震装置，而是依靠宽大的充气轮胎提供轻柔的骑行，但是它很难蹬，骑起来也很慢。后部大旅行箱和轮毂动力车灯是当时流行的配件。

▽**西尔斯便携自行车 20 世纪 60 年代**

起源	美国
车架材质	钢
传动装置	3 速
车轮参数	20 英寸（50 厘米）

这是一辆由纽约西尔斯公司制造的小轮车。它采用了特殊的三管结构的车架，这样的车架可以被折叠成两部分。链条护罩和链条是由冲压金属制成的。

旅行自行车

20 世纪 60 年代后期，欧美国家对自行车的需求量上升。制造商针对传统成人自行车和年轻车手市场给出了更广泛的车型选择；大规模生产技术使他们能够以合理价格制造高质量自行车。零部件供应商还扩大了齿轮、刹车、立杆和轮毂的选择范围以满足客户需要。自行车普遍使用轻合金部件，提高了车的性能和耐久性。改进了的变速飞轮和 10 速变速器成为旅行自行车的标准配置。

△ 浦驰“伯格迈斯特”20 世纪 60 年代

起源	澳大利亚
车架材质	钢
传动装置	单速
车轮参数	27 英寸（68 厘米）

伯格迈斯特（Puch Bergmeister）是一款针对运动爱好者和车友俱乐部的优质轻型车。标准配置是皮质车座，中拉式刹车，变速飞轮和轻型车轮。为了让车手在比赛中发挥得更好，这辆车还拆下了一些零件。

◁ 爱德华 · 奥 · 布莱恩“追踪者”约 1968 年

起源	英国
车架材质	钢
传动装置	单速
车轮参数	26 英寸（65 厘米）

这款车型是来自考文垂的奥布莱恩设计的，针对青少年车手。它的设计类似于美国的高速公路自行车，有下降的座管，镀铬的前叉架，大截面车胎及高耸的车把。

▷ 贝尔坦 C37 约 1968

起源	法国
车架材质	钢
传动装置	10 速
车轮参数	27 英寸（68 厘米）

安德烈 · 贝尔坦是位成功的职业车手。他开了一家造自行车的公司，生产高质量的轻型旅行自行车。C37 型的特色是采用外露的刹车线，车架向上拉伸，合金部件也不少。

▽ 乔治 · W · 斯特拉顿 1969

起源 英国

车架材质 钢

传动装置 5 速

车轮参数 27 英寸（68 厘米）

乔治 · W · 斯特拉顿是一款高品质、高规格的自行车。混合风格的框架采用了从车头到后车轴的两根小直径管，这样可以为车手提供一个较低的跨步高度，同时保证了菱形框架的刚性。

◁ 道斯“银河”1969

起源 英国

车架材质 钢

传动装置 10 速

车轮参数 26 英寸（65 厘米）

那时候大多数旅行自行车都必须手工定制且价格昂贵，可是这辆自行车作为标准生产轻质车型，很快就流行起来，现在仍在生产。

大型赛事

1969 年环弗兰德斯巡回赛

这场比赛也被称为“弗兰德斯巡回赛”（Ronde van Vlaanderen）或“巡回赛”（De Ronde），如同巴黎—鲁贝自行车赛一样，它也是适于鹅卵石赛道的经典赛事。这是比利时最盛大的自行车比赛，那是个盛产自行车公路赛冠军的国度。

比赛广告海报

左边的海报宣传内容是一年一度的比赛和赛车手。右侧海报是 1972 年莫克斯身穿彩虹运动衫赢得世界冠军的情景。

环弗兰德斯自行车赛于 1913 年拉开序幕，由于那时报纸发行量激增，这项比赛开始改在每年春季举行。1969 年的第 53 届弗兰德斯赛因比利时车手艾迪·莫克斯的精彩表现而闻名。他已经赢了很多场比赛，然而到那时还没有赢得过主场比赛。很难说莫克斯的 500 多次取胜中哪一次是最伟大的，但这一次绝对可以算作“最伟大”之一。

意大利选手费利斯·吉蒙蒂

吉蒙蒂在 1969 年弗兰德斯巡回赛中只获得了第二名，不过他是赢下环法、环意、环西班牙三大比赛的强人。

比赛在 4 月份举行。一开始环境很干燥，后来的整条路线都充斥着强风。车手们先从根特骑到比利时海岸，然后再到达内陆的弗拉芒阿登聂斯山，这座山就是比赛的终点。

艾迪·莫克斯得到了有史以来最伟大车队之一“飞马”（Faema）的支持。一场比赛可能只有一个赢家，但车队成员们会齐心协力，以确保队伍中的一员获胜。“飞马”车队从一开始就很努力，而起伏的海岸地形，将大部队分割得七零八落。

在第一次爬升之后，前线形成了庞大的 12 人队伍，其中包括艾迪·莫克斯和他的 3 名队友（乔斯·斯普里特、朱利安·斯蒂文斯和伯纳德·范·德·克尔克霍夫）。在这一组中，还有意大利车手费利斯·吉蒙蒂、弗朗哥·比托西、米歇尔·丹西利、马里诺·巴索，两名比利时车手弗朗斯·维尔贝克和乔治·克拉斯，荷兰车手艾福·多曼和英国车手巴里·霍本。莫克斯在每一座山都创造了难以置信的速度，几乎每一次爬升都有一两名车手从前线组中掉队。当只剩下 6 个人的时候，他发起了反攻。

> ***“莫克斯一冲锋，我就觉得他稳操胜券。然而他没有这么做，只是不停加速。”***
>
> *巴里·霍本，1969*

艾迪·莫克斯脱颖而出

当赛程还剩下 43 英里（79 公里）时，艾迪·莫克斯在最后一座山上加速领先。他比后一位车手提前 5 秒钟到达山顶，第三名恰好也落后于第二名 5 秒钟，在接下来的比赛中，差距还在继续拉大。

莫克斯的加速打破了前线队伍阵型，过了几秒钟对手们才组织起来追赶他。然而莫克斯已经嗅到了胜利的气息，迅速脱身。当比赛还剩 31 英里（50 公里）时，车队经理出于担心，开车跟随莫克斯并询问他这么早冲刺是否正确。莫克斯明确表明自己很确定。

天气一整天都在变差。到了这个阶段，大雨倾盆，气温几乎到达了冰点。但是艾迪·莫克斯并不在意这些。他比第二名车手费利斯·吉蒙蒂提前 5 分 36 秒到达米尔贝克（Meerbecke）的终点线。这是艾迪·莫克斯唯一一次赢得环弗兰德斯比赛。

一场折磨人的比赛

环弗兰德斯自行车赛是 5 项为期一天的公路赛之一，被称为自行车运动的“纪念碑”。它们是自行车比赛中最古老，最艰难也是最有价值的比赛。艾迪·莫克斯是 3 名比利时车手中唯一一个拿下全部 5 项比赛的人。

重要事件

排行榜

第一名：艾迪·莫克斯，比利时
第二名：费利斯·吉蒙蒂，意大利
第三名：马里诺·巴索，意大利

比赛路线

每一年的比赛路线都有轻微的变动。1969 年的比赛从根特出发，终点设在比利时东部的米尔贝克。

2009 年的环弗兰德斯比赛（如地图所示）开始于弗兰德的布鲁日。部分路线是完全平坦的，但也包括一些山丘（用绿色的三角表示），这是能够决定胜负的地方。每一段山路都不长却很陡峭，而且大部分都有鹅卵石路面。现在的比赛起点在布鲁日，终点在奥德纳尔德。2015 年的比赛路线全长 165 英里（264.9 公里）。

2009 年环弗兰德斯比赛路线图
比赛全长 161 英里（259.7 公里），包括 16 座山丘。前一年的赢家比利时车手斯丁·戴福德（Stijn Devolder）再次赢得了这次比赛。

拼搏取胜

艾迪·莫克斯开始飞出大部队时，天气状况很差，大雨使鹅卵石路面变得湿滑。但是他全然不顾，一路狂奔到终点。

儿童自行车

20 世纪 60 年代，大西洋两岸的儿童自行车存在着巨大差异。大多数的英国和欧洲儿童自行车都是成人自行车的缩小版，包括意大利的小型赛车和英国的莫尔顿青少年自行车。美国人的可支配收入高于欧洲人，这反映在为美国自行车市场打造的儿童自行车造型上面。高座管热潮在 1963 年的美国开始高涨，并在之后的 7 年里占据着主导地位，但是这些自行车并不受英国和欧洲大陆欢迎。随着 60 年代末期，“凤头”（Chopper）自行车投放市场，情况才发生了一些变化。“凤头”是为美国市场设计的，直到 1970 年才在英国和欧洲得到推广。

△ 哥伦比亚“霹雳”1960

起源	美国
车架材质	钢
传动装置	单速
车轮参数	26 英寸（65 厘米）

直到 1960 年，哥伦比亚公司的儿童自行车以其较轻的结构设计显示出了一定的欧洲影响力。然而，旅游沙滩车的影子仍然存在，比如车架上的假油箱。

◁ BSA 圣飞 20 世纪 60 年代

起源	英国
车架	钢
传动装置	3 速
车轮参数	26 英寸（65 厘米）

这是一款美式风格的中型自行车，由兰令公司出口市场设计。它有着独特的施文风格车架，向后倾斜的车把和半充气轮胎，这些在当时的英国非常新奇。

▷ 施文“街道”自行车 1964

起源	美国
车架材质	钢
传动装置	单速
车轮参数	前轮 20 英寸（50 厘米），后轮 24 英寸（60 厘米）

这款车以标准的施文设计为基础，定制改装的街道自行车反映了当时的自行车美学特征，灵感来自于低座汽车和拉力赛自行车。它冠以施文车标，以独特的弹性车叉和弹簧车座为特色，不过自行车的舒适性和行驶性并不是人们关注的要点。

倒刹车

在 1900 年左右发展起来的倒刹车装置，让车手可以自由骑行，轮毂上安装了可以应对所有天气变化的刹车装置。

◁ 西尔斯“航天飞机”1966

起源 美国

车架材质 钢

传动装置 单速

车轮参数 26 英寸（65 厘米）

美国的西尔斯罗巴克邮购公司在俄亥俄州默里市的制造公司打造了一款航天飞机自行车。这些车有着红色假油箱，看起来就像是数字 7. 这款航天飞机自行车有儿童款和成人款两个版本。

△ 施文“柠檬刮皮刀”1968

起源 美国

车架材质 钢

传动装置 5 速

车轮参数 前轮 16 英寸（40 厘米），
后轮 20 英寸（50 厘米）

施文于 1963 年推出的“魔鬼鱼”车型是高座管热潮的领军者。1968 年，施文趁热打铁，继“可雷特”（Krate）车型之后推出包括“柠檬刮皮刀”在内的一系列车型，对兰令公司“凤头”车型的设计也产生了显著影响。

随着 20 世纪 60 年代城镇汽车数量的增加，自行车骑行安全，尤其是年轻人的安全问题成为人们关注的焦点。自行车水平测试于 1947 年在英国首次推出，并逐步在全国推行。孩子们通常会在学校参加安全骑车教学的课程，然后进行测验。该程序现在被称为自行车能力测验。

NOTICE

休闲自行车

第二次世界大战后，欧洲自行车市场需求缩水，促使制造商们开始关注成人休闲自行车市场。多姿多彩的运动款公路自行车开始取代那些粗犷但过时的功能车型。二战期间，英国制造的 3 速赛车很受美国驻英部队青睐，那时候刚好越野车型也过时了，于是这些赛车大量出口到美国。专业俱乐部车手仍然在采购高质量的轻型赛车，但是更多的大众则倾向于购买更便宜而且大批量生产的“赛车”。20 世纪 60 年代末，“10 速”自行车在美国大行其道，配有下沉式车把的运动车型销量巨大。

△ 胜利“棕榈滩”1964

起源	英国
车架材质	钢
传动装置	3 速
车轮参数	26 英寸（65 厘米）

“棕榈滩”自行车是为日常骑行设计的，制造商是兰令公司，挂着“胜利”的牌子售卖。“胜利”品牌还和摩托车制造商有着长期的合作。“棕榈滩”采用了特色鲜明的双色主题涂装，采用施图美 - 爱驰内变速器，自带摩电车灯。

轮毂刹车

赫尔曼 · 克劳的专利产品。和碟式刹车不同，该机构的刹车皮与轮毂壳摩擦，实现刹车功能。

▽“大力神”2000　20 世纪 60 年代

起源	德国
车架材质	铝
传动装置	单速
车轮参数	26 英寸（65 厘米）

这款自行车本来是 20 世纪 50 年代克劳集团生产的，以“大力神”2000 的牌子授权销售。十字形车架由铸铝制成。德国工程师赫尔曼 · 克劳设计的内置式刹车轮毂，是一项专利技术，独具特色。

◁ 施文“微风”女款自行车 1965

起源 美国

车架材质 钢

传动装置 3 速

车轮参数 26 英寸（65 厘米）

施文“微风”采用标准车架，配以旅游车把和运动型尼龙轮胎，车身轻便，物美价廉。3 速轮毂和卡钳刹车的组合，让骑行产生跨大西洋远航般的感受。

▷ 施文“城乡”1967

起源 美国

车架材质 钢

传动装置 3 速

车轮参数 26 英寸（65 厘米）

施文的“城乡”系列三轮车建造得很坚固。篮子能装很多东西。波形车座配有弹簧支撑，具备承重性能。多级变速装置适用于城镇周边兜风或下乡冶游。

◁ 西方“银河飞行者”女款自行车 1969

起源 美国

车架材质 钢

传动装置 单速

车轮参数 26 英寸（65 厘米）

美国总统艾森豪威尔的保健医生提倡骑自行车，既能健身，又很有趣。美国人再度焕发对自行车的兴趣，而且需要更轻便的款式。到了 20 世纪 60 年代，西方汽车供应公司已使得他们的自行车车身更加流畅，去除了标志性的假汽油箱。

20世纪70年代

新浪潮

SHIMANO
SHIMANO
SHIMANO
DURA-ACE
LIGHT ALLOY HUB

新浪潮

20 世纪 60 年代，由于年轻车手大量涌现，自行车行业时来运转，重现生机。相较以前，他们大多选择双轮自行车。70 年后，他们中的许多人被惊险刺激的自行车运动吸引，造出更多的款型。创新浪潮让自行车越野赛、山地自行车运动及铁人三项赛（自行车、长跑和游泳）异军突起。

世上不同地点不同时间，都有人在越野风格的赛道上骑行定制款自行车。在美国，自行车越野运动蔚然成风。在那些尝试自行车越野运动的青少年中，有一位车手叫斯科特 · 布雷索普（Scot Breithaupt），他从 1970 年开始在加利福尼亚的全尺寸越野赛道举办比赛，为年轻人提供骑行改装自行车的机会。几乎同时，一群爱好者开始骑行 30 年代施文自行车的改装款，这类车被他们叫做“老炮儿”（Klunkers）。他们在加利福尼亚州的马林县沿着越野小径骑行。经过他们改装过的自行车，能够承受陡峭的下坡和颠簸的恶劣地形。这类自行车拥有宽大的轮胎，在 20 世纪 70 年代后期被称为“山地自行车”。

△ 颠簸山道有骑行

第一批山地自行车，就像乔 · 布里兹制作的那些，出现在 20 世纪 70 年代。这项运动在接下来的 10 年里迅速火热起来。

随后，出现了迎合这些新形式骑行的公司。从崔克（Trek）的高品质旅行车、加里 · 费舍尔（Gary Fisher）的早期山地车，再到加能戴尔（Cannondale）和克莱恩（Klein），美国的创业公司一路领先，独创了铝质车体。日本的低成本部件及整车也扩大了骑行者的选择范围。

“你想不出孩子们用自行车去做什么！他们**做一切**成年越野赛手做的事，**除了蹬车的劲儿**还不够。”

雅马哈金杯越野小轮车比赛的宣传海报，加利福尼亚州洛杉矶，1974

◁ **1970 年，禧玛诺印制的海报**，用于推广其生产的 Dura-Ace 轻质铝合金轮毂。

重大事件

▷ **1970** 喜耐力发布了 M71 无趾夹踏板，这是第一款将骑手的脚固定在踏板上的滑雪板式锁定系统。

▷ **1971** 英国卡尔顿自行车公司推出首次采用碳纤维车架的原型车。

▷ **1972** 禧玛诺推出了其顶级的 Dura-Ace 套件。

△ 艾迪 · 莫克斯夺冠

在 1972 年打破“时速纪录”之后，艾迪 · 莫克斯在 1974 年实现三连冠，赢得了环意自行车赛、环法自行车赛和国际自行车锦标赛。

▷ **1974** 在美国加利福尼亚州米逊湾，举办了第一届现代铁人三项赛。

▷ **1974** 禧玛诺推出“正电子”(Positron) 后变速器。每调节一次变速旋钮的档位，就可以按照相应速率进行链条的转换。

▷ **1975** 卧式自行车兴起，国际人力车协会组建。

▷ **1976** 第一次有组织的山地自行车比赛，在加利福尼亚州马林县松山举行，该赛事被称为“重装上阵”。艾伦 · 邦德赢得比赛。

▷ **70 年代中期** 作为社会主义现代化的一部分，飞鸽自行车销售点遍及中国城乡。

▷ **1978** 美国自行车销量超过了汽车的销量。

20 世纪 70 年代早期的赛用自行车

车架制作者和制造商将可用的材料进行改进，生产出了一批性能极好的传统式赛车。到了 20 世纪 70 年代，欧洲仍然是车架制造和车架部件的核心地区。英国雷诺兹公司在车架管材方面处于领先地位，意大利制造商坎帕尼奥洛的重要组件和传动系统也处于领先地位。许多意大利和法国的品牌公司在挑剔的自行车运动中受到欢迎。然而，离进入一家自行车商店就能买到一辆高端自行车，还尚需时日：高水平的赛车依然需要手工制造，每一个特别的部件都要由熟练的机械师装配。

▷ 雅克 · 恩奎蒂尔款自行车 1970

起源	法国
车架材质	钢
传动装置	10 速
车轮参数	28 英寸（70 厘米）

20 世纪 60 年代，5 次环法自行车赛冠军得主恩奎蒂尔在世界赛车界鼎鼎大名，他使用的自行车在业余车手中也很受欢迎。这辆自行车使用实惠的呼热图（Huret）传动装置和时髦的玛法（Mafac）中置式手刹。

前变速器

这是一款 1970 年呼热图生产的零件。总部设在法国的呼热图公司是自行车变速器的主要制造商，拥有适合各种预算的车型。

◁ 卡尔顿 特鲁维尔 - 坎帕尼奥洛车队款 1971

起源	英国
车架材质	钢
传动装置	12 速
车轮参数	28 英寸（70 厘米）

1960 年，兰令收购了卡尔顿自行车。其特殊的自行车开发部继续以卡尔顿的名义制造自行车。这型车采用时尚的“楔入式”车叉和坎帕尼奥洛“纪录”款套材组件，后者的变速杆整合在手刹末端上，反应迅速，能够实现快速换挡。

▷ 卡尔顿 约翰 · 阿特金斯“公路越野”改进型 1971

起源	英国
车架材质	钢
传动装置	6 速
车轮参数	28 英寸（70 厘米）

在那个时代，英国自行车手约翰 · 阿特金斯是名列前茅的越野赛车手，他也被认为是英国历史上最好的赛车手。他的卡尔顿款自行车是用雷诺兹管材制造的，车形简洁，为装配他喜欢的克莱门特 · 格利佛管状轮胎提供了大量的空间。

卡钳式刹车

这辆自行车安装的刹车，由法国制造商玛法制造。中置式的手刹使刹车皮更容易从轮缘上移开，让手刹运转更顺畅。

支撑杆

伟大的自行车英雄雅克·恩奎蒂尔的名字绘制于上面，有利于促销。因骑车飞速，恩奎蒂尔被昵称为“时间先生”。

大耳缘轮毂

这些轮毂很时髦，因为车手相信它们能让车轮更坚固。它们可以提供更大的侧向转弯力，这对于短途自行车赛手是极好的。

◁ **标致**	**1972**
起源	法国
车架材质	钢
传动装置	12 速
车轮参数	28 英寸（70 厘米）

这款业余运动车型采用钢架，具有半镀铬的前车叉。它没有采用钎焊的附件接口，所以骑手要将水壶架夹在车架上。它装配有辛普利公司的前后变速器。

▷ **埃勒克“草地赛车”**	**约 1975**
起源	英国
车架材质	钢
传动装置	单速
车轮参数	28 英寸（70 厘米）

草地赛是英格兰北部流行的运动，英国自行车制造商肯·艾勒克在他的赫尔自行车商店出售这种用于草地赛的自行车。这辆自行车采用了雷诺兹 531 双抽管轻量型车架，装备越野轮胎，车身镀铬涂层闪闪发亮。

20 世纪 70 年代后期的赛用自行车

整个 20 世纪 70 年代，高端自行车的发展几乎没有什么变化。除了用钛合金车架做过一两个实验车型，钢铁仍然是制造商青睐的——从传统的跑车到最昂贵的赛车。随着道路的改善，自行车的造型逐渐更新，操控起来更灵活，车架变得更坚固。这 10 年间，飞轮上的链轮数量也从 70 年代初期的 5 个增加到了后期的 6 个。

△ 塞西亚 1976

起源 意大利

车架材质 钢

传动装置 12 速

车轮参数 28 英寸（70 厘米）

塞西亚是一款经典的意大利式定制自行车，配有钢车架、优雅的凸管接头，采用铬合金车身。侧拉式手刹采用意大利莫多洛公司杰出的品牌“电闪”（Flash）。

◁ 皮纳雷诺特别款 1976

起源 意大利

车架材质 钢

传动装置 12 速

车轮参数 28 英寸（70 厘米）

特雷维索公司的乔瓦尼·皮纳雷洛提出想法，让竞技型的赛车采用哥伦布管，表面处理技术很低调。专业人士一般会选择坎帕尼奥洛的“超纪录”式链轮组件。

▷ 玛斯亚赛车 1976

起源 意大利

车架材质 钢

传动装置 12 速

车轮参数 28 英寸（70 厘米）

玛斯亚赛车是 20 世纪 70 年代的一个标志性赛车，车型相似于 1975 年环法自行车赛车手尤普·祖塔梅克及他的“战马歇”（Gan-Mercier）车队所骑的自行车。法国制造的车架和前叉，使用了雷诺兹 531 管材，还有时髦颀长的凸耳管。它采用完整的坎帕尼奥洛“新纪录”链轮组件及马威客轮缘，特色鲜明，但是不会在职业赛车队中显得很突兀。

◁ **施文·派拉蒙"钛" 20 世纪 70 年代**

起源	美国
车架材质	钛
传动装置	12 速
车轮参数	28 英寸（70 厘米）

自 20 世纪 30 年代以来，施文派拉蒙款自行车一直是美国队使用的主力赛车。这个车型使用的是呼热图"大典"（Jubilee）后变速器、坎帕尼奥洛链轮组件。齿盘采用了复杂的钻孔工艺。

▽ **凯赛尔 艾迪·莫克斯用车 1978**

起源	比利时
车架材质	钢
传动装置	10 速
车轮参数	28 英寸（70 厘米）

比利时自行车零售商凯塞尔将自己的艾迪·莫克斯车型推向市场，并利用这款车在他赛车生涯的最后阶段获得冠军。这些自行车使用雷诺兹的双层接管制造了车架和前叉，采用了坎帕尼奥洛组件。

钛车架的诞生

钛制车架比钢制车架更坚固。钛有良好的减震性能，并且抗冲击能力好，还能够抗疲劳和抗腐蚀，因此车架不需要喷漆，生产出的自行车就能闪闪发光。第一个钛制自行车车架是由英国速比威（Speedwell）公司在 20 世纪 60 年代生产的，数量很少。直到 1974 年，美国的特利丹（Teledyne）公司才开始大量生产钛车架。苏联解体后，俄罗斯向市场提供了大量的钛材料，使得钛的价格大幅下降。

大多数钛车架是使用钨极氩弧焊工艺（TIG）焊接组装的。这种做法是必需的，因为它可以保护焊缝免受大气腐蚀，从而让焊缝更坚固。

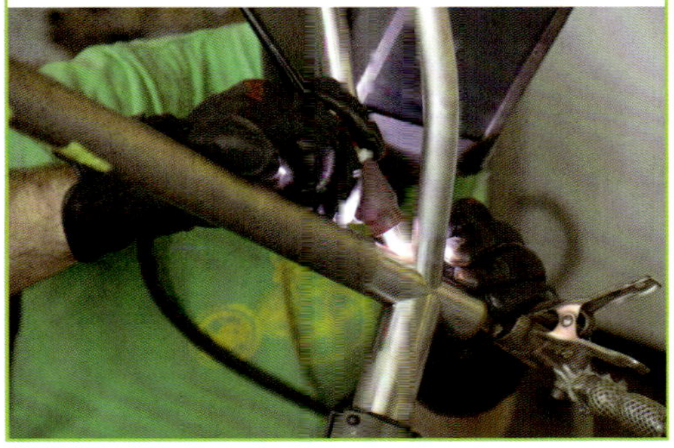

尤普·祖塔梅克，1985年世界公路锦标赛冠军

大型制造商

意大利梅花自行车公司

可纳哥是自行车运动中最负盛名的品牌，中国人习惯称其为“梅花”。公司创始人可纳哥具备大师级的精湛手艺。多年来，该公司的自行车在最高水平赛事中多次赢得胜利。因此，梅花品牌是大师工艺和胜利纪录的结合体。几何造型、空气动力学设计、钛和碳纤维材料工艺……在竞争对手发现这些东西的潜力之前，埃内斯托·可纳哥抢先一步开始了实践。

梅花公司创始人是埃内斯托·可纳哥，他原先只是一个工坊里的年轻技工，为业余自行车手制造车架。埃内斯托·可纳哥具备为专业自行车队制造车架和机械部件的专业背景，公司从一开始成立，就将实用、创新和优雅精神强势融合为一体。现在梅花公司已经坐实了业内顶级品牌的位置，一直在向市场提供其制造的高性能自行车。

可纳可梅花标识

埃内斯托·可纳哥13岁开始制造生涯，当时他在米兰的格洛丽亚自行车厂给一个焊工打下手。他还是一个对自行车狂热的业余赛车手，取得了一系列胜利，但在即将冲击1951年米兰—布塞托自行车比赛的第四名之际，不幸摔断了腿。在这段养伤的时间内他无法行动，便在家里为格洛丽亚公司制造车轮，并以其高质量的作品而享有盛誉，同时也看到了这一行的潜在收入。一年后，他在家乡坎比亚古成立了自己的工坊。

可纳哥虽然年轻，但机工技术却很出色。他为当时意大利顶级赛车手服务，包括冯斯托·科比（Fausto Coppi），对车身进行了简单的调整——比如制作更小、更紧凑的车身，这是为了改善车的刚度并提升骑手的舒适度。埃内斯托·可纳哥也被视为意大利选手加斯顿·恩西尼在1957年取得环意自行车大赛胜利的关键因素之一。加斯顿·恩西尼对记者说：“荣誉必须授予来自伦巴底的年轻机械师埃内斯托，他给我制造了一辆无敌的自行车。”

小时骑行纪录

这项纪录是在1972年由艾迪·莫克斯创造的，尽管当时他骑的自行车是用比利时人的名字命名的，但却是由梅花公司制造的。

创意来源

埃内斯托·可纳哥巧妙地将艺术性和自行车的外形结合到了一起。从1960年的图中可以看到在工坊内的埃内斯托和他的兄弟保罗。

“对我来说，一切事情都渗透着我对自行车的热爱。”

埃内斯托·可纳哥

来自最高级别赛事的赞誉层出不穷，公司的优秀作品也越来越丰富。可纳哥很快和意大利的国家队进行合作，在1960年的罗马奥运会上，参赛者骑着他设计的一辆自行车参加比赛，赢得了一枚金牌。

20世纪70年代，可纳哥被誉为最好的赛车大师。1970年，公司设计了独特的俱乐部王牌“梅花”标识，更换了原有的老鹰标识。这张王牌“梅花”，象征着米兰—圣雷莫春季经典赛中那盛开在路边的朵朵鲜花。车手米歇尔·丹皮利骑着一辆“梅花”自行车，赢得一场专属于意大利人的胜利。埃内斯托因此开玩笑说：“那天我王牌在手，放出了大招儿。”

第二年，艾迪·莫克斯加入了默特尼（意大利著名时尚品牌Molteni）车队，将他作为赛车手的本能融入到梅花自行车的设计和制造过程中。莫克斯对自己所骑的自行车的每一项测试和组成都十分挑剔，他与可纳哥合作，将梅花公司打造成最具先导性骑行技术的前沿公司。

结果就是，莫克斯在备受争议的同时，也被誉为这个时代最成功的赛车手，而这，也为梅花品牌带来了更高的声望。

尽管梅花公司建立在竞赛的成功之上，但公司的生存取决于能否满足业余自行车爱好者和业余赛车手的需求。梅花公司提供的“成品”自行车大约有15种，

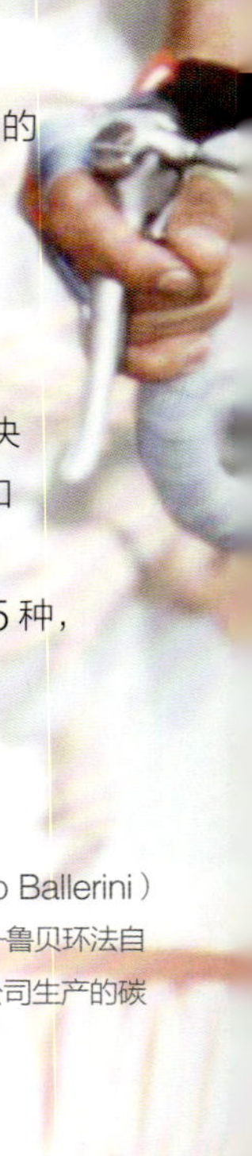

碳材料的启示

意大利选手佛朗戈·巴勒里尼（Franco Ballerini）在1995年和1998年两次赢得巴黎—鲁贝环法自行车比赛的胜利，所骑乘的都是梅花公司生产的碳纤维自行车C40。

装备镀金部件的墨西哥“金牌”自行车 1979

装备法拉利轮组的 C35“金牌”自行车 1989

装备“旋动能”轮组的 C40 自行车 1994

“大师”55 限量版自行车 2008

1952 埃内斯托 · 可纳哥在家乡坎比亚戈小镇，也就是那个靠近米兰的地方，开了一家工坊。

1954 可纳哥制造出他的第一辆整车，并开始试用采用冷锻工艺的钢制车叉。

1960 可纳哥与意大利车队合作。

1962 可纳哥作为机械师开始为默寺尼团队工作。

1966 吉安尼 · 莫塔赢得环意大利自行车赛冠军。

1972 可纳哥设计制造了一辆自行车，艾迪 · 莫克斯骑着它完成了在墨西哥城区的一小时创纪录骑行。它的特点是装配有定制的钛制车身、部件经车钻镂空而成，全车仅重 12.68 磅 (5.75 千克)

1974 梅花牌自行车在专业车手拉力赛中首次亮相，归由喜客（Scic）车队使用。

1987 经过法拉利建议，普利赛斯公司的直型前叉运用到梅花自行车上。与传统的弯曲前叉相比，直型前叉具有更好的减震效果。

1991 意大利队获得了世界锦标赛冠军，使用的是梅花牌自行车，它具有更小的前轮，可以改善空气动力学特性，这样也能使得团队成员出发时能保持更紧凑的队形。

1991 梅花公司推出了“大师钛双轮”款自行车（Master BiTitan），主车架采用钛合金双层拉管。

1994 在第一赛季中，马贝队队员骑着梅花牌自行车赢得了 58 场胜利。1996 年、1998 年和 1999 年，马贝队骑手们包揽了巴黎—鲁贝环法自行车赛的前三名。

1998 梅花公司因为其制造的优秀车架，成为少数几家通过 ISO 9001 认证的自行车制造商之一。

21 世纪 梅花公司继续为专业的赛道、越野、山地骑行赛车队提供赞助。

2002 拥有 CF2 碳纤维材料的全避震山地车与法拉利跑车一起发布。

2012 梅花公司推出配有液压碟刹的公路自行车，成为第一家发布该类组件的自行车公司。

比其他绝大多数公司都要多，也可以为顾客量身定做自行车，提供客户专属服务。公司还可以附赠一些额外的小细节，包括镀铬的凸耳接头；车架上也能出现王牌俱乐部“梅花”的浅镀图案；另外亦可通过电镀工艺，在其他组件上镌刻出小梅花的剪影。这些措施很快吸引了一批忠实的粉丝。

20 世纪 80 年代，各种创新层出不穷。梅花公司首次推出“大师”赛竞技车型，它是用定制的卷曲钢管制造的——管形截面是缩口形状，而不是标准的圆形或椭圆形，并以此来增加车架的刚度。1987 年，梅花公司与法拉利公司合作推出了一款概念车，采用汽车式变速箱，而不是变速器和液压刹车。两年后，公司又与法拉利公司联合推出了 C35，这是一款手工制造、具有碳纤维一体成形车架的自行车，领先于时代 20 年。

梅花公司有赞助职业选手的悠久历史。在上世纪 90 年代，赞助活动进入了鼎盛阶段，当时它成为了马贝队的自行车供应商。这段时间正好赶上了“梅花”C40 问世，这是第一辆在专业自行车比赛中使用的碳纤维自行车。马贝车队的骑手们发现，尤其是在那些有着石块的赛道上，碳纤维车架比对手的钢架自行车能提供更舒适、更稳定的骑行感受——当然，车子的前叉带有短行程的悬挂避震机构，同样功不可没。

进入 21 世纪后，全球制造业现状不同以往，这迫使意大利长期坚持的本土制造业政策发生改变。从 2005 年开始，中程的“梅花”牌自行车开始归由 A 团队制造，团队里主要是一些来自中国台湾的公司，包括捷安特和美利达在内。然而梅花公司的创意中心和设计心脏，仍然在意大利坎比亚古的总部，在那里所有的高端自行车都还在生产。

开创性的设计

适于公路计时竞技赛的 C42 自行车，拆除了后轮的气动整流罩，以此来满足国际自行车联盟（UCI）的有关规定。

旅行自行车

美国涌现健身热潮，新的骑行模式也随之出现了，为了快乐和健康而骑车的人们成为时尚焦点。传统的旅行自行车仍然火热，特别是在欧洲，手工定制的车架仍然是高质量、承重自行车的唯一选择。零部件和材料的创新，以及多种新型自行车纷纷出现，持续时间长达数年，到了20世纪70年代后期，美国新型山地车引领潮流，最终将骑行运动带进了新时代。旅行车在那时大行其道。当时，出于旅行的目的，赛车的车架也多可进行改装，挡泥板、水瓶座和行李架等等，都是选装部件。车主也可在自行车的售后期间，选择加装这些部件。

△“罗亚尔河谷”1970

起源 法国

车架材质 钢

传动装置 5 速

车轮参数 26 英寸（65 厘米）

这外形美观的法国旅游登山车，或者称为城市自行车，车轮上使用“气球”轮胎，为骑行提供了缓冲。通过固定在车把下面的刹车手柄实现刹车。具备带电机的前后车灯。

▽施文“校园”运动款自行车 1972

起源 美国

车架材质 钢

传动装置 10 速

车轮参数 27 英寸（68 厘米）

“校园”运动款自行车是一种多功能的美国通勤自行车。采用手工制造的钢制车架，车叉前端没有采用耳缘，配有挡泥板、机架、车灯，附带水平刹车。刹车杆整合在车把座管上方，骑手可以方便地用手刹车

传动系统

此车型的特色是采用单片式曲柄、双链条，有链盒，前后轮都有变速器。

◁ **施文运动旅行自行车　1973**

起源	美国
车架材质	钢
传动装置	10 速
车轮参数	27 英寸（68 厘米）

运动旅行自行车专指那些为休闲骑手在周末短期骑行所设计的车款。施文公司为车手们量身定做了这款车。该车拥有一个手工制造的铬钼合金钢车架，上面装配着许多没有标牌的合金零件，这导致该车重达 30 磅（14 公斤）。手动变速器安装在车把上，可实现快速变速。

▷ **UE-8 标致自行车　20 世纪 70 年代**

起源	法国
车架材质	钢
传动装置	10 速
车轮参数	28 英寸（70 厘米）

这款经典的法国旅行自行车使用钢制车架，上面装饰着标致公司常见的方格旗图案。它装备有一种奢华的、半镀铬的叉冠，似乎向人们展示着自行车运动是一项非常放松的户外活动。UE-8 标致自行车配备有机架、挡泥板和坚固结实的车灯。

◁ **杰克·泰勒“环英自行车赛”1979**

起源	英国
车架材质	钢
传动装置	12 速
车轮参数	28 英寸（70 厘米）

杰克·泰勒是英国著名的旅行自行车车架制造商，以其工艺精湛的套接头而闻名。这个车型的特色是，采用断面是椭圆形的前叉以及坎帕尼奥洛齿轮组件。在安装上挡泥板和行李架之后，适用于公路赛车或旅行。

兰令“凤头”自行车

兰令“凤头”自行车是20世纪70年代的潮款车型之一。来自于摩托车造型的灵感设计，让那些还不能驾驶双轮汽油动力车的年青一代感觉非常酷炫。此前保守的自行车设计领域也因此变得前卫叛逆，充满激情活力。兰令公司直接采用了美式“逍遥骑士”风格的设计（灵感来源如施文的“魔鬼鱼”）。兰令公司将这种后轮平衡特技车型重新包装，遂有“凤头”牌车型在英国上市，然后又出口到全球范围内的众多海外市场。

第一辆兰令“凤头”儿童自行车1969年底才进入英国自行车商店销售，反响非常热烈。从外观到部件，整体设计深受大马力改装型老爷汽车的影响。车把后掠，纵身驾驭如猿。座垫后弯，又不乏柔媚之风。“凤头”非常受欢迎，第一批500辆很快销售一空，打响了未来10年畅销不衰的“当头炮”。

正如施文“魔鬼鱼”自行车6年前在英国开拓市场时所做的那样，兰令“凤头”自行车在英国本土和世界各地市场的业绩都令人振奋。后轮平衡特技自行车风行一时，兰令公司也积累了不少经验，其北美分部在1966年与1968年分别推出“竞技牛仔”（Rodeo）和“火球”（Fireball）这两款自行车，试图夺下施文“魔鬼鱼”自行车霸占的这片江山。许多“凤头”的设计特色其实最先就出现在“竞技牛仔”和“火球”这两款自行车上，包括安装在大梁上的变速手柄，以及乙烯材质的座垫。

让“凤头”特立独行的是直管框架，这与其模仿的那些采用弯管的原型美国山地车有所不同。另外，它仍然沿用大多数后轮平衡特技自行车的“变稳”特色，如座位偏后，前轮偏小，两者结合起来，可将骑手重量集中于后轮上。骑手在利用后轮平衡的同时能轻松地驾驭前轮，做出各种花样动作。

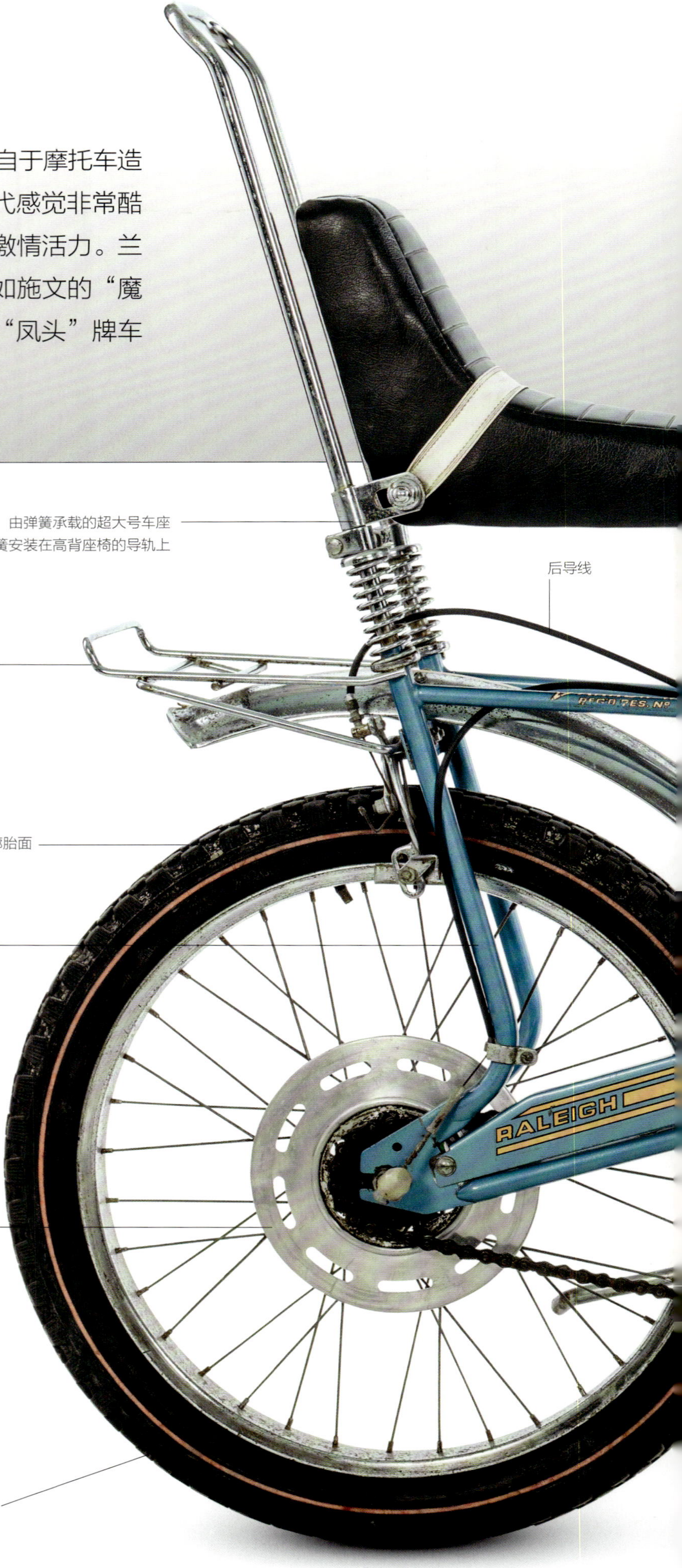

规格参数	
起源	英国
设计师	Ogle设计公司/阿兰·奥克利
时间	1979
车架材质	钢
传动装置	3速
制动	卡钳式刹车
车轮参数	前轮16英寸（40厘米），后轮20英寸（50厘米）
重量	约41磅（18.5公斤）

*“‘凤头’自行车的灵感来自短道极速赛上**橡胶的摩擦，风声的嘶吼。**”*

兰令“凤头”自行车广告，1970

兰令公司的标识

第一次使用兰令的标识是在20世纪早期，标识中的苍鹭来自于公司董事长弗兰克·鲍登的族徽。中国人习惯上把这只苍鹭称为“凤头”。

部件

在其十年的生产运营期间，兰令“凤头”自行车有几种不同的车型，零部件也有不同的组合形式，这些新推出的车型通常是单速的，配有链轮轮毂及变速器。那时也正是装备了下沉式车把的“冲刺”（Sprint）车型出现的时候。1972 年，“凤头”推出改进型 MK II，这是一次零部件的“大改”，最明显的特征是重新设计了车架。原来MK I型车的坐管会产生裂纹，导致全车受力出现跑偏趋势。新的车架可以抵消跑偏的力道。

1. 乙烯垫料，高背座垫 2. 在座垫背面设有反光灯 3. 弯形座管，强度有改善。以施图美 - 爱驰轮毂齿轮为特色的驱动系统。碟式刹车保护罩。链条护罩。 4. 车座悬挂减震组件，配有弹簧。 5.T 字形变速手柄 6. 变速器利用齿轮传动进行控制 7. 兰令独有的刹车手柄，安装在后掠的猿臂式车把上 8. 蓄电池供电的前灯 9. 平板式脚踏

1

3

2

4

5

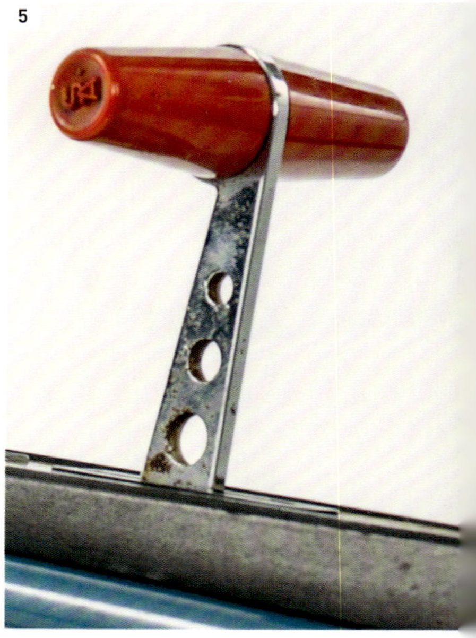

7

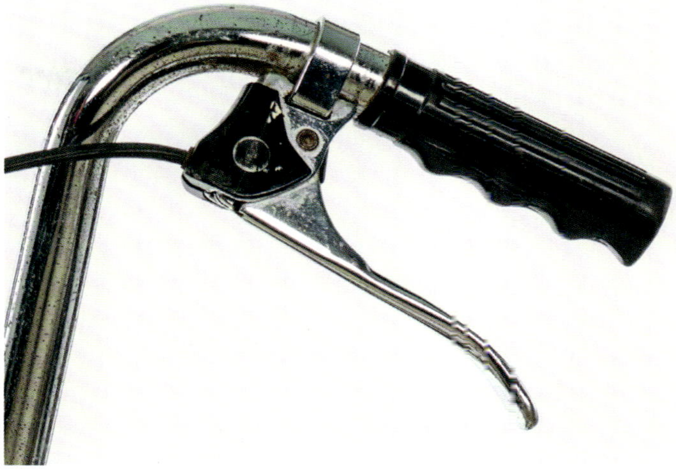

8

6

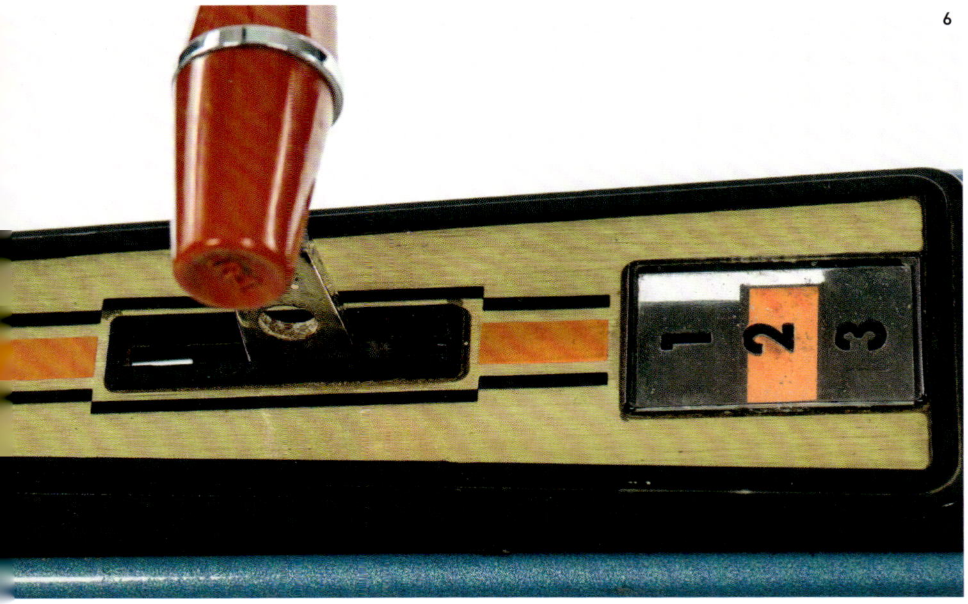

9

20 世纪 80 年代，山地骑行风靡全球，但究其根源，却可上溯到十几年前：来自美国加利福尼亚州的一群独领风骚的“作死”骑手，在马林县尘土飞扬的塔玛佩斯山的小路上骑着自己改装过的“老爷车”找刺激。这些先锋人物中，就包括乔·布里兹（图中最右那位，正在展示他手工制造的自行车“吹风车”1 号）。“吹风车”1 号是第一款专门为山地骑行运动设计的现代自行车，到如今，照样能骑。

小轮越野自行车

BMX是小轮自行车越野赛的缩写（Bicycle Motocross）。如今公认自行车越野赛开始于20世纪60年代末期的美国加利福尼亚州。自行车越野赛对当年的年轻人来说，可谓直击心灵。到1974年，仅仅在加州就有13万辆越野自行车，还有100条专用跑道。当时的越野自行车很简单，用加强片对钻石形车架进行加固，此外还有轮径20英寸(50厘米)的宽胎车轮。为了增加强度，厂家直接把叉片焊接到前叉钢管上，使用经济实惠的单片式大齿盘。小轮越野自行车很快风靡全球，哈尔福德公司（Halfords）从20世纪80年代开始，在英国推广越野自行车。这一项运动被很多人认为是昙花一现，但在50年后仍然经久不衰。

BMX悬挂装置

单筒减震系统（Monoshock）是为了土跑道竞赛而设计的，决不是为了单纯的炫技。这套减震装置能让自行车应对恶劣的越野环境。

△ 哈菲“雷电”20世纪70年代

起源 美国
车架材质 钢
传动装置 单速
车轮参数 20英寸（50厘米）

美国制造商哈菲生产了许多“雷电”越野自行车。20世纪70年代早期的车型仍然受到“魔鬼鱼”自行车设计的影响，有坚固的钢架，以便完成跳跃等特技动作。

▽ 万搏客（Webco）减震自行车 20世纪70年代中期

起源 美国
车架材质 钢
传动装置 单速
车轮参数 20英寸（50厘米）

万搏客股份有限公司属于早期的越野自行车的制造商。从1974年到1980年，该公司在美国加州的威尼斯海滩经营自行车生意。它生产的这种自行车，有独特之处，比如5瓣式辐条。镁合金车轮具备摩托车的风格，得名“摩托马”（Motomag），是由斯吉·海斯（Skip Hess）制造的。

◁ **“空中车道” 1974**

起源 美国

车架材质 钢

传动装置 单速

车轮参数 20 英寸（50 厘米）

“空中车道”（Skyway）公司以生产越野自行车车轮而闻名，1974 年，引入塔夫（Tuff）公司闻名于世的 5 辐条车轮。“空中车道”公司一直到 20 世纪 80 年代晚期还在开发和制造整车。

▷ **施文斯丁 1978**

起源 美国

车架材质 钢

传动装置 单速

车轮参数 20 英寸（50 厘米）

斯丁款是一种优质的手工制造的越野自行车，直到 20 世纪 80 年代都是施文旗下顶级的车型。这款车型的独特之处是椭圆内三角的铬铊钢车架，椭圆形的两端接头使得强度更大。车上配有红色和蓝色的配件。

◁ **酷斯“摩托马” 20 世纪 70 年代**

起源 美国

车架材质 钢

传动装置 单速

车轮参数 20 英寸（50 厘米）

生产“摩托马”轮胎的时候，獴酷斯（Mongoose）公司也开始制造多型越野自行车。公司全盛时期在加州的查特沃思工厂一天就能生产大约 600 个车架。该车型的车轮上带有海斯的商标，特征鲜明。该车型从 1975 年一直生产到 1981 年。

大型赛事

1979 年铁人三项赛

铁人三项赛——先是 2.4 英里（3.8 公里）的游泳，接着是一段 112 英里（180.3 公里）的自行车骑行，然后是 26.2 英里（42.2 公里）的马拉松长跑——这项比赛起源于美国夏威夷的一小群人之间的友谊竞技。

关于第一次铁人三项赛何时举行，有很多争论。1976 年，在加利福尼亚的使命湾，一项完整的铁人三项的比赛纪录出炉。而早在 20 世纪 20 年代，法国就有类似这样的三项比赛。

第一个完成比赛的铁人

约翰·邓巴（左），前美国海军海豹突击队队员。人们很快发现他超越了竞争者，冲向第二名。从自行车赛段起，邓巴开始领先。但支援团队所带的水用光了，只能给他啤酒喝，导致他的速度戏剧性地降了下来。

这些赛事的内容与铁人三项的内容、规则基本重合，但每段赛程的顺序各不相同。1927 年，在法国马塞举行了第一次记录游泳、自行车、长跑成绩的三项赛，它可能也是我们今天所知道的第一场三项赛。

1977 年，夏威夷，一群朋友在参加完环瓦胡岛赛跑的颁奖典礼上聊天（瓦胡岛是夏威夷群岛中的第三大岛），第一次有人提出铁人三项全能运动的想法。这群朋友们有着不同的运动兴趣，彼此争论着到底谁

夏威夷凯路阿镇，铁人第一赛

法雷兹·艾尔·苏丹（左）2005 年赢得男子铁人三项赛冠军。妮娜·克拉夫（右），2004 年获得女子铁人三项赛冠军。如今铁人三项赛已经成为一个声势浩大的品牌，在世界范围内举办了很多场赛事。

是最优秀的游泳健将、自行车手或长跑运动员。美国海军司令约翰·科林斯建议他们举行一场比赛，将三种经久不衰的耐力挑战组合在一起：怀基基海岸海泳、环瓦胡岛自行车骑行，以及檀香山马拉松。

环瓦胡岛的自行车赛赛程实长起初是 115 英里

*“有时候**难得糊涂**，它让我从来不曾想过有什么事情是困难的，是有挑战性的。或者说，我**压根就没想过是输还是赢**。”*

汤姆 · 沃伦，1979

世界冠军，澳大利亚人克雷格 · 亚历山大（右）

亚历山大在2008年、2009年和2011年赢得了铁人三项赛世界冠军。他创下了8小时3分56秒的世界纪录：其中游泳用时51分56秒；自行车骑行用时4小时24分5秒；长跑用时2小时44分3秒。

（185公里）。但是为了保证自行车竞赛的起点也是游泳比赛的终点，同时在游泳比赛结束后，就地开始马拉松长跑比赛，柯林斯将总赛程缩短为112英里（180.25公里）。总赛程之中，怀基基游泳赛的赛程是2.4英里（3.9公里），马拉松是26.2英里（42.2公里），这样比赛成绩就有据可循。就这样，铁人的称号出现了。此称号源于柯林斯制定的一些基本规则，归结为：“谁先完成比赛，我们就管谁叫铁人。”

早期的比赛

1978年2月18日，15名男子选手参加了第一届铁人三项赛，其中12人完成了比赛。获胜者是美国人戈登 · 霍尔，用时11小时46分58秒。

第二年，即1979年，有50名运动员报名参加比赛，但由于天气不好，比赛推迟了一天。第二天，海上风浪依然很大，因此只有15名选手愿意参加，其中包括前美国国家自行车赛冠军琳 · 勒梅尔，她是第一个参加比赛的女性。汤姆 · 沃伦是一位来自圣迭戈的健身爱好者，在游泳赛段以4分钟的优势领先，然后他只花了4分钟就换上了自行车装备，随后将领先优势扩大。沃伦完成自行车比赛，已经比对手足足领先21分钟，因此应付接下来的马拉松比赛中有足够富余的时间，这反而给他带来了一点麻烦。他解释道：“尽管胜利已经在望，一切只需要再走走过场。在同一起始点，进入下一程比赛，其实挺难的。”他解释说，他面临的问题在于：有关训练他已经进行了好几年，却全然没有发现比赛规程的转变。那些年，他每天都会游泳5英里（8公里），跑13英里（21公里），接下来的才是骑车。

1979年，沃伦打破了铁人三项赛纪录，比上届冠军哈勒在1978年创建的纪录少用了半小时。女将勒梅尔名列第五，用时12小时55分。赛后，沃伦说：“在自行车赛的后段通常是顺风。前三分之一赛段，我需要逆风前进，骑行很困难。而我经过转弯路段，即将顺风而行的时候，风向却变了。所以我这一路下来都很艰难。”

铁人比赛在1981年迅速发展，赛场搬到了夏威夷的大岛地区，此后一直在那里进行比赛。只有世界铁人三项公司（WTC）举办的夏威夷铁人三项赛才是世界性的比赛，但在世界各地都有资格赛。

2010年铁人三项赛的开赛

铁人游泳赛的开赛场景十分壮观，数以百计的竞争选手为了摆脱对手奋勇争先。选手分成4波出发，职业男性选手挑头，其次是职业女性选手，然后是同龄男子赛选手，最后是同龄女子赛选手。每批次开赛间隔15分钟。

重要事件

排行榜

第一名：汤姆 · 沃伦，美国

第二名：约翰 · 邓巴，美国

第三名：伊恩 · 艾伯森，美国

比赛路线

铁人三项赛以凯路阿湾游泳赛为起始赛段。游泳和自行车赛之间的过渡赛段，以及最后的马拉松赛段都要经过凯路阿镇。这里的地图显示的是现代自行车比赛的路线，而不是原来的环瓦胡岛路线。在自行车比赛结束之后，运动员们必须爬上帕拉尼公路，再赶往“卡胡马努皇后”高速公路，进而完成接下来的马拉松——这是对体能的极端考验。

沿海循环路线

运动员们骑着自行车，沿着卡胡马努皇后”高速公路环形往返——该路环绕夏威夷群岛。赛段完全暴露在强劲的海风中，选手没有遮蔽物，天气也极端炎热潮湿。

城镇休闲自行车

自 19 世纪 90 年代以来，自行车销量出现最大规模的增长发生在 20 世纪 70 年代。全球各地的人们都对脚踏自行车陷入狂热，使得出现了一波新的自行车设计浪潮，其中一些公司在此次浪潮中特别成功。传统的跑车仍然很受欢迎，但这次革新尤其让外形各异、车轮大小不同的自行车备受赞誉。1973 年的石油危机使驾驶汽车的成本增加，骑自行车出行变成更有吸引力的选择。低价的城镇休闲自行车越来越多地在亚洲制造，为娱乐锻炼提供了廉价的交通工具。

△“大力神”自变速　1973

起源 德国
车架材质 钢
传动装置 单速
车轮参数 16 英寸（40 厘米）

这型自行车是针对工人上下班的需求而设计的，是早期的折叠版本。该车有坚固的铬钢车架，能快速释放的折叠转换手柄安装在下梁上。但是因为其折叠方式很笨拙，所以并没有流行起来。

△摩贝凯尼旅行车　女款　1974

起源 法国
车架材质 钢
传动装置 单速
车轮参数 26 英寸（65 厘米）

法国制造商摩贝凯尼（Motobecane）作为轻量级、高质量的赛车制造商，享有良好的声誉。在 20 世纪 70 年代的自行车繁荣时期，该公司品牌扩展，针对市场需求，投资开发便捷、无雕饰的城市自行车，售价也非常合理。

▽梅西埃尔　圆框架旅行车
女款　20 世纪 70 年代

起源 法国
车架材质 钢
传动装置 单速
车轮参数 26 英寸（65 厘米）

这款经典的女士城市自行车在美国郊区售出了数千辆。圆框架的特点是，钢架构以接管相连。它有一个护链板，用来防止骑手的裙子与链条缠结到一起。车灯用后轮发电。

◁茨魏拉德联合公司
“维多利亚”20 世纪 70 年代

起源 德国
车架材质 钢
传动装置 单速
车轮参数 16 英寸（40 厘米）

冷战时期，在联邦德国（西德）的很多商店里，都会出售这款维多利亚自行车。它有一个简单的折叠装置：松动一根连杆，车架就能向后折叠。这种类似改装越野摩托车的猿臂式车把是为骑手站立骑行而设计的。在后轮上方，安装了一个行李架。

▽ **BSA 20 购物车 20 世纪 70 年代**

起源	英国
车架材质	钢
传动装置	单速
车轮参数	20 英寸（50 厘米）

20 世纪 70 年代，BSA 购物车吸引了数以万计的英国城镇居民。生产商把自行车车架按比例缩小。短车身、下管梁和小轮子，使得该车轻便好骑，非常适合作为日常购物代步车。

◁ **“大力神”卡瓦略 20 世纪 70 年代**

起源	德国
车架材质	钢
传动装置	单速
车轮参数	24 英寸（60 厘米）

卡瓦略（Cavallo），在意大利语中是“马”的意思，因此这是一辆参照赛马灵感而设计的自行车。骑手们把脚放在脚踏上，身体上下往复，就能驱动后轮，同时把折叠的车架展开。德国制造商“大力神”公司制造出了这款机械“马”，但不用说，这种新式的自行车骑行系统并没有流行起来——在公共场合这么骑车，让成年人太没面子了。

儿童自行车

传统意义上，儿童自行车是成人公路自行车的微缩版本。

20 世纪 70 年代，自行车领域出现了一种新的热潮——“香蕉座”自行车大量涌现。最早大规模生产这类自行车的是美国制造商施文，20 世纪 60 年代，该公司首次推出了“可雷特”（Krate）款自行车。到 20 世纪 70 年代中期，兰令公司推出借鉴了改装越野摩托风格的“凤头”系列车型，流行趋势不可阻挡。在接下来的 20 年里，这些宛若迷你摩托的脚踏车让孩子们很痴迷。在它们的基础上，必备经典车型——越野自行车在 20 世纪 80 年代应运而生。

▽ 施文 苹果“可雷特”1973

起源	美国
车架材质	钢
传动装置	3 速
车轮参数	16 英寸（40 厘米）

由于它的中央变速器、摩托车式座椅以及独特的前悬挂减震车架，许多美国儿童都钟情于施文的这款车。广告中宣称，这种“魔鬼鱼”混合风车型是“带有跑车造型特征的自行车”。在英国，这类自行车的经典之作是兰令公司的“凤头”。

前悬挂系统

“魔鬼鱼”自行车的特点是拥有独特的前悬减震车架。钢卷弹簧与车头碗组连接在一起，前叉吸收来自前轮的冲击。

后轮变速器

这是施文公司自己生产的自行车配件。链条挂上或脱离轮齿是通过一个弹簧机构实现的，而滚轮和导轮（张紧轮）则负责把链条和齿拨对齐。

后刹卡钳

采用双轴、侧拉的方式。这也是最流行的自行车制动设计之一。一根刹车臂负责管中间，另一根负责管侧边，两者联动，把刹车片收紧到轮圈处。

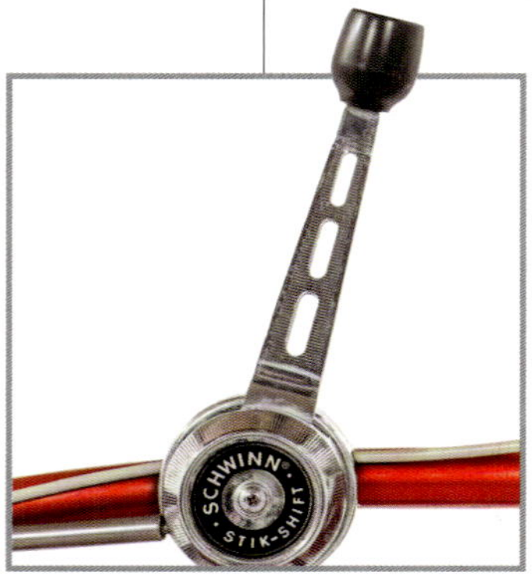

变速杆

施文的可雷特款自行车是独一无二的，因为它的 5 速传动是由一根安装在车架上管的镀铬变速杆控制的。变速杆上套着一个大大的橡胶头，与汽车上的变速杆很相似。

前轮刹车鼓

前刹车是由在车轮中间的一个大的铝质刹车鼓控制的。前刹收紧后，刹线拉动刹车鼓内的两个刹车片，锁紧刹车皮，完成刹车动作。

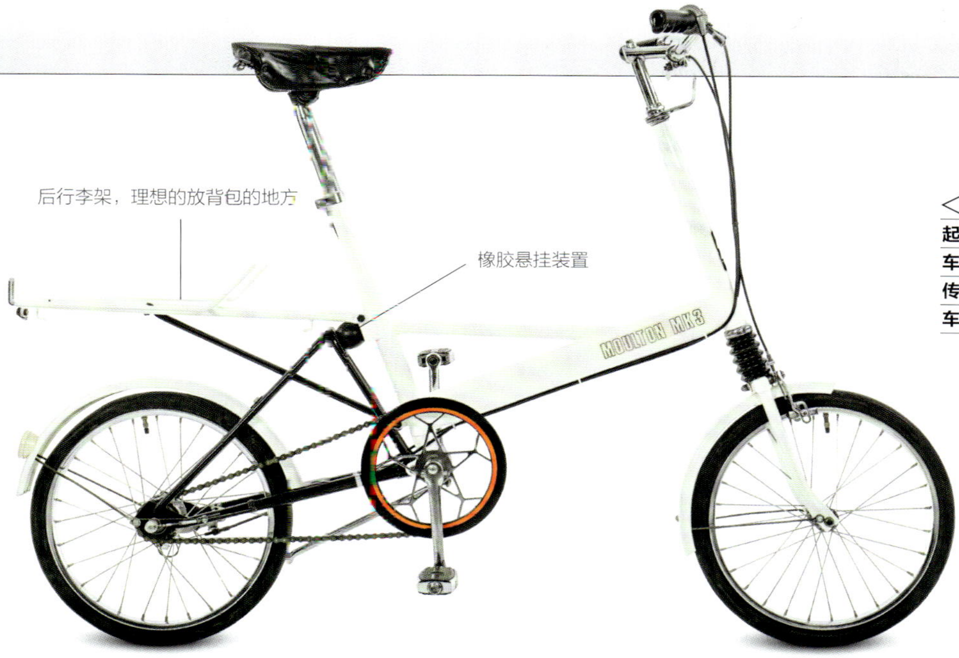

◁ **莫尔顿款初级自行车 1973**

起源	英国
车架材质	钢
传动装置	3 速
车轮参数	17 英寸（44 厘米）

英国设计师亚历克斯·莫尔顿为小型自行车创造了著名的橡胶悬挂减震系统。他发明的自行车具有革命性，使用橡胶弹簧和小车轮。该车大受欢迎，后来衍生出包括儿童自行车在内的多种车型。

△ **兰令“好礼” 1977**

起源	英国
车架材质	钢
传动装置	3 速
车轮参数	20 英寸（50 厘米）

“好礼”（Grifter）在 1976 年投入生产。在几乎英国每个孩子的圣诞礼物榜单上，它都稳居榜首。受当时摩托车的影响，该型车有着粗大的越野车轮和宽大的横把，甚至横把上的 3 速变速器也带有摩托车风格。

△ **“宝纳”超豪华自行车 1978**

起源	德国
车架材质	钢
传动装置	3 速
车轮参数	前轮 18 英寸（45 厘米），后轮 20 英寸（50 厘米）

在施文公司的“可雷特”自行车推出之后，世界各地的制造商纷纷效仿，推出了各自品牌的“香蕉座”自行车。“宝纳”（Bonanza）自行车的设计思路很受美国系列电视剧的启发，该车带有动力发电的前后车灯及刹车鼓。

▷ **弗朗德里亚 F8 女款自行车 1970 型 20 世纪 70 年代**

起源	比利时
车架材质	钢
传动装置	单速
车轮参数	20 英寸（50 厘米）

弗朗德里亚以制造一流成人赛车而闻名。有抱负的青少年冠军们一直渴望拥有新车型。弗朗德里亚公司深受启发，当仁不让，推出了这款小型公路自行车。该型车通常配有一个刹车飞轮，炫丽的白色轮胎引人注目。

20世纪80年代

自行车的革新

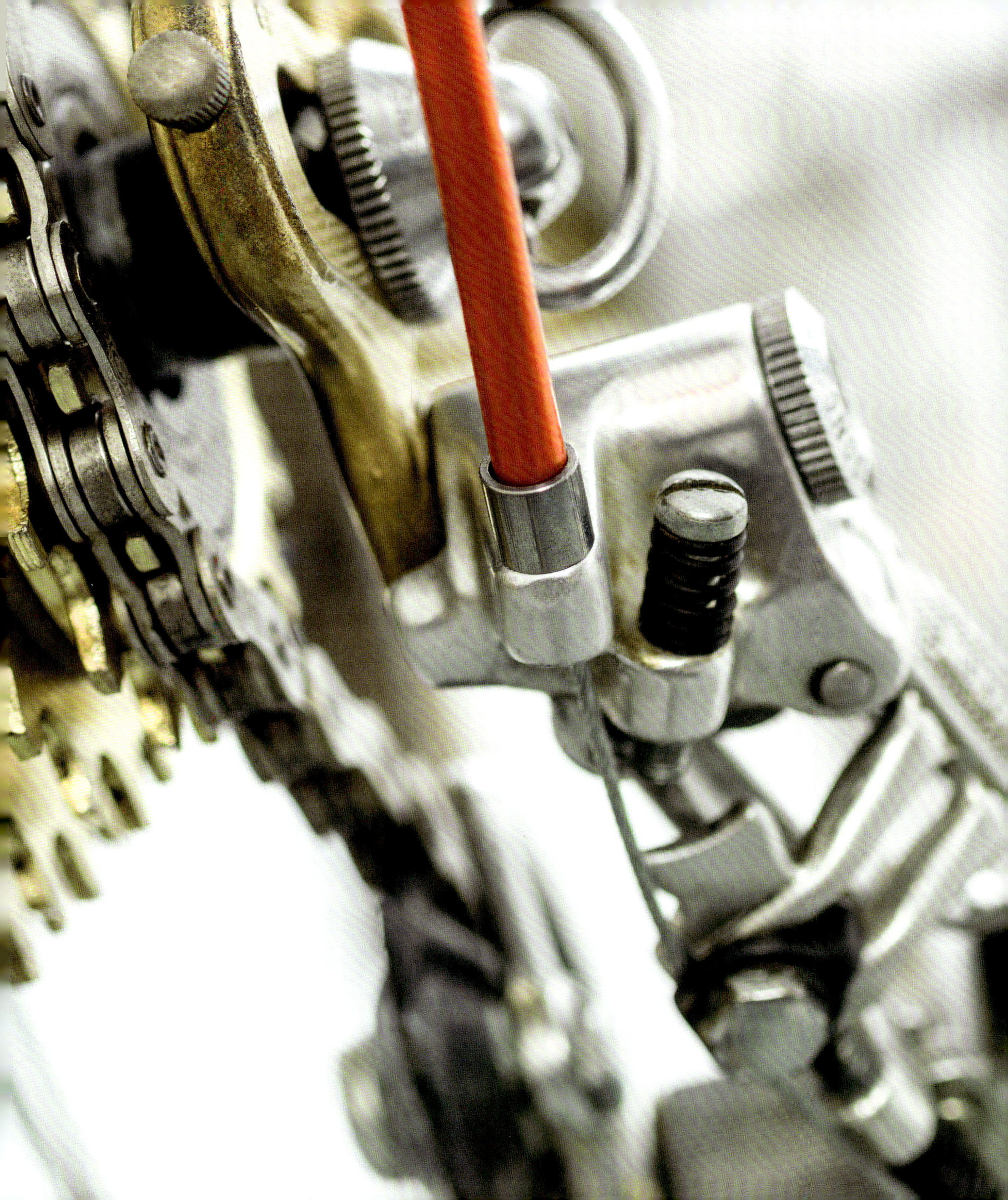

LOS ANGELES
1984
BICYCLING
Jay Collins
LOS ANGELES 1984

自行车的革新

20 世纪 80 年代早期，结合骑行“老炮儿”的实践经验，技术创新结出硕果，新型自行车席卷全球。铬焊的直管车架更坚固，取代了 70 年代改装款旅行车上的弯管架，部分原因也是因为弯架管难以承受越野骑行的上下颠簸。增加了 18 速变速器和圆头轮胎之后，山地自行车可以在恶劣的越野地形上面行驶，由此声名大噪。

除了制造山地自行车的加利福尼亚州家庭手工业之外，公路自行车正朝着一个新领域跨进：空气动力学。风阻会导致减速效应：如果速度超过 15 英里 / 小时（24 公里 / 小时），则骑乘者需要输出 90% 的体力才能克服。减少骑手和自行车的受阻面积，很长时间里被认为是一种理想方式，骑手可以在省力的同时提高速度。

△ 优势来得不公平

在创造记录的过程中，默瑟的自行车让他占据了优势。之后，比赛组织者国际自行车联盟禁止使用该车型。

1984 年，意大利选手佛朗西斯科·默瑟（Francesco Moser）打破了艾迪·莫克斯保持长达 14 年之久的小时骑行纪录，该纪录曾被认为是不可能打破的。空气动力学特性的改善，是促成打破纪录的因素之一。相比之下，新纪录多出了 4521 英尺（1378 米）。默瑟骑行的自行车车身较低，采用了牛角形的内弯车把，车轮是碟状碳纤维材质的。默瑟本人穿着莱卡的紧身骑行服，头盔有罩，战靴带套。这次骑行，开启了新时代的纪元：科学训练和装备进步，塑造了自行车运动发展的新模式。

“**很幸运**，我 20 岁的时候，身边还没什么人玩山地骑行。否则我就不会**赢得环法自行车赛**了，这是**我喜欢**的运动。”

克雷格·勒芒，三届环法自行车赛冠军

◁ **1984 年，洛杉矶夏季奥运会自行车比赛海报。**赛事涵盖公路赛 5 项、轨道赛 3 项。

重大事件

▷ **1980** 加里·费舍尔和查理·凯利（Charlie Kelly）这两位自行车运动达人以“山地自行车”公司的名义出售越野自行车，这款车采用了汤姆·里奇（Tom Ritchey）制造的车架。

▷ **1981** “闪电”(Specialized) 公司接到首批授权订单，开始大批量生产“坐地虎”(Stumpjumper) 山地自行车，该车采用了里奇的车架设计（见 P162-165）。

▷ **1982** “穿越美国自行车竞赛”（RAAM）首次举办，赛程从加州圣莫尼卡起，到纽约帝国大厦止，共 2968 英里（4777 公里）。

▷ **1982** 禧玛诺意识到山地自行车的市场潜力，推出“得有力”XT(Deore XT) 山地越野组件。

▷ **1984** 女子自行车首次成为洛杉矶奥运会的正式比赛项目。

▷ **1984** 美国山地车销量达到 100 万辆。

▷ **1986** 彼得·彭塞雷斯赢得“穿越美国自行车竞赛”冠军，他的自行车车把符合空气动力学要求，原本是为铁人三项赛开发的。

△ **莫尔顿山地自行车**

1988 年，莫尔顿推出了 AM 全山地自行车。车架采用全面减震的设计，参照了空间架构的思路。

▷ **1989** 克雷格·勒芒在环法自行车赛最后一天的决赛中赢得冠军。车把符合空气动力学特性，头盔是水滴形状，车轮是碟状的。最终，他领先对手 50 秒。

20 世纪 80 年代早期的赛用自行车

那是生产传统全钢自行车的最后 10 年。车架制造商依然采取和前辈相同的制造经验。无论车架是否采用管头套接，这些自行车全都采用了娴熟的钎焊技术。连车轮喷涂都可以根据客户的选择量身定制。轮毂、辐条、轮辋，无一不是手艺人的匠心杰作。80 年代中期，外变速器已经可以通过定位变速系统控制。通过杠杆产生摩擦力实现外变速的方式，逐渐退居二线。80 年代末，飞轮组上的轮盘数量已达 8 个。

△富士赛车 约 1980

起源	日本
车架材质	钢
传动装置	10 速
车轮参数	28 英寸（70 厘米）

日本自行车工业的巅峰杰作，具有精美的钢制车架、拉丝镀铬接管。本土研发的杉野齿盘采用穿孔工艺，十分轻便。这款自行车装备有高质量的“三托”变速器（SunTour）和刹车系统。

◁梅花“超超级”1982

起源	意大利
车架材质	钢
传动装置	12 速
车轮参数	28 英寸（70 厘米）

可纳哥公司（“梅花”）“超超级”自行车的前叉和后叉部分，均采用酷炫的镀铬管头，所有特征都带有经典的意大利风格。它使用了坎帕尼奥洛轮组和“维多利亚”轮胎，成为一辆值得拥有的自行车。

▷兰令车队自行车 约 1980

起源	英国
车架材质	钢
传动装置	12 速
车轮参数	28 英寸（70 厘米）

这版车型以荷兰“TI- 兰令”车队所用的赛车为蓝本，在英国诺丁汉工厂复刻生产、零售，甚至比原版车有过之而无不及。两者都是用雷诺兹管材手工制造的，也采用了坎帕尼奥洛变速组件。这种针对客户的零售版本配有坎帕尼奥洛“新纪录”变速组件。

◁CBT 意大利 1980

起源	意大利
车架材质	钢
传动装置	12 速
车轮参数	28 英寸（70 厘米）

由塔尔迪沃自行车营造公司（英文缩写为 CBT）生产的极致赛车品牌。车架是由哥伦布管材、坎帕尼奥洛组件和喜耐力把手组成的。它有镀铬叉套。管接头的切割工艺极为精细。

弯曲的牛角形把手，用于计时赛

镀铬前叉，弧度适于竞赛要求

◁梅花“特殊竞技”自行车 1983

起源 意大利

车架材质 钢

传动装置 12 速

车轮参数 28 英寸（70 厘米）

意大利传奇人物埃内斯托 · 可纳哥将自己的创意融入到钢质的钻石造型车架中。齿盘和托架精雕细刻，托架末端接近齿盘圆弧的部分，刻有可纳哥“梅花”族徽。

后轮组件

这款自行车装备着来自法国自行车制造商先驱的“马威客”（Mavic）组件。

▽维塔斯 979“硬铝”1985

起源 法国

车架材质 铝镁合金

传动装置 12 速

车轮参数 28 英寸（70 厘米）

该车问世于在 20 世纪 70 年代后期。80 年代中期，爱尔兰职业选手西恩 · 凯利（Sean Kelly）使用这款赛车赢得比赛冠军。铝镁合金车架比钢车架轻得多。另外，这款自行车也配备了来自法国的“马威客”组件。

单片式合金管头

铝镁合金管接头，制成一体，以获得更大的强度。

里面隐藏线缆的刹车柄，符合空气动力学

导线紧贴着横把

20 世纪 80 年代后期的赛用自行车

采用不同的材料制造自行车车架，与时髦的新技术相结合，预示着自行车新时代的开始。这十年间刚开始那会，赛车手唯一的选择是委托一名手工制造者来制造自行车钢车架。到后来，选择变得广泛，延伸到由镁和碳纤维等多种材料制造车架，并由工厂进行生产。由个体工匠组装制造带有管接头的钢制车架时代，以惊人的速度结束了。

▽克里克 精密款 1987

起源 英国

车架材质 镁

传动装置 14 速

车轮参数 27 英寸（68 厘米）

弗兰克·克里克公司注意到了镁在车架制造领域的潜力，推动了一场革命，过去需要耗工把钢管制成车架，现在则有相当一部分转为用镁制造。镁轻便，硬度高，但在保守的自行车界里并没有引人瞩目。

◁“铁贝”（Stelbel）20 世纪 80 年代

起源 意大利

车架材质 钢

传动装置 16 速

车轮参数 28 英寸（70 厘米）

斯泰罗·贝尔提（Stelio Belletti）向他父亲学到了用于飞机机身的氩弧焊技术。后来他制造出了意大利第一批利用该技术焊接出来的车架。车架没有采用管接工艺，使得全车更轻便。制造者可以有更多自由空间去考虑车架和前叉的设计。

◁“红隼”4000 1987

起源 美国

车架材质 碳纤维

传动装置 16 速

车轮参数 28 英寸（70 厘米）

“红隼”4000 据称是全球首款采用全碳纤维车架的自行车。，该车型瞄准了新兴的铁人三项赛市场，其设计初衷是创造一辆适合单人骑行的公路车。它的设计超越了时代，下管和座撑都采用了飞机翼型结构，后轮与座管贴得很紧。

▷ 罗欣“耐力”1989

起源 意大利

车架材质 钢

传动装置 18 速

车轮参数 28 英寸（70 厘米）

罗欣（ Rossin）公路自行车的车架以制造商命名，由意大利哥伦布管制成。光滑的内圆角钎焊和管头完美结合。受空气动力学设计影响，该车采用坎帕尼奥洛的 C- 纪录椭圆形座管、“德尔塔”中拉式刹车，以及喜耐力的钛合金车把。

◁ 协和“科伦坡”1989

起源 意大利

车架材质 钢

传动装置 12 速

车轮参数 28 英寸（70 厘米）

该车属于低姿骑行的典型赛车，用于计时赛。车型的设计目的是优化骑乘姿势，以提高空气动力学效率，虽然它没能实现真正的气动修形。变速手柄上集成了 CBT 变速组件，集中安装于车架下管之上；此外还有碟形车轮，两者都是改善气动效率的设计。

马尔科·奥列罗·丰塔纳骑着为左撇子设计的加能戴尔 F-Si 自行车

大型制造商

美国加能戴尔公司

加能戴尔是世界上最具创新性的自行车公司之一，成立于 1971 年，在 1983 年生产出第一辆自行车。它的设计引人注目，新技术和声势浩大的营销活动经常引起轰动。它以开创性的高性能铝合金自行车闻名于世，这个美国品牌在自行车和零部件设计方面处于领先地位，在全球享有盛誉。

加能戴尔公司成立以来，其指导原则始终如一：在现有技术基础上，提供切实、具有实际优势的产品将取得成功。这一见解来源于 1970 年联合创始人乔·蒙哥马利的一段发言，因为他曾看到一名骑行者在艰难蹬车上坡的时候还得背负着沉重的背包。1971 年，蒙哥马利和罗恩·戴维斯以及吉姆·卡特兰布内一起创办了他们的企业。公司成立第一年就生产出了他们的第一款产品——一种轻便的两轮拖车，这种拖车可以连接到任何自行车后边，能让骑行者用最少的力量拖拽沉重的货物。

从一开始，这家小公司就特立独行。早年，它主要关心户外行李运输市场，以自行车设备为重点。在美国康涅狄格州威尔顿一家泡菜店楼上的临时作坊里，他们完成了所有的设计和制作。现在该地北路地铁线靠近作坊那一站，就以加能戴尔公司的名字命名。人们将加能戴尔公司与质量、耐用、创新以及最新的设计和技术相联系，其产品也就很快获得了顾客的关注。

随着公司业务的稳定增长，开在泡菜店楼上的作坊已经无法接受那么多的订单量。1977 年，它在宾夕法尼亚州的贝德福德开设了一家生产工厂。"美国手工制造"是加能戴尔产品的荣誉徽章，何况本地生产的模式便于公司直接把控产品质量，快速响应市场变化。

加能戴尔公司花了 12 年的时间开发户外产品，到 1983 年，它宣布自己已经成为一家羽翼丰满的自行车公司，主营 ST-500 旅行车。自行车旅行设备已经成为公司的主导产品，所以公司推出的第一辆自行车就是旅行自行车也就见怪不怪。ST-500 的铝车架利用了氩弧焊接技术，光滑流畅，带有超大直径的下管，安装链条和坐垫的底座截面都是椭圆的。这些因素使得 ST-500 从市场上一堆管接车架自行车里脱颖而出。铝的使用绝不仅是宣传噱头：铝重量较轻，卷出的管身直径较大，能造出比钢更硬并且不会生锈的车架。与柔软、富有弹性的钢质车架相比，卷出来的超大号铝管可以使骑手的力量立即作用到后轮上。

早期的创新

加能戴尔公司的第一款两轮产品，是其 1971 年推出的"草地"（Bugger）牌自行车拖车，在高品质骑行设备和户外用品市场，年轻公司展示了设计和生产的专业能力。

第二年，加能戴尔公司推出了一款公路自行车——SR-900，该车配备有 12 速坎帕尼奥洛"新纪录"传动装置。此外公司还推出了一款山地自行车 SM-500，这款车配备有 15 速禧玛诺"得有力" XT 传动装置。这些轻便、先进的自行车旨于高级自行车市场。在接下来的几年里，除了制造自己的车架（受美国专利保护）之外，双人自行车、越野自行车、混合动力自行车和铁人三项 / 计时赛自行车也全部进入公司的制造范畴。1993 年，该公司开始设计并生产自行车零部件。

cannondale®

"我们的目标从来不是生产大路货，自行车我们只造最棒的。"

乔·蒙哥马利，加能戴尔公司总裁，1991

20 世纪 80 年代末到 90 年代，山地自行车被证明是加能戴尔公司技术进步最强的领域。1991 年，公司推出第一辆后避震山地自行车，车架采用了高悬梁避震技术（EST），与安装在横把上的吉尔文"福来施坦"（Girvin Flexstem）减震组件互相搭配。1992 年，加能戴尔公司采用了一种经过重新设计的车架，并将"福来施坦"组件替换为"海德舒克"（Headshok）避震前叉。这种技术独一无二，它将刚性前叉腿与伸缩式减震器配对使用，后者则是在车架头管内的精密滚针轴承上运行。这样的设计更轻便，吸震能力更好，并提供拥有比当时任何其他自行车更精确的转向性能。这辆山地自行车，与新款"德尔塔"-V 后轮悬挂装置配

ST-500 运动旅行自行车 1983

“德尔塔”-V 2000，采用 避震前叉 1993

斯泼里尼所用的 CAAD3 型计时赛自行车 1997

“超级 6”EVO Hi-MOD 自行车 2016

1971 加能戴尔公司由乔·蒙哥马利、罗恩·戴维斯以及吉姆·卡特兰布内在康涅狄格州威尔顿创立。

1983 该公司生产第一款自行车，即 ST-500 铝合金自行车。

1989 加能戴尔欧洲分公司在荷兰成立，负责分销和零售。

1991 加能戴尔推出公司了首款全悬挂式山地自行车，即 EST 自行车。

1992 发布了“海德舒克”(Headshok)前悬减震车架。

1994 发布了 CODA 魔术牙盘，带有外延的底部轴承托架，比全行业做出同样选择早了 10 年。

1995 短行程版的“海德舒克”悬挂装置装上了公路自行车。

1997 马里奥·斯泼里尼（Mario Cipollini）接连 3 天领先环法自行车赛。他骑着一辆定制的黄色加能戴尔赛车，与他身上的队服颜色相呼应。

2000 推出了“左撇子”（Lefty）悬挂车叉。

2001 加能戴尔公司推出了 BB30 底架，采用了大直径的铝制主轴设计，更轻，对骑行者踩下踏板后的弹力响应更确实。该技术很快成为行业标准。

2003 加能戴尔公司大胆尝试开发高性能摩托自行车和全地形自行车（ATVs），但不幸失败，只得在这一年寻求破产保护，并最终被其债权人之一的“飞马座伙伴公司”（Pegasus Partners）收购。

2004 “加能戴尔要合法”活动推出，活动旨在推广碳铝车架的 6-13（Six13）公路自行车，其重量甚至比公路赛车的最低规定标准还低。

2008 加能戴尔公司被体育娱乐集团“多利尔产业”公司（Dorel Industries）收购。在产品开发、测试和制造方面的投资仍在继续。

2009 生产业务移至中国台湾。

2011 “超级 6”EVO 碳路面车架发布。因刚度、重量均衡出色，它被德国《旅游》杂志评为“世界最佳自行车”。

意大利风情

1997 年，马里奥·斯泼里尼驾驭 CAAD3 骑行。人们看到了他非凡不羁的个性，这与加能戴尔丰富多彩的营销风格完美契合。

合使用时，不仅提供了舒适的骑行体验，而且还可以在陡峭崎岖的山地地形上快速驰骋。

1994 年，加能戴尔公司联合赞助了有史以来最成功的一支专业山地自行车队。该队在加能戴尔自行车赛中，赢得了一系列女子和男子的越野和山地速降比赛。这些比赛也提供了重要的产品反馈。来自此类测试的旗舰产品之一是“左撇子”（Lefty）自行车，这是“海德舒克”避震系统的一次革命，它将减震器从车架头管转移到了轻型的单片状伸缩式车叉上。

“海德舒克”标识

1997 年，加能戴尔公司赞助公路自行车赛，其赞助车队为意大利精英车队“稀客”（Saeco）。这标志着美国品牌首次赞助欧洲公路自行车队，而且该队是第一支使用超大型铝合金车架的车队。业内关于铝质车架的任何疑虑很快就烟消云散，“稀客”车队的伊万·格提（Ivan Gotti）骑着一辆亮丽的红色加能戴尔自行车，并赢得环意自行车大赛。在 1999 年环法自行车赛中，超级巨星短道运动员马里奥·斯泼里尼赢得两个赛段，并且连续 4 天身穿穿代表领队荣誉的黄球衣（Maillot Jaune）。

紧跟着行业的趋势，加能戴尔于 1997 年推出了一种碳纤维车架，它真正在自行车的类型上推陈出新，推出了“超级”V“渡鸦”山地自行车。该车型采用了碳纤维表层包裹的铝质车架，这样的组合在 2004 年用于 6-13 公路赛自行车。新车架轻便，重量符合国际自行车联盟（UCI）的规定，并激发了“加能戴尔要合法”运动。今天，“美国手工制造”的标签已经消失不在，但加能戴尔仍然在蓬勃发展。

上头条

德米亚诺·库涅格在 2004 年环意大利自行车赛上，推广了加能戴尔“非法”的 6-13 车型。

用于计时赛的气动型自行车

受到 20 世纪 70 年代后期自行车竞赛风暴的全面激励，用于计时赛的公路自行车开始减少车身前部的零件，车把下切修形。到 20 世纪 80 年代中期，低车身的计时赛自行车被业余运动追星族热捧，这些人渴望模仿他们的计时赛偶像。减少前车身迎风面积之后不久，车轮整流罩和盘式车轮也开始大量应用。这 10 年的后期，自行车还装上了显著改善空气动力学特性并符合铁人三项赛要求的车把。

后变速器设计

1985 年，禧玛诺 Dura-Ace 变速器通过结合其他制造商的两项发明——双轴弹簧和斜置式平行四边形导轮罩。

◁ 吉普赛人“德尔塔”E 1983	
起源	法国
车架材质	钢
传动装置	单速
车轮参数	28 英寸（70 厘米）

得益于雷诺 - 埃尔夫车队的车手劳伦 · 费格农和克雷格 · 勒芒等人，法国这款计时赛公路自行车曝光率很高。它的设计非常激进，管架扁平，车把下切，短轴很距。

▷ 喜耐力“激光赛道”1984	
起源	意大利
车架材质	钢
传动装置	单速
车轮参数	前轮 26 英寸（65 厘米），后轮 28 英寸（70 厘米）

该车融合了意大利时尚和工程风范，是气动型赛道自行车的杰作之一。它由安东尼奥 · 克隆博设计，其设计参照了非结构空气动力学的思路。哥伦布管形能够保障穿行气流时所带来的扰动最小。

一体成形的航空车把，固定在标准的车头碗组上

航空零件

太雅康培(Dia-Compe)BC-46型气动刹车对自行车的速度究竟有多大影响，尚存疑问。但它确实很时尚。

气门

轮胎打气的时候，需要这个空出来的槽，但气动外形会受到限制，这时可以使用胶带把这个空槽粘上，以恢复流畅的气流。

◁ **施文“低姿态”用于计时赛 1987**	
起源	美国
车架材质	钢
传动装置	6 速
车轮参数	28 英寸（70 厘米）

“低姿态”（Lo-profile）自行车是施文公司进军尖端设计领域的一款试验车型。座管后面的车架安装了一个整流罩，使得气流顺利流经后轮周围。碳纤维材质的车把及链轮，领先于那个时代。

上翘的双车把，没有采用赛车常见的三把造型

碳纤维碟式后轮

△ **波特奇亚 计时赛车 1989**	
起源	意大利
车架材质	钢
传动装置	16 速
车轮参数	前轮 26 英寸（65 厘米），后轮 28 英寸（70 厘米）

波特奇亚（Bottechia）车架采用哥伦布管材制造，并配备斜度较大的顶管和钢制车叉。这型自行车和克雷格·勒芒在 1989 年环法自行车赛中所骑乘的自行车很像，尽管他当时骑的车还装备了“马威客”零件。

辐条后轮，有更大的直径

坎帕尼奥洛时尚的“鳄鱼皮”（Croce D'Aune）链组

罕见的坎帕尼奥洛“德尔塔”三角刹车

◁ **罗欣 计时赛自行车 20 世纪 90 年代**	
起源	意大利
车架材质	钢
传动装置	16 速
车轮参数	前轮 26 英寸（65 厘米），后轮 28 英寸（70 厘米）

马里奥·罗欣公司创立于 1974 年，很快因其创新的气动技术而闻名，到 20 世纪 80 年代末，公司已经为许多专业团队制造过自行车。本车型配备航空车架，是典型的超小型薄款自行车，并配备了坎帕尼奥洛的“鳄鱼皮”组件。

赛道自行车

与其他类型的自行车相比，赛道自行车利用倾斜跑道，车手们抵触设计上的改变。除了变速器精挑细选，他们希望把改动之处减到最低，对刹车和其他零部件没什么需求。在光滑的木板道上骑行，或是在混凝土赛道上骑行，跟舒适性也都没什么关系。车轮用螺栓固定，因为扎破轮胎的事极少发生。车身重量也不是至关重要的考虑因素，反正又不去爬山。然而，这大概是上世纪 80 年代早期的情况，但随着时代演进和技术进步，赛道自行车的气动外形也在逐渐改善。

减速系统有两个齿盘

大齿盘

▷ 10 速辐条高速自行车 1980

起源 美国

车架材质 钢

传动装置 单速

车轮参数 前轮 26 英寸（65 厘米），后轮 28 英寸（70 厘米）

这是一款长轴距的轨道赛车，辐条有一个双传动变速减速系统，即便不采用大号的齿盘，也能提供较高的传动比。为了追求更高的速度，这辆自行车也使用了摩托车风格的车叉，以抵消倾斜赛道带来的离心力。虽然它是一款有趣而又引人注目的自行车，但并没有流行起来。

结构为三角形的座撑

链盒，碳纤维质地

小前轮，使得骑手以极低姿态骑行

◁ GT 奥运追逐赛 美国代表队用车 约 1980

起源 美国

车架材质 钢

传动装置 单速

车轮参数 前轮 24 英寸（60 厘米），后轮 28 英寸（70 厘米）

GT 这款自行车拥有独特的三角形座撑，几乎平行于下管。这款奥运车型的设计也非常激进，骑手骑行状态显得非常极端。这辆自行车安装了非原创的立管式车把，其实并不适合场地赛。

坐垫几乎就在后轮正上方

意大利哥伦布公司的镀铬车管

前后车轮都是碟形

▷ 莫泽“小时纪录”自行车 1984

起源 意大利

车架材质 钢

传动装置 单速

车轮参数 28 英寸（70 厘米）

1984 年，意大利冠军佛朗西斯科 · 默瑟打破了世界纪录，在一小时内骑行了 31.78 英里（51.15 公里）。为了冲击世界纪录，这款外形酷炫的自行车首次使用了碟状实心轮。下俯的车架采用了传统的钢结构设计，牛角形车把也是按照破纪录要求设计的。车手握把骑行时风阻很低。

▷ 戴夫 · 马什“赛摩托”约 1985

起源 英国
车架材质 钢
传动装置 单速
车轮参数 前轮 26 英寸（65 厘米），后轮 28 英寸（70 厘米）

“电驴赛”（Derny Race，由电动自行车引路的车手竞速比赛）比赛用车速度很快，激发了戴夫 · 马什款自行车的设计灵感。这是一款高度专业化的自行车，带有反向安装的钢制前叉。在坡道以时速 40 英里（64 公里）骑行时，车把可以抵御高速骑行所产生的极大离心力。

▽ 比安奇“追踪”1980

起源 意大利
车架材质 钢
传动装置 单速
车轮参数 28 英寸（70 厘米）

这款名为“追踪”的自行车，其架管由哥伦布钢管公司手工制造，上有比安奇公司烤蓝商标。这款自行车上车梁略往下扭，座管略微后弯，造型出众。它是为了速度而设计的，是理想的公里计时赛自行车，也是理想的竞速车。

闪电“坐地虎”山地车

尽管少有运动员称赞它的宽大的轮胎和功能性外观，但闪电“坐地虎”自行车（Specialized Stumpjumper）具有革命性的意义——它向大众普及了越野骑行。它属于世界上第一批由工厂制造的山地自行车，性能极佳，引领越野骑行的新篇章。20 世纪 80 年代初，在美国加利福尼亚州，手工制造自行车兴起，在自行车运动界称霸一时。相对于这些手工车，“坐地虎”山地车在亚洲生产，得以更加便宜。

这款名为“坐地虎”的山地自行车是“专业自行车部件”公司（中国人给该公司及旗下产品冠以“闪电”名号）创始人麦克·辛纳德的作品，他是一个敏锐理性的商人。辛纳德从 1974 年开始从欧洲进口高质量的公路自行车零件，并将它们卖给美国的消费者、零售商和制造商。在向先进的车架制造商提供钢管后——包括汤姆·里奇（制造出第一辆特制的山地自行车的人），辛纳德看到了这类新型自行车的潜力。在豪华登山车的基础上，他自己设计了新款山地车，并安排在日本的工厂批量生产，以低价策略抬升销量。

“坐地虎”自行车也被粉丝们亲切地称为“墩儿”（Stumpy），从一开始就很受欢迎——1981 年，在上市后的 6 天里，第一批 125 辆就卖光了。早期的“坐地虎”自行车具有更开创性的户外越野设计，尽管缺乏公路自行车的优雅精致，甚至与轻质的、悬挂减震车架支撑的山地自行车相比略显粗糙。

考虑到耐用性和功能性，“坐地虎”自行车配备了 15 个齿轮，应对陡坎、爬坡、下坡。公司专利开发的轮胎，“抓地”能力强，适应各种路面。

规格参数	
起源	美国
设计师	提姆·尼南／汤姆·里奇
时间	1981
车架材质	镀铬钢
传动装置	15 速
制动	悬臂式
车轮参数	26 英寸（65 厘米）
重量	大约 29 磅（13.2 公斤）

“这**不仅仅**是一辆自行车，它意味着一种**全新的运动**。”

闪电“坐地虎”自行车广告 1982

“闪电”标识

为了给意大利专业车架制造商赋予品牌内涵，麦克·辛亚德将他的公司命名为“专业化”公司（Specialized）。公司商标酷似闪电，实际上是公司字头“S”的变体。“闪电”是中国人对该公司及旗下品牌约定俗成的称呼。

部件

闪电“坐地虎”自行车外形略显粗放笨拙，一部分原因是由于缺乏特制的零件，自行车运动在那时还未被命名——在 20 世纪 80 年代早期，山地自行车还被称为“破烂车”。零件由 11 个不同的制造商提供，如法国玛法公司悬臂手刹、意大利托马塞利摩托车公司（Tommaselli）的刹把，以及日本专业零件公司“三托”的变速器和变速齿轮。

1、越野自行车风格的竖管 2、较低的管接头，合金车头碗组，以及铬钢材质的双翼式前叉 3、托马塞利摩托赛车的刹车杆，以及安装在“闪电”IV 钢制车把上的“三托”变速手柄 4、装在在阿拉亚合金车圈上的“玛法”双悬臂刹车 5、日本“三托”公司的前变速器，法国 TA 公司“骑行者”大齿盘 6、MKS BMX-7 脚镫 7、“三托”aRX 后变速器，以及 5 速齿轮（从 14 齿到 28 齿）

1

3

2

4

5

6

7

早期山地自行车

20 世纪 70 年代，美国加州北部的马林县，有人把战前的气球轮胎加以改造，装上自行车，畅享骑行。这些自行车被称为“老爷车”，引领了越野自行车的设计潮流。第一辆山地自行车绰号“吹风车”，是由设计师和车架制造师乔 · 布里兹于 1977 年制造的。1978 年之后，汤姆 · 里奇跟进，为商人查理 · 凯利和赛道车手加里 · 费舍尔提供车身。凯利和费舍尔用公路越野自行车和电动自行车上的零件组装出新车架，并通过他们的“山地自行车”公司售卖。1981 年，麦克 · 辛纳德的专业化公司（也即“闪电”公司）在日本制造了 125 辆“坐地虎”山地自行车。公司储备车辆不少，很多人也都认为它们不过是简单的成年版越野车，然而这些自行车仍然销售一空，供不应求。此时，所有相关的车架制造商都开始生产山地自行车。

△ **加能戴尔 SM900 1987**

起源	美国
车架材质	铝
传动装置	15 速
车轮参数	26 英寸（65 厘米）

1984 年，加能戴尔公司制造出第一款山地自行车车架。这款 SM900 车型展示了其标志性的大口径铝管，焊缝平整光滑。这是一款灵巧的自行车，车架上管陡斜，底架较高，所以离地间隙干净利落。它应用了“三托”公司的首款数字变速装置——XC 9000。

▽ **高速路工程车 1985**

起源	英国
车架材质	钢
传动装置	12 速
车轮参数	25 英寸（63 厘米）

车架又短又高，造型倾斜陡峭，这意味着车手的重量集中在车身中心附近。这辆自行车用于日常骑行，而不是越野或山地赛。该自行车装备了 650B 宽胎车轮，轮毂直径也不小。轮毂刹车带有可自行补偿磨损的垫片。

车轮制动器

定制的“摆动凸轮”式轮毂刹车。带有外部散热片、密封轴承、长行程力臂。刹车片带有可自行补偿磨损的垫片。

△奥夫伯里“先驱”1988

起源 英国
车架材质 钢
传动装置 21 速
车轮参数 26 英寸（65 厘米）

这款自行车由车架制造商安迪·鲍威尔提供，将雷诺兹和哥伦布管材用钎焊工艺连接在一起。短促的三角形后车身，陡峭的上管，以及角度紧凑的车头，这些特征使该车具有出色的爬坡能力，操纵稳定且响应敏捷，在英国的各类比赛中拔得头筹。

第一辆全避震式山地自行车

1988 年，英国的莫尔顿自行车公司推出了“第一款”全避震式山地自行车 AM-ATB(关于是否“第一”尚有争论)，它基于公司已有的 AM 太空车架改造而来。自行车前部安装 AM-STB 避震装置，后叉上安装后避震装置。小车轮适合越野骑行，但不适合粗粝的石头路面。

莫尔顿 AM-ATB

▷TBG“科纳炸药”1988

起源 加拿大
车架材质 钢
传动装置 21 速
车轮参数 26 英寸（65 厘米）

1988 年，科纳采纳赛车赢家乔·莫里（Joe Murray）和车架制造商保罗·布罗迪（Paul Brodie）的设计建议。倾斜上管以及由此而来的三角形车架更小巧，不仅更轻、更结实，而且使立姿骑行时的高度更舒适。所有第一年生产的车型都采用了“飞溅”式的喷漆。

◁特林布尔“逆行”1989

起源 美国
车架材质 碳纤维与铝
传动装置 21 速
车轮参数 26 英寸（65 厘米）

车身由30%碳纤维和70%玻璃纤维复合而成。较轻的部件使用 6 层材料，高应力区域使用了多达 24 层材料。从地面到上管的距离设计得很完美。抬升起来的后下叉让骑行更柔和，在让链条前行的同时，还减少了对链条的冲撞和摩擦。

休闲旅行自行车

创新并不只是传统欧洲自行车市场才有的专利，美国旅行自行车别开生面，就是证据。美国市场创新的灵感来自于发展势头很好的山地自行车，偏爱超宽比例的日本零件和齿轮。钢的多功能性和减振性能使得它仍然是车架材料的首选。制造商可以按照赛车手的需求定制自行车车架，采用更轻的车管、更紧凑的安装角度，或为车架增加带螺纹插件，或提供更大的车架空间，以更宽的轮胎适应长途骑手。对于最终的手工制作旅行自行车来说，小型专业车架制造商仍然是挑剔型顾客的不二选择。

▷ **施文“旅行者”11.8 1987**

起源 美国

车架材质 钢

传动装置 14 速

车轮参数 28 英寸（70 厘米）

这款罕见的镀铬版“旅行者”自行车备受追捧，特色鲜明。在日本手工制作的车架采用了铬钼钢管、高雅的管接头，以及大挠度镀铬前叉管。禧玛诺变速器、杉野“超大”（Sugino Super Maxy）链条组和 SR 把手也都是“日本造”。

◁ **兰令 阿莱斯卡 20 世纪 80 年代**

起源 英国

车架材质 钢

传动装置 18 速

车轮参数 28 英寸（70 厘米）

这辆诺丁汉建造的钢材料的旅行自行车，拥有铬合金主管，以及非常流畅的几何造型。骑行阿莱斯卡自行车意味着拥有一个舒适、安稳的旅程。它有足够的空间选装挡泥板及更宽大的轮胎。三重链条组采用了日本的合金件，变速齿轮数量足够、可靠高效。

▷ **“跋涉”520 1983**

起源 美国

车架材质 钢

传动装置 18 速

车轮参数 28 英寸（70 厘米）

“跋涉”520 款自行车的性能比一般的休闲车更为完善。它具有坚固的雷诺兹管材车架和三重链条组，可以使用最低档位爬上陡峭的山丘。“长吻鳄”鞍座为骑行而设计，非常舒适。

▷“莫西亚国王”20 世纪 80 年代

起源 英国

车架材质 钢

传动装置 27 速

车轮参数 28 英寸（70 厘米）

英格兰德比的麦西亚自行车公司以其定制的旅游车架而闻名。这辆自行车是用各种等级的雷诺兹管材手工制造的。可选附件包括后架安装座及水壶安置座。这款自行车装有一套新式的 MTB 避震传动系统。

▽ CJ 瓦利斯·奥达克斯 约 1985

起源 英国

车架材质 钢

传动装置 21 速

车轮参数 28 英寸（70 厘米）

用于长距离骑行的奥达克斯自行车，比运动型自行车更早出现。它将舒适性与优异性能相结合，以适应全天候骑行的挑战，特点是配备了优雅的管接头、三重链条组、悬臂式刹车以及挡泥板。

实验设计

从自行车生产的早期开始，新设计、新材料和新技术就被广泛应用，以提高功效。此路艰辛，失败过许多次，但也有许多新发现。人们使用过木材、塑料、铝、镁和碳纤维等各种材料制造自行车，尝试制造过单管、多管和压铸金属的车架。骑手通过链条、传动轴和橡皮带传递动能。自行车变速器用上了多重齿盘和行星轮毂齿轮，从单速发展到21速。

▷ **亨氏 凯特勒“城市街舞者” 1980**

起源 德国
车架材质 铝
传动装置 单速
车轮参数 前轮10英寸（25厘米），后轮20英寸（50厘米）

这款自行车专为城市地区的短途旅行而设计，由铝制的圆形管材和方形管材制成，前后两面都具有行李架。小车轮依靠大截面的轮胎来保持舒适性。

用塑料进行实验

自行车制造商认为塑料自行车可以实现低成本生产，并且能抵抗腐蚀。然而，经销商们担心维修困难，因此不太愿意使用塑料的这类自行车。有一些使用塑料的概念车，如法国的“司彼路”（Speelo）塑料赛车，因为担心在自行车赛上使用会取得消极反应，甚至从未投入生产。

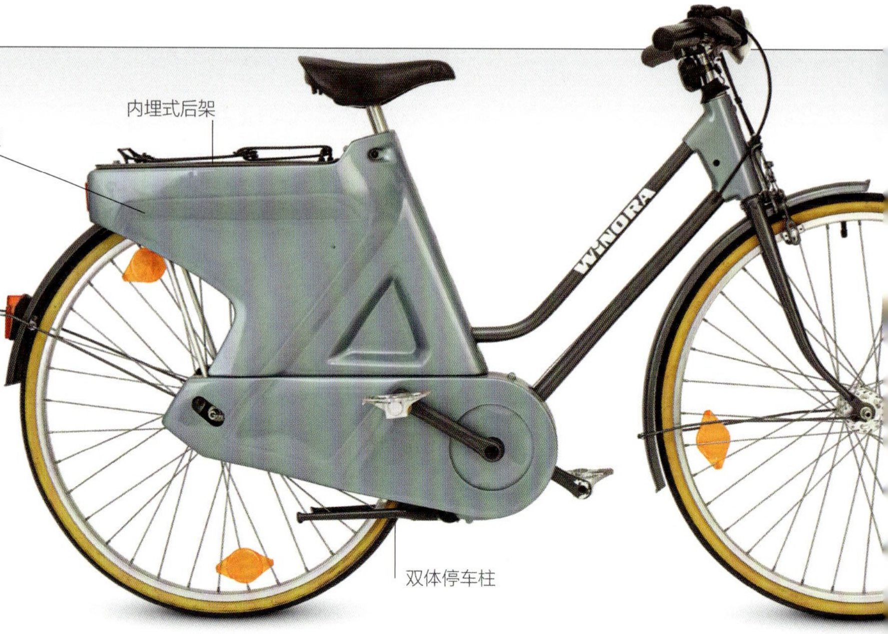

▷ **温若拉“彩虹”原型车 1982**

起源 德国
车架材质 钢
传动装置 4速
车轮参数 27英寸（68厘米）

温若拉自行车以其创新性的设计和新材料而闻名于世。该原型自行车采用封闭式的后部车身及链盒。

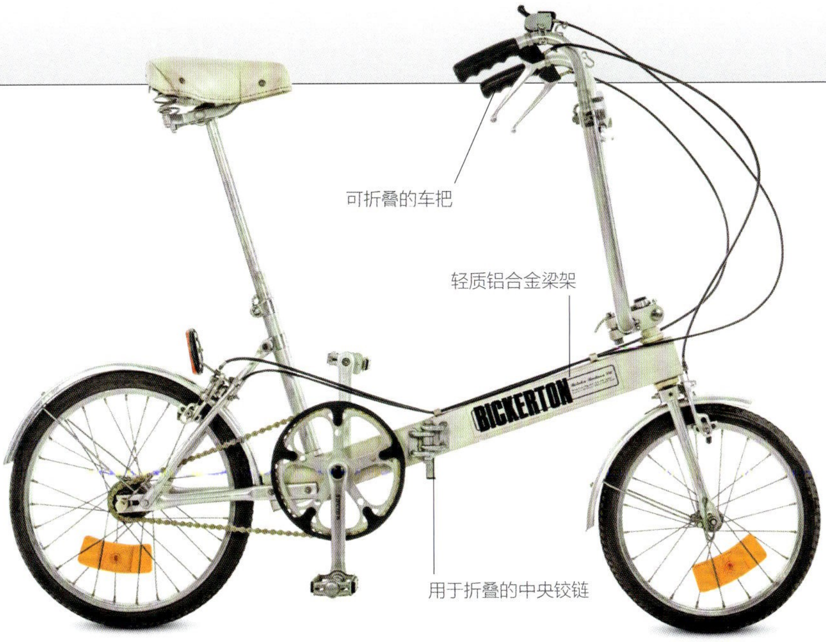

◁**比克顿折叠自行车 约 1970**

起源 英国
车架材质 铝
传动装置 3 速
车轮参数 前轮 14 英寸（35 厘米），后轮 16 英寸（40 厘米）

这辆折叠自行车采用轻量级的铝合金车架，通过中央铰链进行折叠，车把可以向下摆到中间。结构非常紧凑，便于携带。折叠后的自行车可以塞入迷你库珀微型汽车。产量超过 60 万辆。

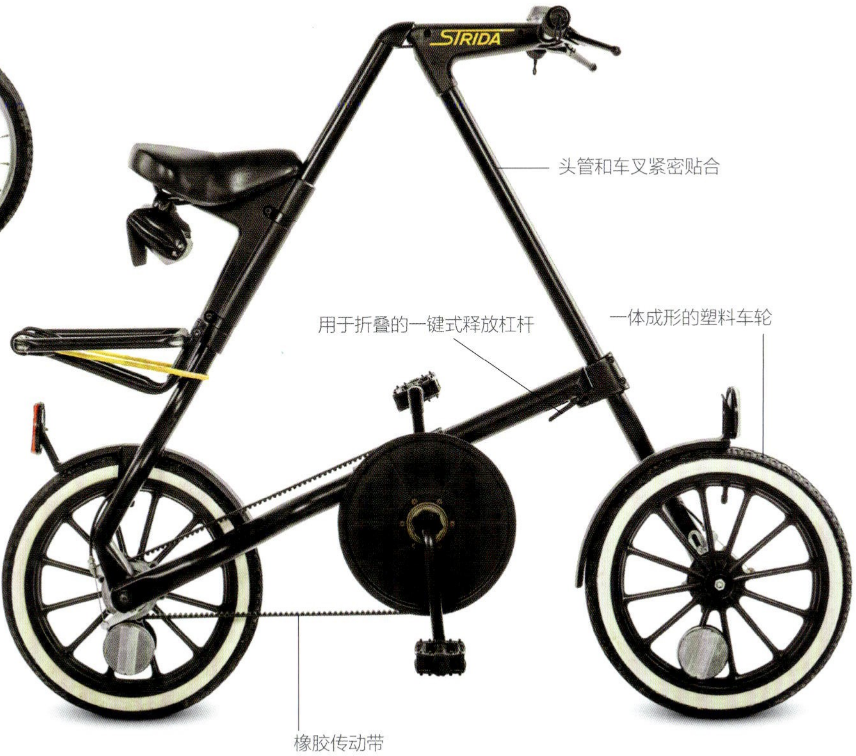

▷**速利达 1987**

起源 英国
车架材质 铝
传动装置 单速
车轮参数 16 英寸（40 厘米）

速利达（Strida）自行车主要针对城市骑手或者坐公交车上下班的人而设计。它的结构很简单，皮带传动。一键式折叠机构使得存放和维护也非常简单，而且车体轻便，很方便携带。

◁**“飞机身” 约 1980 年**

起源 英国
车架材质 铝
传动装置 3 速
车轮参数 16 英寸（40 厘米）

2008 年之前，这款自行车在一直在以小批量生产。全车用窄管制成，造型呈三角状。拉起座椅，骑车人的重量使得轮子前后分开，底管撑在车轴上，全车车身也就展开了。

▷**伊特拉塑料自行车 1980-1983 年**

起源 瑞典
车架材质 塑料
传动装置 3 速
车轮参数 27 英寸（68 厘米）

伊特拉代表了瑞典人的想法，即把注塑成型塑料引入自行车制造领域。这种激进的设计在发展过程中遭遇了许多问题：车身非常沉重，不好操作。该项目仅仅进行了 3 年就停止了。

NASS

狂热的机动越野运动在 20 世纪 80 年代初达到巅峰。有一段时间，几乎每个少年似乎都想拥有一辆越野自行车。车手们在不同地方向众多观众表演了令人难以置信的自由式特技。本图场景发生在德国，后来这些车手又参加了竞技比赛。比较典型的竞技是点到点的方式，赛道直接就是裸露的地面。车手们完成比赛，其间动作混合了下坡、上坡和坡道转弯。自由竞技自行车越野运动与滑板有很多相似之处。

自由越野小轮自行车

20 世纪 80 年代，自行车越野运动初具规模，规则更多样，各种国际性组织也建立起来。1981 年，国际越野自行车联盟成立，1982 年，该联盟在美国俄亥俄州的代顿市举办了第一届世界锦标赛。自行车越野运动和滑板一起在美国蓬勃发展。自由式越野骑手们利用抓住每一个机会表演大胆的特技，甚至在放空水的游泳池里进行练习。同时，随着这项运动逐步走向世界，越野自行车赛车的赛道也逐步开始设置在农场和公园中。在英国，哈尔福德（Halfords）公司以其自行车连锁店为基础，成立了第一家自行车越野俱乐部，并建造了首条自行车越野赛道。

△ **赫驰"杂耍明星" Ⅱ 20 世纪 80 年代**	
起源	美国
车架材质	钢
传动装置	单速
车轮参数	20 英寸（50 厘米）

赫驰（Hutch）"杂耍明星" Ⅱ 自行车的车架材质为电镀铝，外观涂装鲜红，是首批上市的自由式特技自行车之一，受到骑手的热烈欢迎。双顶管，链盘小，使得骑手在多种地域轻松站立骑行。

▽ **GT"表演者" 1985**	
起源	美国
车架材质	钢
传动装置	单速
车轮参数	20 英寸（50 厘米）

该车采用的 4130 铬钢自由式车架，经常与麦格公司（Mag）的三辐轮子一起销售，样子看起来不错，但缺乏强度。全车大多数零件都是挂牌 GT 的。"表演者"款自行车设计制造花了整整 15 年。

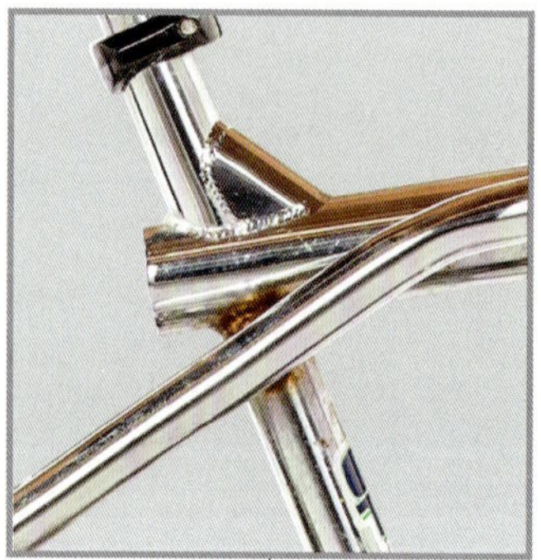

加强的车架

为了获得额外的动作响应，座管穿过顶管。车管的连接处用角撑板进一步加固。

无缠结刹线

前轮刹车缆线通过前叉。后轮刹车线穿过安装在舵管上的陀螺仪。这样，骑手就可以旋转车把做动作，又不必担心刹车线缠绕在一起。

◁施文“自由捕食者”进阶版 1987

起源 美国

车架材质 钢

传动装置 单速

车轮参数 20 英寸（50 厘米）

“自由捕食者”进阶版是一款高端的自由特技自行车，具有镀铬的立式平台和双位轮栓。前轮刹车线在前叉内侧，使得缆线碰不到轮胎。这辆自行车安装的是有 48 条轮辐的车轮，更加坚固。

▷哈罗 FSX 1987

起源 美国

车架材质 钢

传动装置 单速

车轮参数 20 英寸（50 厘米）

哈罗自行车采用三联钢结构框架，造价经济实惠。顶管非常规，前部是一根管，后部则带有两个分叉，这样就创造出了一个适合骑手站立的平台。鲍勃·哈罗开始为顶级自行车越野赛车手制作定制的车牌。哈罗的自由越野自行车队多年来一直主导着这项运动。

◁GT“眩晕”1988

起源 美国

车架材质 钢

传动装置 单速

车轮参数 20 英寸（50 厘米）

“眩晕”是一款入门级自行车，采用自由特技风格的设计，前叉和底管都是铬钢材质。它有为特技而设计的自锁后轮栓、陀螺仪，可以保证车把旋转 360 度而不会缠住刹车缆线。“GT”这个名字源于公司联合创始人加里·特纳姓名字头的缩写 (Gary Turner)。

休闲自行车

20 世纪 80 年代后期，一种新型的自行车悄悄地进入市场——全地形自行车。对于许多新车手来说，传统的休闲公路自行车似乎过时了，它们沉重且速度缓慢，虽然便宜，但骑行体验不佳。制造商也不再追捧往常的噱头，而是转向追求传统尺寸的车轮，并借用新式全地形自行车的设计思路，创造了后来被称为“混血儿”的设计。自行车依然作为每日代步工具，各项配备也日趋完善，比如后行李架、挡泥板以及适合混合地形的轮胎。这些装备使得骑手骑行时可以保持轻松、坐直的骑车姿势。

△ 施文“三轮车”1980

起源 美国
车架材质 钢
传动装置 3 速
车轮参数 前轮 20 英寸（50 厘米），后轮 16 英寸（40 厘米）

这辆三轮车是一款施文公司的实验车，但是没给公司赚到钱。它被设计成一辆购物车，在后部有一个行李架，但很难在狭小的地方转向。相比于两轮自行车，它在车库中还会占用更多的空间。

◁ 楚萨迪自行车 1983

起源 意大利
车架材质 钢
传动装置 3 速
车轮参数 28 英寸（70 厘米）

这款不同寻常的折叠自行车最初是为第二次世界大战期间的士兵设计的。它于 80 年代初由意大利时尚品牌楚萨迪（Trussardi）重新推出，在后部增加了鞍袋。全车用上了不少皮革件。

▷ 兰令“卡普里斯”1985

起源 英国
车架材质 钢
传动装置 3 速
车轮参数 26 英寸（65 厘米）

在 20 世纪 80 年代的英国，兰令是常见的自行车品牌，它有很多种休闲类自行车型，这些车型都配备了货架、挡泥板和脚架。“卡普里斯”款自行车还可以附加一个车篮子。

▽ **兰令“卡梅罗”1987**

起源 英国

车架材质 钢

传动装置 3 速

车轮参数 24 英寸（60 厘米）

作为带有传统跑车风格的自行车，卡梅罗造型粗犷，分量很重，但价格十分实惠。它由普通规格的钢材支撑,塑料车把、座垫和护链板都很有特色。

◁ **坎德尔“军校生”1988**

起源 英国

车架材质 钢

传动装置 8 速

车轮参数 28 英寸（70 厘米）

坎德尔公司“军校生”（Condor Cadet）有男女两款车型，是高档自行车。每天骑着它上下班，会有些许驾驭奢侈品的感受。轻便的运动款车架，使得骑行充满旅游风格。

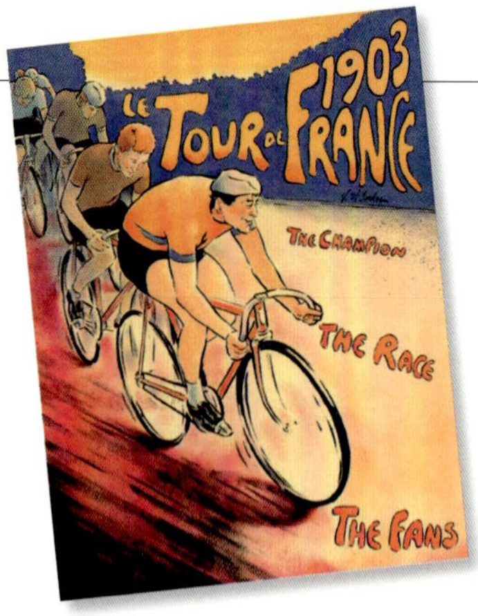

早期的自行车比赛催生了许多有吸引力的艺术作品

大型赛事

1989 年环法自行车赛

一年一度的环法自行车赛始于 1903 年，但 1989 年的比赛是有史以来竞争最激烈的。历经 21 个赛段、2041 英里（3285 公里）的比赛之后，第一名和第二名选手所用的时间仅仅差了 8 秒。

克雷格·勒芒是第一位获得环法自行车赛冠军的美国人。本来“第一位”的名分属于兰斯·阿姆斯特朗，然而后来他承认使用了提升成绩的禁药，所以所获 7 次环法赛冠军成绩都被一笔勾销。勒芒总共赢得了三届环法赛，1989 年这场是他第二次获得冠军，但是这场比赛最有戏剧性，也最难预料结果。

勒芒有着令人难以置信的天赋。他在 25 岁时就赢得了 1986 年环法自行车赛冠军，在 1987 年、1988 年的环法赛中分别获得第三名和第二名。他赢得 1986 年环法赛，一度被外界认为还能独领数年风骚。

然而，1987 年 3 月下旬，勒芒在美国加利福尼亚州的一次狩猎活动中意外地被误击。铅弹丸颗粒进入他的肺部、肝脏和肾脏，让他失去了 60% 的血液，并很有可能在 15 分钟内死亡。36 粒铅丸颗粒必须留在他的体内，因为取出它们实在太危险了。勒芒面临漫漫的康复之路，但他还是决心再次参赛。

参赛

勒芒一路上遭受了无数的挫折。就在 1989 年环法赛前不久，他还在贫血中挣扎。接受完治疗，他迅速恢复了体能和力量，并准备参加比赛。

第一、第二和第三

1989 年环法赛的核心是 3 名男子选手。勒芒穿着象征着胜利者的黄色背心，位居画面正中。左边是他的劲敌劳伦·费格农。佩德罗·德尔加多，是 1988 年环法自行车赛冠军，在费格农的左边，在这次比赛中最终获得第三名。

冲刺终点

最后一段赛程，是从凡尔赛到香榭丽舍大街。勒芒的平均时速达34.1 英里（54.5 公里），最终以 8 秒钟的优势赢得胜利，他所创造的这个速度纪录直到 2015 年才被打破。

“在疯狂喧闹的世界里，我就像一个让人揍晕的拳击手。”

劳伦·费格农。描述如何仅以 8 秒之差输掉比赛。

西班牙车手佩德罗·德尔加多是 1988 年环法赛冠军。在 1989 年赛事中，他一度被看好。然而，他在前两个赛段出了问题，花费了很多时间，丢掉的时间只有一部分能弥补回来。因此，即使德尔加多努力追赶，冠军也只会在另外两人之间产生：法国车手劳伦·费格农——1983 年和 1984 年冠军，此外就是克雷格·勒芒。

费格农在比赛前经历了艰难的几年，所幸最后终于以全盛状态回归。当年 6 月，他已经赢得了自行车三大巡回赛之一的环意大利自行车赛，他的状态延续到能够在 7 月的环法赛。

勒芒的表现也在改善，他有秘密武器。骑自行车的人一直都知道，风的阻力是他们加快骑行时的最大敌人，特别是单独骑行的时候，但是解决办法让一位滑雪者找到了。曾经担任美国滑雪队教练的布恩·列侬设计了一种名为“三车把”的装置，该装置可以用螺栓固定在标准车把上。它使车手可以采取类似滑雪的“团身”动作，比以往骑手们在计时赛中的标准姿势更有气动优势。

测试新设备

1989 年环法赛前，列侬找到了勒芒，请求勒芒测试他的发明。勒芒做了测试，确实能骑得更快。1989 年环法自行车赛，勒芒在第一个长程赛段就使用了“三车把”装置，结果穿上了黄背心。然后，他在比利牛斯赛段把黄背心输给了费格农，后来在阿尔卑斯赛段又重新把黄背心夺了回来，但很快黄背心再次易主。最后赛段开赛时，勒芒排在第二，仅比费格农落后 50 秒。

1975 年以后，环法自行车赛的最后一个赛段都是公路赛，有几段路还是环道，途经路线包括巴黎市中心的香榭丽舍大街。1989 年，情况发生了变化。法国适逢共和国成立 200 周年，所以赛事主办方决定纪念这一盛况，决定最后一程比赛是计时赛，起点在巴黎市郊的凡尔赛，终点设在香榭丽舍大街，赛程合计 15.5 英里（24.5 公里）。

勒芒使用“三车把”装置，采用新骑行姿势。而费格农使用通常的计时赛自行车，以及标准骑行姿势。费格农身上带伤，吃力骑行，自行车也不及勒芒的快。

勒芒确实更胜一筹：法国人费格农原本拥有的 50 秒领先优势，结果进入最后冲刺阶段时，被勒芒追了上来。最后冲刺时，勒芒又获得了 8 秒钟的领先优势，最后赢得了他运动生涯中的第二场环法赛。

重要事件

排行榜

第一名：克雷格·勒芒，美国
第二名：劳伦·费格农，法国
第三名：佩德罗·德尔加多，西班牙
积分赛：西恩·凯利，爱尔兰
山地赛：格特-简·朱尼丝，荷兰

赛程

1989 年环法自行车赛赛段涵盖 3 个地理区域，此外还有最终赛段的计时赛。第一个赛段，从卢森堡丘陵穿过比利时的阿登山脉。第二个赛段，从迪纳尔到波尔多，是平坦地段。然后是比利牛斯赛段，包含接下来横穿法国南部的三个平坦路段。之后选手们进入阿尔卑斯山区，最终移师巴黎，进行最后的决赛。

1989年的比赛

用深红色标记的是车手骑行路段，浅红色标记的是骑手的转场路段。

卧式自行车

1967 年，英国出生的工程师大卫·戈登·威尔逊组织了一场自行车设计比赛，一等奖授给了一种卧式自行车，导致人们对这种车型又产生了新的兴趣。威尔逊也因此加入了“阿凡达”项目（参见后文）。1976 年，国际人力车辆协会（IHPVA）成立于美国，也激发了大众对卧式自行车的兴趣，特别是那些带有流线型整流罩的车型。一年前的 1975 年，第一届国际人力速度锦标赛也是由美国举办的。1980 年，威尔逊将“阿凡达”车型带到德国，欧洲对卧式自行车的兴趣也蓬勃发展起来，同年“阿斯普罗”竞速锦标赛在英国布莱顿举行。这两件事，都促进了这类自行车的发展。

“这种休闲运动，或多或少地禁止了宅家不动。”

麦克·布罗斯，电视访谈，2007

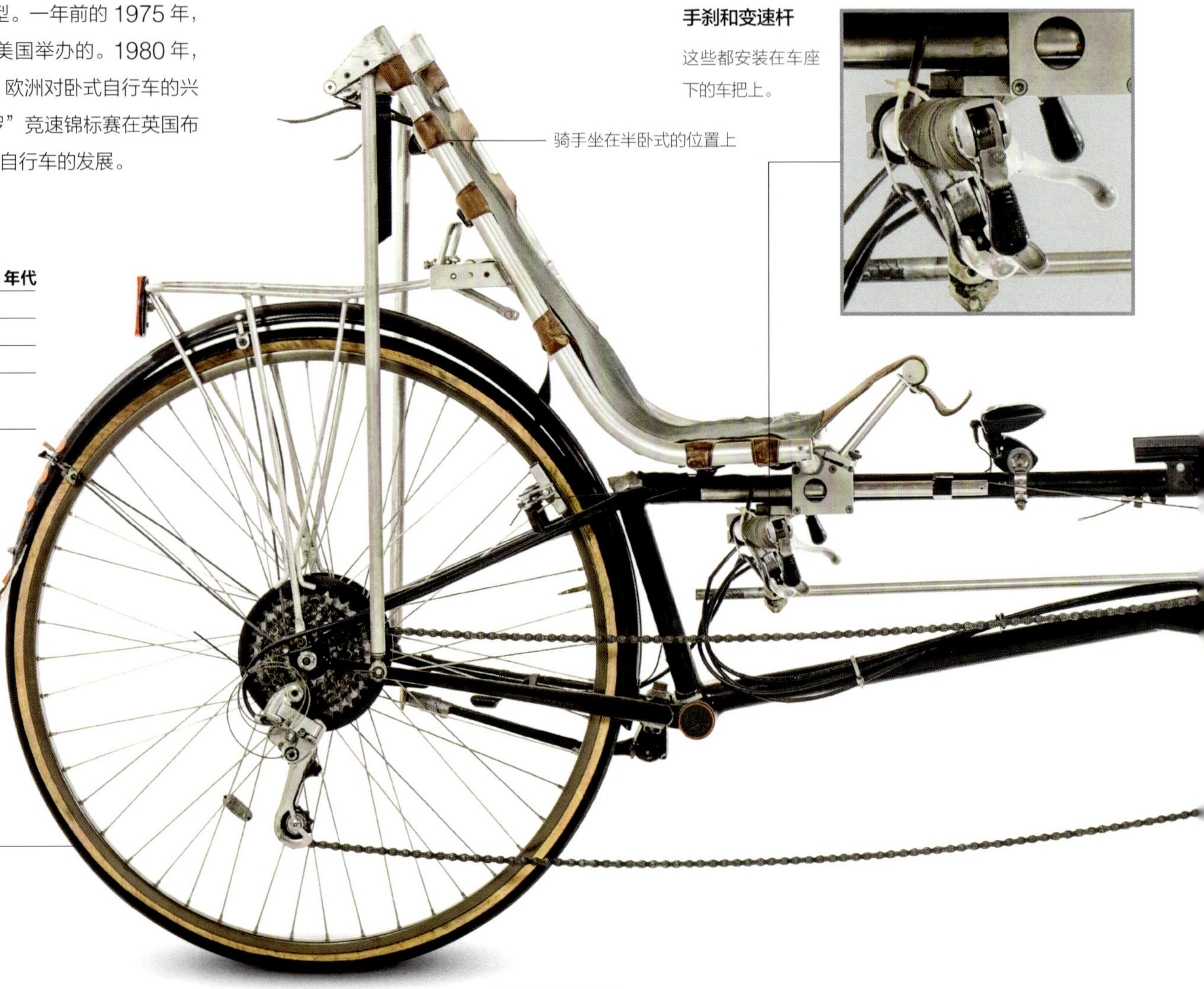

手刹和变速杆

这些都安装在车座下的车把上。

▷ FoMac “阿凡达” 2000　20 世纪 80 年代

起源	美国
车架材质	钢
传动装置	14 速
车轮参数	前轮 16 英寸（40 厘米），后轮 28 英寸（70 厘米）

“阿凡达”自行车是第一种在商业上让公众买得起的卧式自行车，在 20 世纪 70 年代后期首次推出。长轴距设计提供了舒适性，改善了空气动力学特性。人们对大卫·威尔逊、理查德·福雷斯特以及哈罗德·麦基朱斯基的设计赞不绝口，对卧式自行车的兴趣再度热络起来。1982 年，澳大利亚人蒂姆·加特赛德在美国“阿凡达蓝钟”赛上创下了时速 51.9 英里（83.5 公里）的世界纪录。

为速度而设计

1980 年的布莱顿速度锦标赛引发了快速型卧式自行车的发展热潮。麦克·布罗斯制造了第一辆竞速车“速比敌”（右，Speedy），作为训练三轮车，该车最后发展成为一辆成功的赛车，有时候还会配备整流罩。1990 年，英国兽医帕特·金驰骑着“豌豆”1 型卧式自行车，参加世界人力车（HPV）竞时赛，破了纪录。

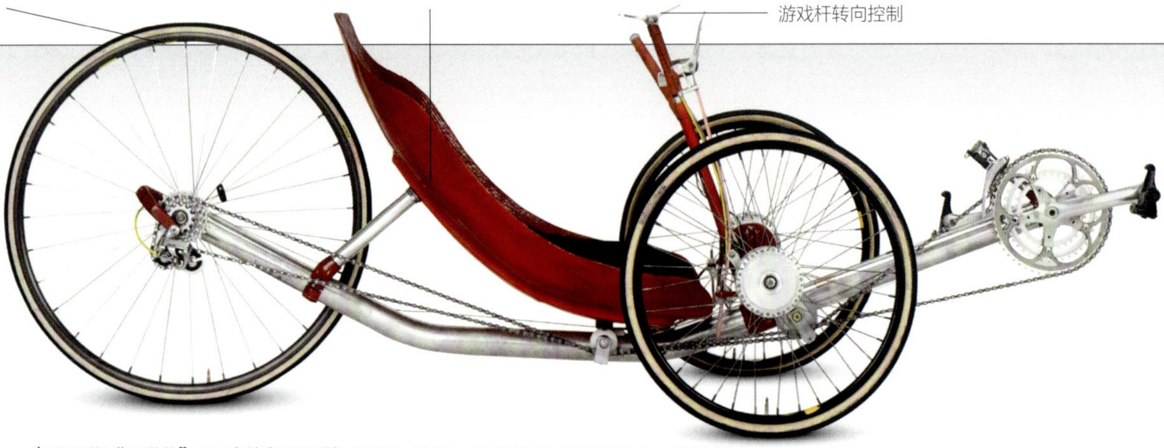

△ 布罗斯“风猎豹”SL 竞速车 M6 型　1987

起源	英国
车架材质	钢
传动装置	24 速
车轮参数	前轮 20 英寸（50 厘米），后轮 28 英寸（70 厘米）

这是一个“蝌蚪”形的三轮车，意味着它有两个前轮（有两个后轮的三轮车绰号叫“三角洲”）。1981 年，来自英国诺维奇城的麦克·布罗斯制造出了第一台竞速车。这款第六代版本配有一个玻璃纤维整流罩（本图未展示），使得它噪音有点大，但速度非常快。

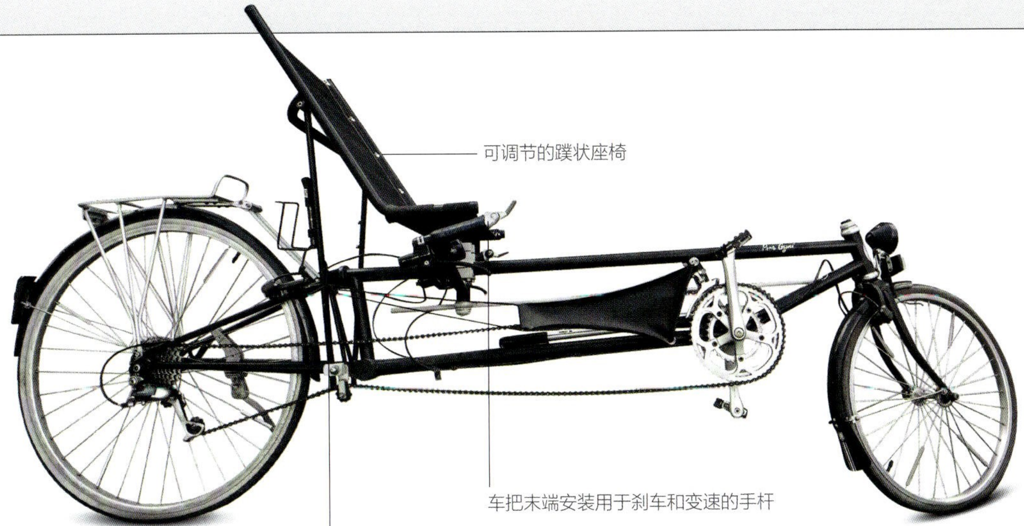

◁彰星 培尔·金特 20 世纪 80 年代

起源 德国
车架材质 钢
传动装置 21 速
车轮参数 前轮 20 英寸（50 厘米），后轮 28 英寸（70 厘米）

彰星公司（Radius）培尔·金特自行车，是一款经典的长轮距欧洲旅游卧式车，以其舒适的骑行体验和载重能力而闻名。后悬挂、液压刹车和发电照明灯，特色鲜明。然而它分量不轻，重达 42 磅（19 公斤）。

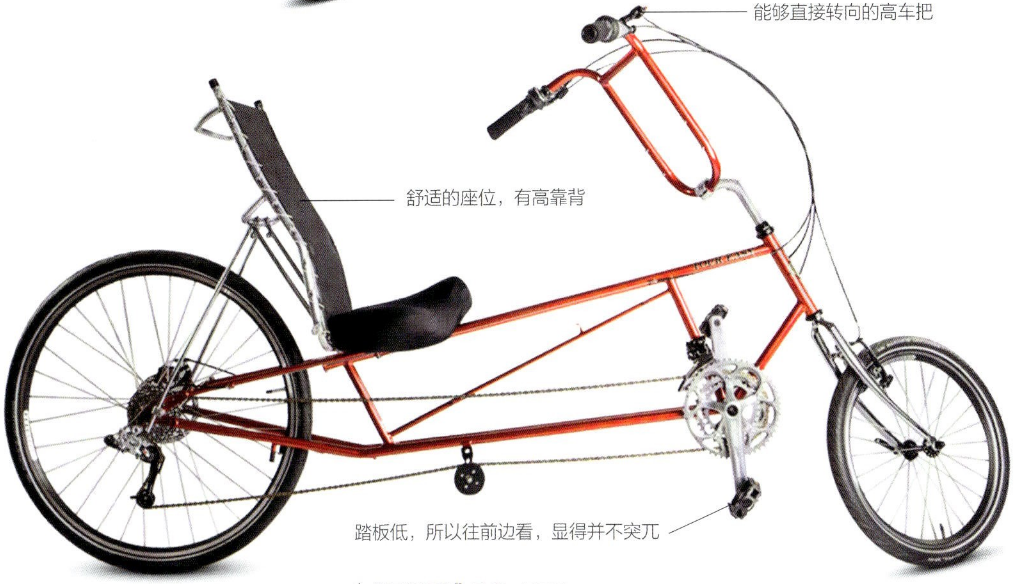

△"旅游轻松"卧车 1985

起源 美国
车架材质 钢
传动装置 24 速
车轮参数 前轮 20 英寸（50 厘米），后轮 28 英寸（70 厘米）

20 世纪 70 年代中期，美国加利福尼亚州的加德纳和桑德拉·马丁开始开发长轴距卧式车。"旅游轻松"卧车从打破速度纪录的赛车演变而来。在 1982 年和 1983 年的国际人力车速度锦标赛上，部分带有整流罩的"旅游轻松"车型赢得了验证车型竞赛。这款设计经典的自行车至今仍在生产制造。

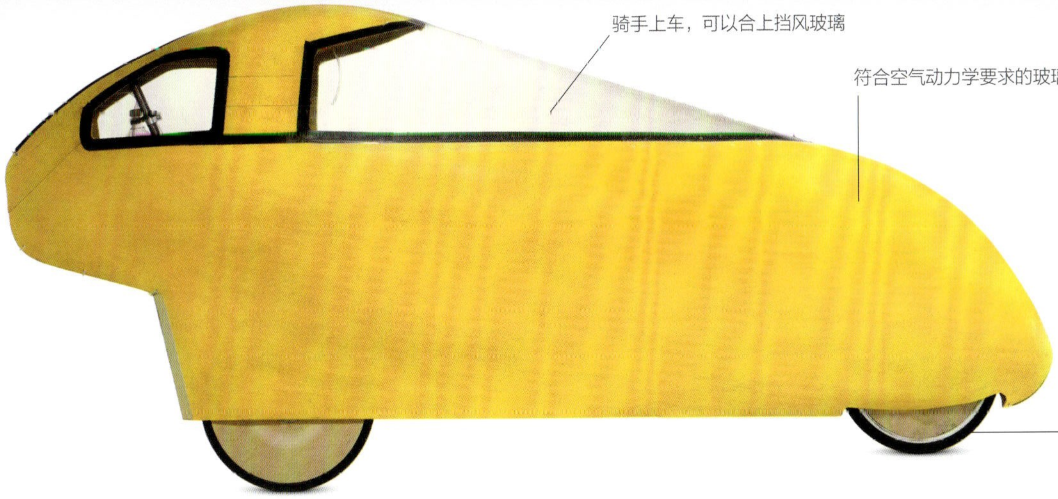

◁国王自行车"豌豆" 1990

起源 英国
车架材质 钢和玻璃纤维
传动装置 7 速
车轮参数 17 英寸（44 厘米）

金斯伯里家族来自于英国白金汉郡，父亲约翰和儿子迈尔斯造出了这款"豌豆"卧式自行车。流线型的玻璃纤维外壳浑然一体，不需要内部车架。为了尝试打破小时纪录，他们使用相同的壳模制造了车身拉长的版本，内部增加了钢质车架。

20世纪90年代

走向全球

43
1990
INTER
NATIONALE
FRIEDENS
FAHRT

走向全球

1989 年，柏林墙倒塌，紧接着苏联解体，对世界自行车界产生了惊人的影响。苏东剧变之前，东方集团国家的车手一直引领业余赛事的前沿，但一直被禁止参加环法自行车赛等专业赛事。一大批极具天分的专业人才来自高度组织化的俱乐部、大专院校、训练中心，同时接受过举国体系下严格的竞技体育训练。剧变后突然之间，这些人潮水般地涌入各级职业赛事，比如像乌兹别克斯坦短道选手德亚莫里丁 · 阿卜杜加帕洛夫，就赢得过最高级别的比赛。

冷战结束后，自行车技术也获得发展红利。钛这种贵重的金属，和钢的强度一样，而重量只有钢的一半。苏联原本大量储存钛，用于军事。苏联解体后，大量的钛金属开始用作商业目的。还有很多这样的航空级材料获得新生，例如用作高品质自行车的车管材料。

20 世纪 90 年代行将结束的时候，空气动力学的细化仍然保持着进步的节奏。自行车运动的管理机构——国际自行车联盟（UCI）采取对应措施，对骑手通过设备和骑行姿势获得的优势设置了限制条件。默瑟于 1984 年开始采用的骑行方法，被其英国对手格雷姆 · 奥布里和克里斯 · 博德曼升华为“超人”姿势——手臂全力向前伸展。UCI 更新规则，要求骑手必须使用传统的下弯式车把，也就是类似于艾迪 · 莫克斯在 1972 年比赛时用的那种。但是在 UCI 推出新规之前，奥布里和博德曼两已经创造了新的小时纪录。

△ 克里斯 · 博德曼以“超人”姿势骑行，1996 年

博德曼用一辆改装自行车创下了新的小时赛纪录，但随后成绩被取消。2000 年，他用传统自行车创造了新纪录。

“这是最终的考验——不堵车，一个人跟时钟竞速。我没有告诉自己要冲击纪录，但是我告诉自己，我要打破纪录。”

格雷姆 · 奥布里，1993 年小时纪录挑战赛

◁ 1990 年，为庆祝“冷战”结束，第 43 届国际和平赛在柏林举行。

重大事件

▷ **1990** 禧玛诺发布 STI 系统，这是一种组合了手刹和变速的装置。骑行时手不离把，就能实现变速。

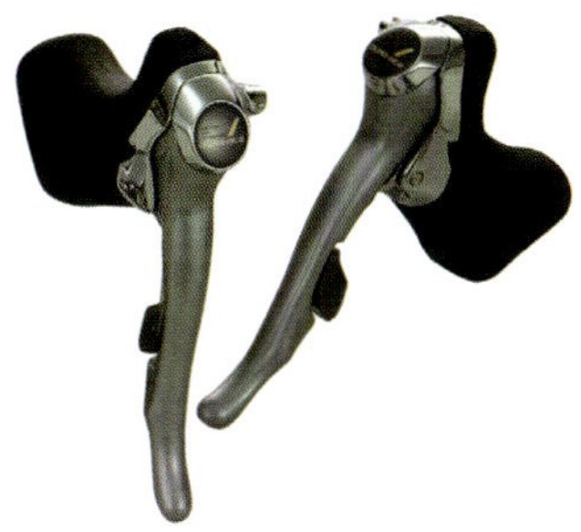

△ 禧玛诺全集成装置（STI）

禧玛诺 STI 结合了变速器和手刹，一经推出就在竞争激烈的车手中大行其道。

▷ **1990** 首届 UCI 山地自行车世界锦标赛在美国科罗拉多州的杜兰戈举行。

▷ **20 世纪 90 年代早期** 混合型自行车开始出现（“混血”），它们把山地自行车舒适的座位与公路自行车的速度和重量结合在一起。

▷ **1991** 悬挂车叉出现，它们专为山地自行车吸收上下颠簸而设计。在鹅卵石道路赛中，少数相关车型开始参赛。

▷ **1992** 崔克公司发布了 OCLV 车型，这是首批量产的公路自行车之一，车架完全由碳纤维制成。

▷ **1993** UCI 第一届世界越野锦标赛在荷兰举行。

▷ **1994** 第一款大规模生产的自行车液压碟刹——萨克斯“能量盘”（Sachs PowerDisc）问世，它大大改善了山地自行车的制动能力。

▷ **1996** 山地自行车运动成为奥林匹克项目。

▷ **1996** 克里斯 · 博德曼创下 35 英里（56.38 公里）的小时赛纪录，这是在 UCI 规则改变之前创造的最后一个纪录。

休闲自行车

20 世纪 90 年代，复古主义车型的发展趋势越来越强劲，这些车型采用了 20 世纪 30 年代、40 年代和 50 年代的自行车设计。制造商将生产中心转移到中国大陆和台湾地区，空前便宜的自行车出现了。他们提供的车型不仅具有复古魅力，而且价格实惠，其意义不是一辆自行车那么简单。然而，其他骑手会寻求更适合他们生活方式的现代设计，这意味着自行车不仅需要有出色的性能，而且可以被轻松地运输和存放。

△ **帕什利“普洛斯彼罗”20 世纪 90 年代**

起源	英国
车架材质	钢
传动装置	5 速
车轮参数	28 英寸（70 厘米）

这辆自行车的原始设计灵感来自英国帕什利公司的宣传册。“普洛斯彼罗”和它的女款“公主”自行车，都是用雷诺兹 531 钢管手工制造的，并配备了施图美 - 爱驰的 5 速变速器。

◁ **路霸“豪华班轮”20 世纪 90 年代**

起源	美国
车架材质	钢
传动装置	单速
车轮参数	26 英寸（65 厘米）

“豪华班轮”自行车是一辆 1948 年车型的复制品。其特征是：镀铬的喇叭箱和装饰条、前大灯、“减震大师”（Shockmaster）弹性前叉、侧柱“保险杠”。所有的这些配件，使得它看起来像是一辆“咖啡赛手”用的摩托车。（注：1938 年，伦敦 ACE 咖啡馆开张，年轻人骑摩托车比赛，从咖啡馆门口出发，看谁最先在电唱机放完音乐之前跑完一圈。这就是“咖啡赛手”的渊源。）

高性能小轮自行车

20 世纪 60 年代，车手们用莫尔顿小轮自行车打破了几项点对点竞速赛的速度纪录，还有人骑着它们进行长途旅行——甚至从英格兰一路跋涉、漂洋过海到澳大利亚。到了 20 世纪 90 年代，莫尔顿、百客无敌（Bike Friday）、“犀牛”（Airnimal）都制造了高性能的小轮自行车。许多小轮自行车可以进行拆分或折叠，便于通过空中、铁路或公路运输。

▷ **百客无敌“新世界旅行者”1996**

起源	美国
车架材质	钢
传动装置	14 速
车轮参数	20 英寸（50 厘米）

汉斯 · 舒尔茨为了满足自己的需要，在 1991 年建造了第一辆“百客无敌”自行车。对已有的自行车设计，他不想将就，想要“一辆可以随身携带的高性能自行车，而且没有不方便的地方”。自 1992 年以来，各种车型生产出来，用于运动、越野、通勤或旅游。

减震座垫

这款自行车以让人们最舒适为目的而设计，配备了经典的弹簧座垫。

低传动比

这款自行车的超大车轮意味着小齿盘要降低传动比，使其能够从起步时就能发力蹬车。

▽ 寇克自行车公司“沙滩怪物”1998

起源 美国

车架材质 钢

传动装置 单速

车轮参数 39 英寸（100 厘米）

20 世纪 90 年代，旅游沙滩车复兴。此背景下，这款自行车的发明得到了赞誉。宽大的车轮，以及 30 英寸（75 厘米）宽幅车把，为骑手提供了舒适的体验。独特新奇的车轮尺寸非常流行，使得这款自行车至今仍在生产。

◁ 阿莱克斯 莫尔顿 AM7 1997

起源 英国

车架材质 钢

传动装置 7 速

车轮参数 17 英寸（44 厘米）

莫尔顿太空车架系列于 1983 年推出，AM7 款是推出的原型旅行自行车。车架由雷诺兹 531 管材制成，非常坚固，可以通过中心连销分解成两部分。这里展示的相似车型是是 2009 年推出的限量版。

捷安特 - 禧玛诺队参加 2014 年公路自行车世锦赛

大型制造商

禧玛诺

作为日本 20 世纪初产业现代化的生成物，禧玛诺（Shimano，岛野）已成为世界上最大的自行车零部件制造商。禧玛诺可以生产制造所有自行车零件，从变速器到刹车，从车轮到踏板。作为组装自行车公司的最大供应商，禧玛诺提供原创部件，更为自行车的功能和设计树立了参考基准。

禧玛诺作为业界大咖，起步于日本大阪的一个小型机床加工车间。那个车间尺寸只有 430 平方英尺（40 平方米），仅有一台车床，还是借来的。1921 年，岛野庄三郎（Shozaburo Shimano）在这个小车间创业，他是一位 26 岁的工程师，有多年在自行车零件工厂工作的经验。禧玛诺，即中国市场对“岛野”（Shimano）发音的汉语音译。

岛野庄三郎
（1894—1958）

日本自行车产业当时成长很快，岛野庄三郎近水楼台先得月，开始创业，生产自行车单件——飞轮。飞轮是当时自行车上最复杂的部件，已经存在了几十年，改进所需技术也已经成熟。岛野将其确定为关键部件，于 1922 年发布了禧玛诺 333 单速飞轮，立即获得市场成功，从 1930 年开始出口中国、朝鲜和东南亚。到 1940 年，公司的规模已经发展壮大，已有员工大约 300 名，并在 1945 年将自行车轮毂添加到生产线中。

20 世纪 50 年代，禧玛诺开始制造整车，但是这段生产实践为时很短。50 年代后期，公司进入快速增长期：1956 年生产出第一个变速器；一年后推出第一个 3 速内轮毂。同时，禧玛诺也在探索新兴的制造技术。在 1957 年的一次贸易博览会上，岛野庄三郎了解到冷锻技术（一种在室温下压制金属部件的方法），立即意识到该技术对生产制造高精度工程部件的巨大潜力。在科学家的协助下，岛野与日本工业界联手合作，一马当先，引领了制造所需的规程。

随后，禧玛诺公司开始走上世界自行车制造业的舞台，1962 年在美国与哥伦比亚自行车公司签订了第一个合同，后者是美国第一个自行车公司，很有年头。不久，其他公司也向禧玛诺打开了大门：60 年代，施文公司在美国最受欢迎，它订购了禧玛诺制造的飞轮。1965 年，禧玛诺在纽约开设了分公司。公司的第一款畅销产品是“云雀”（Skylark）后变速器，为禧玛诺在上世纪 60 年代的国际业务增长出了大力。“云雀”于 1967 年发布，其设计与当时竞争对手的变速器有共同之处，但它的换档装置更加耐用，传动更精确。

一键刹车

1984 年，Dura-Ace 组件首次采用禧玛诺 SIS 定位变速系统。

20 世纪 70 年代初，位于日本下关的山口工厂开业。该厂设计生产倒轮刹车，这时的禧玛诺已经成为世界上最大的自行车工厂。

禧玛诺公司总部

酒井智能工厂的长廊，可向客人展示高科技生产设备。

得益于在美国市场的强劲销售业绩，禧玛诺开始进入自行车行业的各个领域。公司生产的童车和多用途自行车确实不错，但巡回赛和公路赛自行车市场却是难以捉摸的。尽管如此，1973 年禧玛诺还是推出了 Dura-Ace 组件，正式进军公路赛车市场，并瞄准了市场顶级水平，该市场一度是竞争对手坎帕尼奥洛、“马威客”和呼热图公司主导的天下。早前，坎帕尼奥洛已经证明：给职业自行车队提供的骑行装备，业余票友也需要，因为他们把职业选手看成英雄，装备也得跟英雄一样。

开发用于恶劣赛道条件下的部件也带来了技术上的进步。技术上的创新成果首先由专业赛车手检验，这种方法也逐渐被禧玛诺应用起来。比利时弗兰德里亚自行车队在一场自行车秀上看到该公司的 Dura-Ace 组件之后，在 1973 赛季大胆使用了该组件。虽然禧玛诺的组件在功能和美观上都逊于对手坎帕尼奥洛的产品——被其他球队使用的“新纪录”组件——但是，弗兰德里亚车队仍然赢得了环法自行车赛的两个赛段，车队的年轻明星弗雷迪·米尔腾斯在巴塞罗那举行的世界公路锦标赛中排名第二。

禧玛诺标识

虽然大多数骑手仍然使用坎帕尼奥

333 飞轮 1922

1921 岛野庄三郎在日本大阪府堺市开设“岛野铁工所”。

1945 制造其第一款自行车轮毂。

1956 生产其第一款后变速器，带有“333”品牌标志。

1957 产品线上添加了内轮毂。

1960 生产厂安装了冷锻设备。

1961 在纽约的国际贸易展览会上展出其 3 速内部齿轮轮毂。

“云雀”后变速器 1967

1964 与美国布劳恩工程公司签署技术援助协议，以完善冷锻工艺。

1972 在西德的杜塞尔多夫成立了禧玛诺欧洲公司。

1973 第一个海外生产基地在新加坡开启。

1973 成为第一家为环法自行车赛车队提供零件的亚洲公司。

80 年代 为越来越多的小轮车运动生产踏板、刹车片和轮毂。

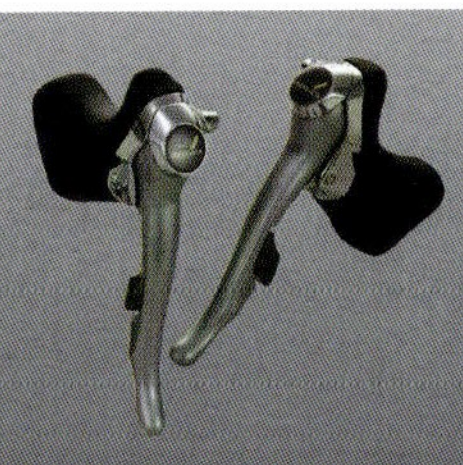

Dura-Ace 双控手把 1990

1982 推出“得有力”XT（Deore XT）山地自行车组件。

1984 生产出定位变速系统（SIS），技术完善，链条换挡一杆搞定。

1988 美国车手安迪·汉普斯顿（Andy Hampsten）赢得环意自行车赛（Giro d'Italia）冠军。在大型巡回赛上，这是选手首次使用禧玛诺设备获得胜利。

1989 生产出其第一种山地自行车控制组件“火速”全集成系统（STI），将变速器和手刹组合在车把上。

XTR Di2 后变速器 2015

1990 推出首款公路自行车全集成系统（STI），整合了传动和制动功能。推出“踏踏动力”（SPD）无趾夹踏板。

2000 在其山地自行车部件系列中增加了液压式碟式刹车片。

2002 第一次！使用禧玛诺装备的车手在世界三大巡回赛中登上领奖台。

2008 Di2 电子变速系统发布。

为速度而造

汤姆·杜姆林身穿荷兰全国冠军队服，在 2014 年计时赛中使用禧玛诺的变速传动装置。

“更贴近自然，更接近人。”

岛野容三 禧玛诺公司总裁

越野电子产品

XTR Di2 变速系统比其公路车版本更有力道，以确保在恶劣条件下实现平稳换档。

洛提供的意大利时髦零件，但禧玛诺的零件也已慢慢渗透进专业队伍之中。新的设计，例如 1978 年推出的飞轮毂，以及 1984 年推出的定位装置，都展示出禧玛诺在不断创新，并且成功地领先了日本其他的制造商。1989 年，禧玛诺永久改变了自行车变速器的形态，推出全集成（STI）自行车传动概念，其特色是采用双控手刹和变速杆，首次把刹车和变速组合为附着于车把上的单独元件。骑手不用从车把上倒手，就能够进行变速操作，甚至可以同时换挡和刹车。这改变了专业自行车骑手参赛的方式，自由换档、快速加速，使得骑手更为自如。对于娱乐车手来说，安全性的提升，构成一大卖点。竞争对手纷纷复制了禧玛诺的创新理念。

自 20 世纪 90 年代以来，禧玛诺巩固了其产品在各种骑行市场中的世界领先地位。通过大量投资研发，禧玛诺造出了针对各个行业的产品，并通过其数字集成智能（Di2）电子变速系统推动技术发展。如今，全世界自行车年产量的近一半都装备了禧玛诺的零件。

高性能部件

Dura-Ace 7900 于 2008 年发布，标志着组件新标准的出台。它的曲柄组更轻、更硬，跟之前相比换挡变速更轻松。

碳纤维赛用自行车

20 世纪 90 年代是高端自行车行业的顶峰时期。铝取代了钢铁的地位。碳纤维材料造就巨大转变，让车架比以前的更轻更结实。传统的菱形车架开始被单体式结构所取代，让底盘和外观设计获得了更大的自由度。最大的进步在于符合空气动力学特性的车架组件出现了，它们具有翼状车把，车架后部则抱合车轮。禧玛诺全集成系统（STI）和坎帕尼奥洛“功量能”（Ergopower）组件整合了变速和手刹功能，传统的下管变速杆日渐没落。

△ **克雷格 · 勒芒款 TVT　1992**

起源	法国
车架材质	碳纤维 / 碳合金
传动装置	16 速
车轮参数	28 英寸（70 厘米）

从 20 世纪 80 年代中期开始，TVT 公司生产了首批用于制造自行车车架的碳管。1992 年，TVT 推出了套接了碳纤维管的抛光合金管接头，此外还推出了包含三角刹车系统（Delta）的坎帕尼奥洛套材。

▽ **歌利马“彪马”公路自行车　20 世纪 90 年代**

起源	法国
车架材质	碳
传动装置	单速
车轮参数	28 英寸（70 厘米）

歌利马公司位于法国南部的德龙省地区，最早以制造气动碳刹车盘出名，后来又造出了闻名的车架。”彪马”采用全碳单体硬壳式跑车架，与英国克里斯 · 博德曼 1993 年破小时纪录所用的自行车非常相似。

踏板

无夹踏板，固定技术与滑雪板相同。

◁罗钦自行车 约 1990

起源 意大利

车架材质 碳

传动装置 18 速

车轮参数 28 英寸（70 厘米）

罗钦自行车公司成立于 1974 年，以其精致的钢制车架而闻名。到 20 世纪 80 年代末，公司开始使用杜邦碳纤维管生产车架，管接工艺精良，非常吸引眼球。

▷捷安特 Codex 980c 约 1995

起源 中国台湾

车架材质 碳

传动装置 16 速

车轮参数 28 英寸（70 厘米）

捷安特是第一批提供价格合理的碳纤维公路自行车的品牌之一。它有 8 根碳管，用铝合金接头连接接在合金前叉上。禧玛诺超值的 105 套组件，则使得价格很公道。

◁梅花 C40 1998

起源 意大利

车架材质 碳

传动装置 18 速

车轮参数 28 英寸（70 厘米）

传奇的 C40 全碳纤维自行车于 1993 年上市。极其精美的外观设计，是专业大集团的连续性的成功。它名称中的“C”代表碳（Carbon），而“40”代表梅花自行车的累计生产年数。

▷路客 KG196 20 世纪 90 年代

起源 法国

车架材质 碳

传动装置 16 速

车轮参数 28 英寸（70 厘米）

20 世纪 90 年代初，一体成形的硬式碳纤维车架以同样材质的管头取代了管身。KG196 独立潮头，充满未来感。该型号配有早期的禧玛诺 Dura-Ace 全集成组件。

“莲花”108

“莲花”108自行车外形流畅，视觉充满攻击性，气动设计非常激进。1992年它一出场，就轰动了巴塞罗那奥林匹克赛场，时至今日，其视觉冲击力与那时一样让人惊艳。特立独行的麦克·布罗斯连同摩托车行家莲花工程公司秘密设计了这款车型，其碳纤维一体成形车架以及风洞试验，让竞争对手望尘莫及。倘若不考虑约定俗成的自行车设计惯例，究竟能设计出什么样的自行车？看看“莲花”108或许就明白了。

英国自行车手一度连续72年没有拿过奥运会名次，这一零蛋纪录是让克里斯·博德曼结束的。博德曼车轮滚滚，坚忍不拔，勇夺4000米比赛金牌，可是人们却把大部分注意力集中在他的那辆高科技“超级自行车”上啦。

“莲花”108自行车的设计来自天才的英国工程师麦克·布罗斯。碳纤维有让人难以置信的强度，而且轻巧，可以塑造成任何形状，所有这些潜力被布罗斯迅速领会到，他于1986年开发了“风猎豹”（Windcheetah）碳纤维悬臂式自行车。

1990年，国际自行车联盟（UCI）放宽对自行车设计的限制规定，允许使用硬壳式车架——车架一体成形，而不是像过去那样运用多个连接管。最高级别的比赛就是奥运会，布罗斯发现了证明自己设计的机会。莲花工程公司，是一家制造赛车的运动设备公司，倡导更高速的骑行风格，他们的产品也更轻、更结实，完全匹配英国自行车行业的目标理念。布罗斯联系到莲花公司，双方一拍即合。布罗斯把“风猎豹”概念车进一步完善，新车型的前叉是单独的刀片状，经一体成形压模而成，外形非常类似于飞机机翼，截面轮廓也跟机翼那样是泪滴形状。前叉与单体式后叉座互相呼应，构建出一个非常狭小的迎风面，尽其所能创造出了一个气动优化的流线体车身。

规格参数	
起源	英国
设计师	麦克·布罗斯/莲花工程公司
时间	1992
车架材质	碳纤维复合材料
传动装置	单速
制动	没有
车轮参数	28英寸（70厘米）
重量	约20磅（9公斤）

合金材料贴合至碳纤维车架之中。前叉、车轮、曲柄和座垫，连接无忧

管状轮胎

碳纤维碟式盘轮

“它和谁都不像，人们以前从未见过。”

克里斯·博德曼这样描述他的108型自行车

莲花标识

特色鲜明。顶部图案来自其创始人之一安东尼·科林·布鲁斯·查普曼（Anthony Colin Bruce Chapman）名字的英文首字母。1952年，他与柯林·达尔一起在伦敦成立了汽车公司。

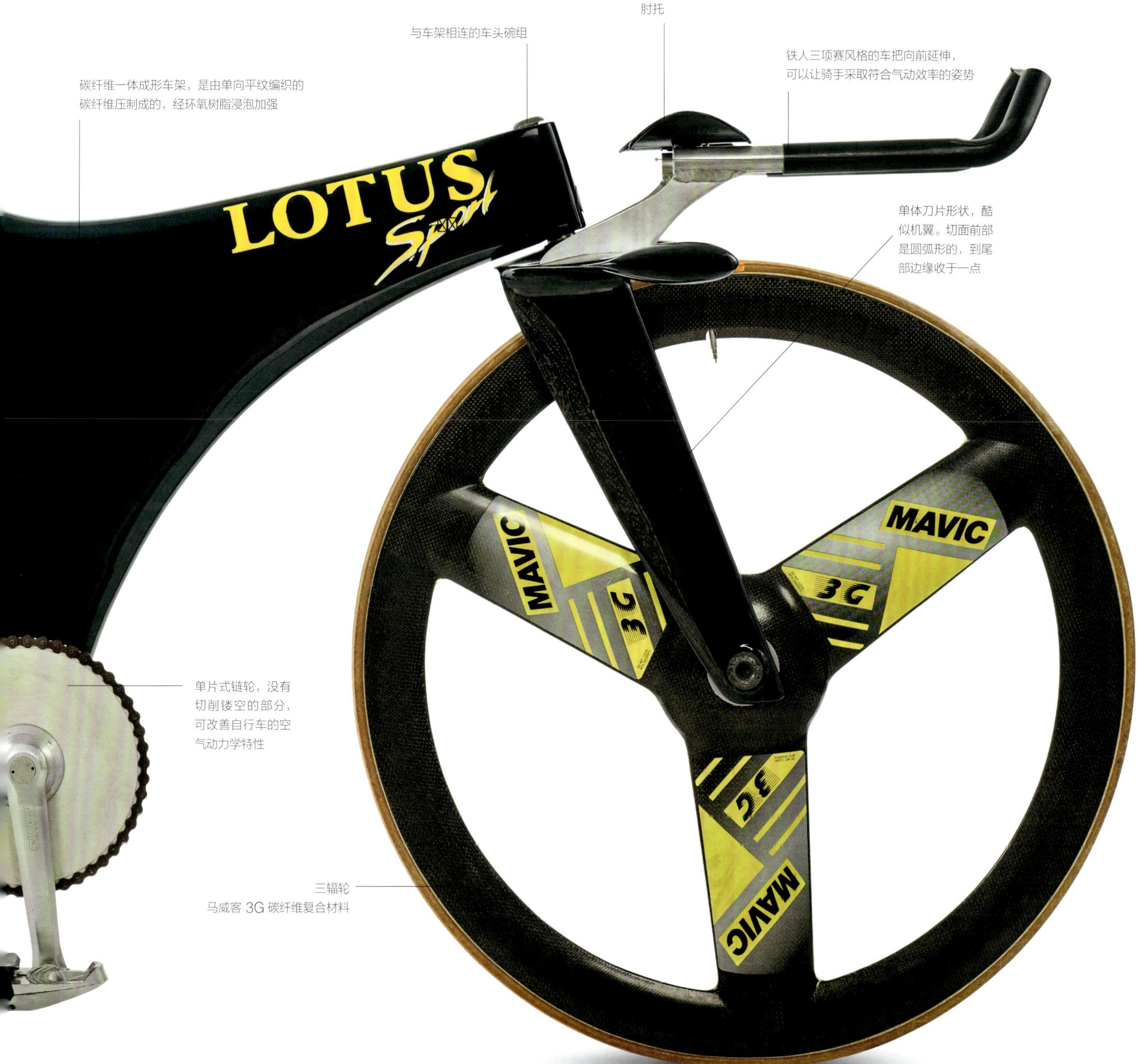

部件

虽然 108 款自行车最引人注目的特征是车架，但其实每一个零件都是经过精心挑选的——在某些情况下，还需要量身定制，在那些重量轻、空气动力学性能好的零件上花心思。为了符合“莲花”108 自行车独特的设计要求，法国零件公司马威客提供了定制的轮毂。轮子能够直接安装到与车身和刀片式前叉相连的车轴上。

1. 圣马可皮座垫 2. 盘形后轮，设内凹槽，便于接触到充气气门 3. 无夹踏板，及马威客曲柄 4. 优雅的碳纤维车架 5. 固定链轮传动（死飞轮）6. 马威客三轮辐前轮 7. 安装在前把上的肘托 8. 用碳纤和钛制成的复合材料车把 9. 鱼雷形车把非常小，需要三根手指抓握

4

1

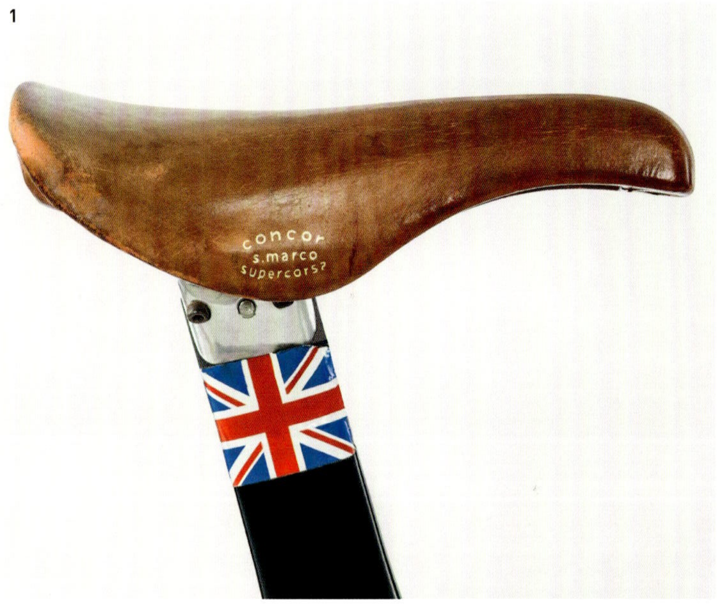

2

3

5

7

8

6

9

高性能赛用自行车

日本零件公司巨头禧玛诺公司领衔的技术进步令人兴奋。使用下管上的小杠杆进行换档，已经被迫进入尾声。到 20 世纪末，使用组合式刹车、变速杆进行变速，已经成为了常态。山地自行车的前瞻性设计一直引领潮流，最终公路自行车也随之改变。碳纤维已然后来居上，成为首选的车架材料，而手工制造的钢车架却仍需面临铝和钛材料的激烈竞争。空气动力学特性也被更多考虑到了自行车设计中，包括隐藏的刹线，V 形轮辋和减小的迎风面积。

△吉奥 紧凑型升级版 20 世纪 90 年代

起源	意大利
车架材质	碳
传动装置	14 速
车轮参数	28 英寸（70 厘米）

这款简洁型的自行车，它的后三角车架配有可调的钩爪，后轮可略微向座位杆到那边移动，目的是提供舒适的骑行。醒目的蓝色镀铬表面处理工艺为全车增色不少增加了。

◁“香蕉 - 猎鹰”车队职业赛车 1991

起源	英国
传动装置	钢
齿轮参数：	16 速
车轮参数	28 英寸（70 厘米）

车架采用雷诺兹 731 管材制作而成，这是当时最轻的钢管。这款自行车使用禧玛诺的 Dura-Ace 组件，配备了革命性的组合式刹车和换档手柄。

▷美洲狮“低姿态”TT 1992

起源	英国
车架材质	钢
传动装置	14 速
车轮参数	28 英寸（70 厘米）

在椭圆形管材出现之前，像“美洲狮”这样有精美钢架的车型是最好的。尽管其车架比标准车架更少考虑气动设计，但即使静止不动，它看起来也仿佛自带着很快的速度。

◁艾伦 公路自行车 20 世纪 90 年代

起源	意大利
车架材质	铝
传动装置	18 速
车轮参数	28 英寸（70 厘米）

艾伦自行车看着很特别，用阳极氧化管材装配了车架，而管材本身又用螺丝固定在粗犷的铝制接头上。采用坎帕尼奥洛组件，配以早期的深缘、气动造型的车轮。一辆快速、现代化的自行车就这么造出来了。

▽ **梅花“钛”TT 1995**

起源 意大利
车架材质 钛
传动装置 18 速
车轮参数 28 英寸（70 厘米）

钛轻便且不易生锈，但在 20 世纪 90 年代后期，价格仍然很昂贵，并且在工艺上难以焊接出自行车车架，因此输给了大规模生产的碳车架。可纳哥的梅花公司推出的“钛”自行车，罕见、独特，而且不生锈。

“对我来说，做出很棒的自行车很容易，因为那是**我一生都在做的事。**”

埃内斯托 · 可纳哥，2007 年网上访谈

后轮刹车钳

禧玛诺 Dura-Ace 高质量后刹车，由阳极氧化冷锻铝制成。双枢轴设计采用轴套涂层，减少了刹车摩擦力，利于平稳制动。

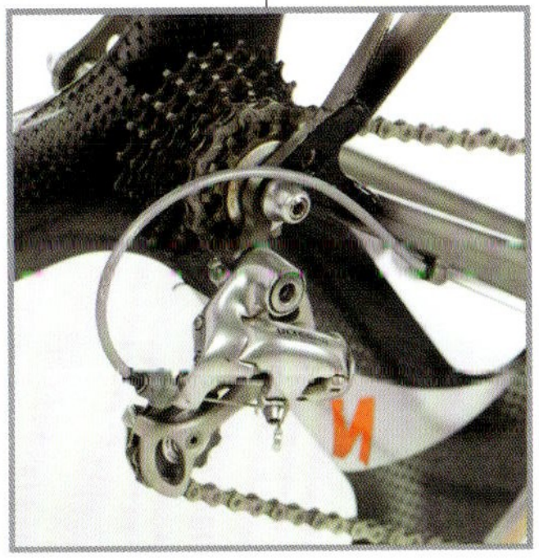

后变速器

禧玛诺制造的 9 速后，将后导轮（张紧轮）罩于一个短罩中，这种短罩专门搭配小传动比的飞轮。

梅花标识

传统上，黄铜或合金徽章安装在自行车的前部。为了减轻重量，用带有可纳哥梅花（最著名的标志之一）的浅色贴纸来代替。

车把

气动型车把，使得骑手骑行时身体向前“卷起”，可以在 25 英里（40 公里）计时赛中节省出高达 90 秒的时间。

轻量级赛用自行车

随着铝成为造车架的首选金属，那些传统的车架制造商，以及这个存世已经 100 多年的小众产业，终于进入了悲惨的衰落期。铝套材可以批量生产，比钢更轻、更实惠。氩弧焊接的铝制车架生产迅速，并且逐渐外包给遥远的东方制造商，他们生产质量更高而支付的工资更低。骑手们舍弃了钢材料，转而选择更轻便、更便宜的车架，尽管钢铁仍然可以吸引那些注重骑行质量、多样造型以及奢华感的车手。

△ **加能戴尔“标准赛”20 世纪 90 年代**

起源	美国
车架材质	铝
传动装置	16 速
车轮参数	28 英寸（70 厘米）

加能戴尔的铝合金赛车车架在 20 世纪 90 年代初很流行。它们很轻便，并具有抗颠簸路面的能力。这款“标准赛”车型属于短途赛车，配备法国马威客组件和杆端变速杆。

◁ **皮纳雷洛·蒙特洛“科洛姆雷托”1990**

起源	意大利
车架材质	钢
传动装置	14 速
车轮参数	28 英寸（70 厘米）

这个车型配有由哥伦布管材制成的轻质钢车架，以及高质量的坎帕尼奥洛组件。“科洛姆雷托”（Cromovelato），这个名字原意指的是车架表面处理工艺，镀铬层上涂了薄薄的一层油漆，使之看起来十分光亮润滑。

▷ **保时捷“卡雷拉”队 复刻版 20 世纪 90 年代**

起源	意大利
车架材质	钢
传动装置	18 速
车轮参数	28 英寸（70 厘米）

这辆赛车的车架由最新的尼瓦克鲁姆（Nivacrom）合金管材制成，这种添加镍、钒和铌的合金钢材到 20 世纪 90 年代中期仍在使用。短身管接头、插入式座杆和全镀铬前叉，完美无瑕地搭配在一起。

▽ **戴夫 劳埃德 650 1992**

起源	英国
车架材质	钢
传动装置	16 速
车轮参数	26 英寸（65 厘米）

职业自行车手委托车架制造商戴夫·劳埃德，创造出了这个重量更轻的小轮 650 车型，以此来提高加速性能。该车架使用雷诺兹 753 管材，采用圆角钎焊工艺，同时采用了深轮车圈和坎帕尼奥洛组件，使其成为快速的比赛自行车。

坎帕尼奥洛传动系统

双链轮与 5 速的后飞轮配对，因此一共有 10 个变速齿轮。后轮采用快速释放轮毂，可快速更换轮胎。

▷ **“大力神”计时赛自行车 1995**

起源	德国
车架材质	铝
传动装置	18 速
车轮参数	28 英寸（70 厘米）

这辆专业的时间试验自行车有机翼形状的座管和下管。在比赛中，“大力神”自行车通常会在后面安装一个碟式车轮。这辆自行车配有一套禧玛诺 Dura-Ace 链轮组，配以一圈实心轨的链条。在狭窄的“三车把”把位末端，是变速杆。

旅行自行车

将衣服、粮食或者帐篷放在自行车上，骑着这样一辆自行车去度过一年一度的节假日，这样的生活方式对骑行者逐渐地失去了吸引力，自行车产业以制造更多样的车型回应市场需求。较轻便的车型不再安装传统旅行自行车上标准的挡泥板和行李架。这可能带有点复古风，但却是因为许多人只需要一辆舒适的自行车，能够全天骑行就行，不需要考虑恶劣天气或夜晚等情况。各种各样的变速齿轮搭配着三重链条，导致齿轮数量也明显增多，这种搭配对于各型旅行自行车来说也变得很常见。

▷ 锦木"威信"1990

起源	日本
车架材质	钢
传动装置	16 速
车轮参数	28 英寸（70 厘米）

"威信"自行车，日本手工制造，使用铬钼合金双接管材。全车具有定制款的外观，制造匠人技术高超。该车配有挡泥板，前叉和后叉之间有着足够的空间，即使安装上挡泥板，也能保证轻便旅行。变速器和链条组件来自禧玛诺公司。

◁ 加能戴尔 T700 1995

起源	美国
车架材质	铝
传动装置	24 速
车轮参数	28 英寸（70 厘米）

加能戴尔旅行自行车因其结实而轻质的铝合金车架而备受赞誉，其前后支架、水壶架和挡泥板均有多个安装点。变速装置是禧玛诺公司生产的，采用三重链条组。满载刹车时，禧玛诺 V 型刹车系统表现出色。

▷ 诺瓦拉"胜利"1993

起源	美国
车架材质	钢
传动装置	16 速
车轮参数	28 英寸（70 厘米）

"胜利"自行车设计于美国，由中国台湾制造，是一个时代的标志。从这个车型开始，车架制造就转包给了远东的企业，使得成本变得更便宜。它使用丹下公司的管接工艺，更像是一辆运动自行车而不是旅行自行车，但平滑的车架和车轮，使得全天骑行也没问题。

▷ **克劳德·巴特勒“大司马”20 世纪 90 年代中期**

起源	英国
车架材质	钢
传动装置	27 速
车轮参数	28 英寸（70 厘米）

“大司马”（Dalesman）是为长途旅游而设计的自行车，来自著名英国品牌，配备了挡泥板、机架和防爆轮胎。在载重很多的情况下，双手也可以用副把变速，比起竞速自行车的刹车变速一体杆（STI）更便宜，而且性能可靠。

▽ **普利司通 RBT 20 世纪 90 年代中期**

起源	美国
车架材质	钢
传动装置	24 速
车轮参数	28 英寸（70 厘米）

20 世纪 90 年代，美国普利司通公司推出，并授权日本制造自行车，格兰·彼得森是这些高品质自行车的设计师，极具天赋。他重新让这款公路巡回赛款自行车（RBT）具备了豪华的外观，钢制车架和前叉，显得全车风格优雅、轻松。

ONE WAY
NO IRAQ WAR
NO IRAQ WAR
NO IRAQ WAR
NO IRAQ WAR
George W Hitler Leader of the Fascist States of America!
NO WAR
SEATTLE POLICE
SEATTLE POLICE

因为骑自行车巡逻城区很方便，美国华盛顿州西雅图警察局于 1987 年夏季成立了一个自行车巡逻队。随着这种早期尝试的成功，在次年夏天，警局又成立了自行车特别小队。1995 年，他们配备了山地自行车，这样就可以适应城市的任何环境：无论是马路、台阶，还是狭窄的小过道。图中，西雅图警察局自行车巡逻队正在维持游行秩序。

奥运会认可

1996 年亚特兰大奥运会首次接纳山地自行车比赛。

大型赛事

1990 年山地自行车世界锦标赛

第一次比较正式的山地及验证车型世界锦标赛举办于 1990 年，地点在美国科罗拉多州的杜兰戈，赛事组织者是国际自行车联盟（UCI）。第一场比赛只包括山地速降和越野内容。

美国山地骑行赛创始人

1976 年 10 月，美国山地自行车队的创始人查理 · 凯利、加里 · 费舍尔以及乔 · 布里兹（图中者）发起了一场名为“重装上阵”（Repack）的比赛。这是一场在加利福尼亚州费尔法克斯的消防道路上进行的山地速降赛。他们驾驶改装过的沙滩车，车上使用的则是碟式刹车鼓。因为刹车鼓都被摩擦得太烫了，以至于每次下坡后他们都必须给刹车鼓重新添加润滑油。

1990 年之前，很多自行车赛事都被非官方地称为世界锦标赛，其中就包括在美国科罗拉多州杜兰戈举行的比赛。所以，国际自行车联盟选择杜兰戈作为 1990 年首次官方世锦赛的主办地，人们反而并不觉得此举有什么奇怪之处。

第一届山地车世界锦标赛组成形式为：两场越野比赛（分别为男子和女子组比赛），以及两场男子和女子分开的速降赛，此外还有一场爬坡比赛，但它从未正式成为世界锦标赛的一部分。

山地自行车初期的专业化程度很低。大部分参赛者同时参加越野和速降赛，并且在两场比赛中都使用同一辆自行车。例如，英国赛车手大卫 · 贝克骑着他的越野自行车参加速降赛，这辆自行车没有悬挂减震设备。他只是把轮胎的气打得更足而已，并穿上紧身裤而不是短裤，以防止车子摔毁时伤及双腿。这段长赛道被称为“神风”，是一条自然的下坡路。赛道一成不变，想要增加难度或者安全骑行，实际上都没有什么选择余地。这条路段甚至还包括一条 33 英尺（30 米）的上坡，不过上坡部分现已不再属于比赛路段。

第一场男子速降比赛以美国选手的大获全胜宣告结束。格雷格·赫伯德骑着一辆装备着“路克消”RS-1 革命性避震前叉的自行车获胜。紧跟着赫伯德的选手是麦克 · 克罗泽（Mike Kloser）和保罗 · 托马斯伯格（Paul Thomasberg）。第四名选手是另一名美国人约翰 · 托马克，他也骑着一辆带避震前叉的自行车，但这辆车采用的是沉降式下弯车把。

开赛！第一届男子越野赛

杜兰戈世界锦标赛的最终赢家是尼德 · 奥夫兰德（Ned Overend，身穿红白蓝赛服的选手），他从比赛一开始就一路领先。紧跟着他的是来自瑞士、德国和比利时的选手。

托马克是一位经验丰富的山地自行车手，当时正试图打进欧洲公路赛。他发现，如果在山地自行车上使用沉降式下弯车把，那么在参加公路和山地赛时就不必变化骑行姿势了。

在女子速降比赛中，加拿大选手辛迪·德文尼（Cindy Devine）和爱拉蒂·布朗（Elladee Brown）分别获得了第一名和第二名，而彭妮·戴维森（Penny Davidson）为美国获得了铜牌。非正式的爬坡赛，被称为“风神”（Ezakimak，是日语“神风”Kamikaze一词的反拼），由英国的提姆·古尔德（Tim Gould）胜出。古尔德在男子越野自行车赛中排名第三，仅次于美国的尼德·奥夫兰德和瑞士的托马斯·弗里斯克内希特。奥夫兰德是一名山地自行车专家，而弗里斯克内希特和古尔德是专业越野骑手。弗里斯克内希特曾于1988年获得过青少年越野世界冠军，于1996年成为越野山地自行车比赛世界冠军，并在2003年获得了山地自行车马拉松赛冠军。

第一届男子山地车世锦赛

尼德·奥夫兰德可不光赢过杜兰戈世锦赛，他还是“超级越野”（Xterra）世界大赛冠军，该赛事属于三项赛，包括野泳。2012年，他已经57岁，又赢得55—59年龄组世界越野骑行冠军。

女子越野比赛见证了美国队的又一次包揽奖牌的过程：朱莉·佛塔多（Juli Furtado）排在第一位，萨拉·包兰图（Sarah Ballantyne）排在第二位，露西·马萨斯（Ruthie Matthes）排在第三位。佛塔多曾是美国女子滑雪队的成员，但因受伤不得不放弃了自己的滑雪生涯。

4人障碍赛的选手们

2002年，这项赛事进入世界锦标赛赛场。4名车手在准备好的小轮车速降赛道上进行热身赛，再从热身赛晋级到半决赛，最后是4强决赛。

更多规则

山地越野比赛很快发展起来。第二大赛事于1991年在意大利的巴尔加举行。1992年，世界锦标赛增加了验证车型比赛的内容，1999年团体接力赛举办，然后是2000年的双人弯道赛，之后双人弯道赛在2002年又被4X赛（4人障碍赛）取而代之。在瑞士洛迦诺举办的2003年世锦赛也增加了马拉松越野的内容，但现在每年都在另外一个单独场地内举行相关赛事。

山地自行车世界锦标赛由国家出面组织，不由商业团队运营。赛事通常延伸至赛季后半段，遍及世界各地世界。锦标赛优胜者将获得金牌，并有权一年内在同规则赛事中穿戴彩虹赛服。山地自行车越野赛被认定为奥运会项目后，这项运动的形象进一步提升。1996年，美国佐治亚州亚特兰大市举办奥运会，正式接纳山地自行车越野项目。

“这是我**家乡**……每个人都称我为最爱的人……**我想赢**。”

尼德·奥夫兰德，1990年冠军。

重要事件

排行榜

男子越野赛 第一名：尼德·奥夫兰德，美国
女子越野赛 第一名：朱莉·佛塔多，美国
男子速降赛 第一名：格雷格·赫伯德，美国
女子速降赛 第一名：辛迪·德文尼，加拿大

赛程

如图：科罗拉多州杜兰戈世界锦标赛的越野（黑色）和速降（白色）赛道。红色标记的索道车，将车手们从山脚下的度假村带到速降赛道的起点。以其他颜色标记的环线，是山地自行车道，现在是度假村的一部分。

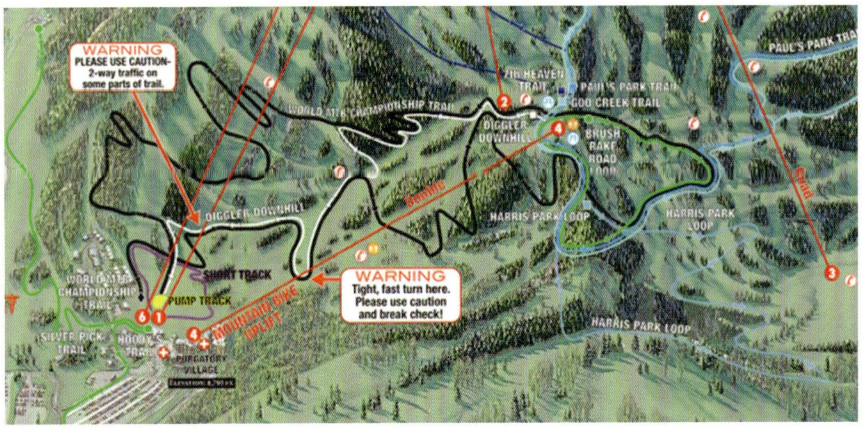

山地及验证自行车训练中心

杜兰戈炼狱村是一个蓬勃发展的山地自行车场地，许多小径穿过森林。

硬尾山地自行车

20 世纪 90 年代，山地自行车骑行运动（MTB）在全球蓬勃发展。产品设计师、机械师、促销者，甚至航空工程师，都介入了这种新型运动的发展进程。骑手需要最新的最好的设备，特别是昂贵的“精品”零部件。前部避震或全避震，新的车架材料以及山地自行车专用零件组，一一齐备，使满足此类需求成为可能。自行车经过大量机加工，利用各种令人耳目一新的色彩搭配完成最后的装饰。每辆车都有自己的优点，经过了竞速的考验。新的自行车标准推陈出新，各有扬弃。赞助和营销变得至关重要——自行车或零部件的曝光率越高越好，第一个获得“百万美元”级别赞助的车手出现了。

△ 邦特雷格“竞速精英”1992	
起源	美国
车架材质	钢
传动装置	24 速
车轮参数	26 英寸（65 厘米）

邦特雷格（Bontrager）公司的“竞速精英”（Race Lite）自行车由小截面的“真性情”4130（True Temper）管材手工制作而成，车架坚固轻盈。鸡锁骨形状的叉式座撑、加固的撑板，以及钢化的插头，额外增加了车架的强度。

后变速器

山地自行车最常用的齿拨，变速范围较宽。

▽ 闪电“史诗”1991	
起源	美国
车架材质	钢
传动装置	21 速
车轮参数	26 英寸（65 厘米）

尼德·奥夫兰德骑着“史诗”自行车，赢得了国际自行车联盟第一届山地车世界锦标赛。这种自行车以每天两辆的速度手工组装出来，价格非常昂贵。缠绕而成的碳纤维管材由 9 层纤维制成，管型外部收紧，减轻了重量。

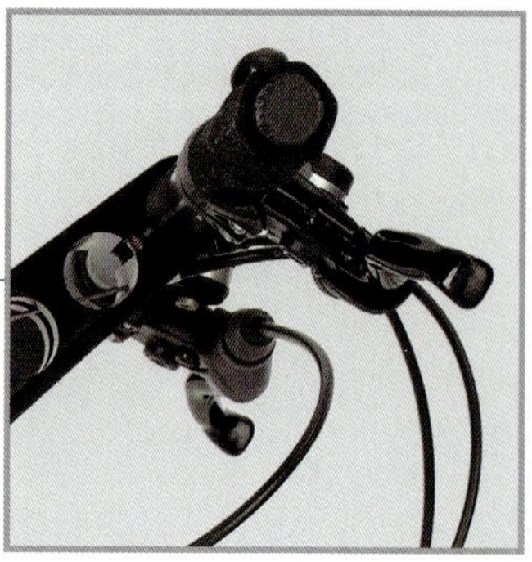

扁平的车把

随着体育运动的普及，这种风格在山地自行车上开始流行起来。车把上装有刹车和换档杆已是常态。

◁“红隼”CSX 1992

起源	美国
车架材质	碳纤维
传动装置	24 速
车轮参数	26 英寸（65 厘米）

贝维尔·豪格和汤姆·福伦池于 1986 年创建了“红隼”品牌，并与布伦特·金布尔一起制造了第一套一体成形的碳纤维车架。CSX 自行车是他们的第二辆生产型山地自行车。凯斯·邦特雷格对车架的几何形状进行了完善。

▷ 克莱恩“态度”1993

起源	美国
车架材质	铝
传动装置	24 速
车轮参数	26 英寸（65 厘米）

加里·克莱恩的自行车是最昂贵的山地车型之一。“态度”款的车架、控制方向的前叉、一体成形的座柱，以及车把，都是用薄壁的 6061-T6 铝管制成的。

◁ 佩斯 RC200 F3 1994

起源	英国
车架材质	铝
传动装置	24 速
车轮参数	26 英寸（65 厘米）

佩斯公司的“负载专用”方法应用到了车架设计上。管材断面是变化的（方形、矩形和圆形），再加上带垂直腹板的圆头管。外部接头安装的的深浅度可根据张力的大小而调整。

▷ 雷金“风俗”1994

起源	美国
车架材质	钢
传动装置	21 速
车轮参数	26 英寸（65 厘米）

雷金（Rhygin）根据骑行者的体重和骑行风格，使用雷诺兹、坦格及“真性情”钢管，制造出耐用的轻质车架。它还制造了第一个哥伦布-麦塔克斯不锈钢车架。

避震山地自行车

避震山地自行车问世之初遭遇过怀疑，最终却改变了山地自行车的骑行方式。1988 年，“红隼”公司推出“氮”概念车型（Nitro），特点是采用了早期的“路克消”（Rock Shox）气压 / 油压避震前叉。1990 年，第一款投入生产的全避震前叉山地自行车——“越野”进阶防震版车型（Offroad PRO-Flex）问世。该车型的后架采用了弹性体减震设计，车体前部方则安装了具备柔性的泵式减震装置。1991 年，山地自行车赛在美国圣安地列斯举办，赛场上出现了带有双碟刹车的车型，此外还出现了全新的卷铝缝焊车架。从 1992 年开始，几乎所有制造商都将避震自行车纳入其制造范畴。这类车型也越来越多，很快成为山地速降赛手的必需装备。

△ **加里 · 费舍尔 RS-1 1991**

起源	美国
车架材质	铝
传动装置	21 速
车轮参数	26 英寸（65 厘米）

这款自行车的后架安装了一套四连杆的避震装置，虚拟枢轴点和弹性体减震装置都安装在座管后边。其特点是，在可以游动的板面上，安装有“山地自行车”公司开发的机械式碟刹“普落停”（Pro-Stop）。

▷ **博尔德“反抗”1992**

起源	美国
车架材质	钢
传动装置	24 速
车轮参数	26 英寸（65 厘米）

这款自行车设计优雅，后轮避震装置隐藏在车架顶管内，可提高精密度。后掠的后车臂架通过两条电动车链条与三角形的主车架相连接。车架可用钢、铝或钛制造。

▷ 昂瑟“曼尼通”FS 1993

起源	美国
车架材质	铝
传动装置	24 速
车轮参数	26 英寸（65 厘米）

昂瑟“曼尼通”FS 款自行车（Answer Manitou）具有弹性体全避震装置。自行车后轮减震装置是前叉避震器的缩短版本。这种轻型车架由大直径铝管和机加工连接件构成。这辆自行车的悬挂行程约为 2 英寸（5 厘米）。

◁ 安普研究公司 B4 1995

起源	美国
车架材质	铝
传动装置	24 速
车轮参数	26 英寸（65 厘米）

安普研究公司制造的轻质全铝自行车为避震效率设定了新标准。刹车碟，与前叉连为一体的四连杆减震装置，以及位于后轮轴正前方链盘位置上的霍斯特连销，把轮轴和座撑连接在一起，同时抵消了来自减震系统的反作用力。

▷ GT RTS-1 1995

起源	美国
车架材质	铝
传动装置	24 速
车轮参数	26 英寸（65 厘米）

这种自行车包含了减震器设计。副车架铆接在主架上，上装震动杆，以实现减震效果。该设计可以批消骑行时产生的侧向离心力，并且不受链条张力的影响。骑手们上坡和下坡骑行都很轻松，靠着这个车型赢得了多场次世界越野和速降锦标赛的冠军。

TIFOSI
ROADOPTIMIZEDSEATSTAYS

2000年之后

自行车大众化

STAGE
197 KILOMETERS
TOUR DE FRANCE 2012
ORCHIES
BOULOGNE-SUR-MER
TUESDAY 3 JULY

自行车大众化

21 世纪，自行车的制造和应用都已日趋稳定。这是个渐进改良的过程，并不是突然的爆发。花样繁多的骑行运动使得跨学科技术欣欣向荣，也促使单一领域的进步逐渐渗透到其他领域。液压传动装置和碟式刹车最早是为山地自行车开发的，现在也出现在各种顶尖级别的公路自行车上。碳纤维已经成为制造商首选的车架材料，无线电子换档变速也变得很常见。碳带驱动和电子马达威胁到了粗笨金属链条造成的垄断。

自行车已经演进成为具备无限可能的机械，并为全世界的发展赋予能量。世界自行车救济会作为慈善机构，设计出适合在非洲使用的车型——为学龄儿童、医疗卫生工作者及企业家提供的“野牛”单速自行车，可在当地制造维修，坚固、耐用，还兼顾了低成本。在相似的项目支持下，来自发展中国家的手艺人用上好的竹子作为车架，制造出竹子自行车（Bamboosero），可在当地出售，也可销往西方国家。

尽管与机动车辆使用共同的道路有些危险，但骑自行车作为一种低碳、有利健康的交通解决方案，其远景已经逐渐变成现实。共享单车计划，例如巴黎的 Vélib 自行车站已蔓延到五大洲的城市，UPS 和宜家等主流企业也已经用上了货运型自行车。骑自行车的原因日渐五花八门，车型和骑行运动的种类也越来越丰富。自行车发挥潜力，成为真正适应大众、满足各种出行需要的交通工具。

∧ 竹子（Bamboosero）城市款自行车

全天候通勤车型，采用城市专用车架，即使交通拥堵也能穿行自如，更能适应土路。

“这可能是我骑过的**最简单**的自行车，世界自行车救济会推出这款**质朴车型**也是最重要的 …… 它帮助人们**摆脱贫困**。”

沃伦 · 罗西特，《骑行 +》杂志（Cycling Plus），2011

◁ 2012 年环法自行车赛冠军首次由英国车手获得——他是曾三次获得奥运田径赛冠军的布拉德利 · 威金斯。

重大事件

▷ **2000** 山地自行车继续改进，“29”车轮——公路自行车轮径，比起 26 英寸（66 厘米）标准轮径，在越野地形上可以更平稳地滚动。

▷ **2005** 非营利性组织世界自行车救济会，为应对 2004 年斯里兰卡海啸而成立。

▷ **2007** 第一条生产型驱动皮带，盖茨公司“碳传动”上市发布。

▷ **2008** 自行车越野比赛成为奥林匹克运动。

▷ **2008** 加纳的工匠接受训练，制造出竹子自行车的车架，成为当地首批自行车买卖人。

▷ **2012** 奥运会首次纳入铁人三项比赛。

▷ **2012** 职业骑行运动被丑闻玷污。美国选手兰斯 · 阿姆斯特朗（Lance Armstrong）在环法赛中曾获得的七连冠（1999-2005），均爆出有作弊行为。

▷ **2014** 国际自行车联盟修订小时赛规则，允许使用最新的技术成果。

▷ **2014** 被称为“食人者”荷兰赛车手玛丽安娜·沃斯继艾迪 · 莫克斯之后，连续 6 年蝉联世界越野自行车锦标赛冠军，所取得的世界冠军头衔到达 12 个。此外，她还拥有两枚奥运金牌。前创造的最后一个纪录。

△ 获得胜利的玛丽安娜 · 沃斯

在 2014 年，荷兰车手第六次成为世界越野自行车锦标赛冠军。

碳纤维赛用自行车

人们对环法自行车赛的兴趣迅速增长，主要原因是兰斯·阿姆斯特朗领头的美国自行车队大放异彩。自行车行业针对此种现象开发不同种类的自行车。自行车制造商开始开发碳纤维车架，很快成为高性能自行车的标配。铝制车架虽然很轻，但质地脆硬。碳纤维赛用自行车具有航天工业的高科技感，兼具 F1 方程式赛车的魅力。随着 10 速、11 速飞轮、电子变速器及液压刹车的推出，自行车零部件产业也得到进一步发展。

邦特雷格比赛轮辋

碳纤维缠绕成型的车架

△ 崔克 OCLV 限量版 2005	
起源	美国
车架材质	碳纤维
传动装置	20 速
车轮参数	28 英寸（70 厘米）

崔克公司使用优化压实低空隙（OCLV）工艺制造出超轻的碳车架。在环法自行车赛中，兰斯·阿姆斯特朗让这种自行车扬名立万。图中这辆采用“探索频道”车队涂装，是参加德克萨斯巡回赛第七届比赛的夺冠车型，不过后来这届比赛的成绩被认定为无效。

紧凑的 FACT 7 碳纤维车架

△ 闪电“鲁贝” 2009	
起源	美国
车架材质	碳纤维
传动装置	20 速
车轮参数	28 英寸（70 厘米）

巴黎—鲁贝公路赛在法国北部是鹅卵石赛段。受其启发。这款“鲁贝”自行车配备了一个碳纤维车架，在座杆和前叉上都安装了可以减震的策兹（Zertz）阻尼器。前把较高，保障车手立姿骑行，即便长途骑行，也会更舒服一些。

特别版碳纤维座垫，圣马可出品

“支点竞速”公司（Fulcrum Racing Speed） CF7 气动车轮

设计灵感来自于法拉利跑车的碳纤维车架

后变速器

坎帕尼奥洛在沉寂 20 年后，于 2008 年推出了“超纪录”轮组的超轻版本，以CF7 为特色，配有 11 速飞轮。

▷ 梅花 CF7 2008	
起源	意大利
车架材质	碳纤维
传动装置	22 速
车轮参数	28 英寸（70 厘米）

法拉利特别版 CF7 自行车只造了 99 辆。单辆 17500 美元的标价，很少有人能买得起。这些自行车配备有坎帕尼奥洛的“超纪录”组件的超轻量版本，还配有碳纤维深缘车轮。该自行车采用高模量的碳纤维车架，研发基础来自于梅花公司的发泡聚苯乙烯（EPS）车型。

全碳车架地前叉
由手工制成

“三车把”

这种车把的设计旨在让骑手压低骑行姿势，以达到最符合空气动力学要求的气动外形。骑手身体凌驾于前轮之上，提升骑行效率，而不是像骑常规自行车那样身体重心在前轮后方。

△ 捷安特“三位一体”升级版 2010

起源	中国台湾
车架材质	碳纤维
传动装置	20 速
车轮参数	28 英寸（70 厘米）

这款计时赛车于 2009 年推出，外观新潮，经过了风动测试。管身截面采用了飞机的翼型，符合国际自行车联盟的（UCI）规定。原型车的竞技指标通过了专业骑手的验证。

3T 阿杜罗（Aduro）气动车把

电子变速装置可由
车把上的按钮操作

坎帕尼奥洛“功量能”组件将刹车
和变速杆结合为一体

△ 赛维洛 P5 TT 2012

起源	加拿大
车架材质	碳纤维
传动装置	22 速
车轮参数	28 英寸（70 厘米）

2012 年，加拿大高性能自行车品牌赛维洛（Cervélo）定量推出了 P5“航空导弹”自行车。这种自行车与隐身战斗机有神似之处，刹车系统隐藏在前叉及中轴下方的整流罩内。

结合为一的车把和把柱

这款自行车上配备坚固耐用的无螺纹车头碗组（前叉碗）。把柱直接套夹在头管上，本身也是车把的自然延伸。该设计借鉴了山地自行车的相关设计，于 1992 年获得专利。

碳材料车轮

“维琴察支点”（Fulcrum of Vicenza）是由三名航空航天工程师于 2004 年创立的公司。该公司设计了这款纯意大利国产车型的车轮部分。它们由碳纤维制成，并具有深缘气动轮毂。

大众化的赛用自行车

1986 年，选手使用碳纤维自行车并赢得环法自行车赛，但是碳纤维成为制造高端赛用自行车的默选材料，还得等上 15 年时间。随着新世纪的到来，大量新骑手涌现出来，他们追求新技术，热捧环法自行车赛，推动了高端骑行运动的发展，促进碳纤维车架大量生产。与此同时，人们对钢铁等传统材料的兴趣也在增长，铝合金车架的进步使其拥有接近碳纤维车架的性能。女车的外形，以及特殊尺寸的部件，都可量身定制，最终女骑手的数量也有了增长。

△“艾萨克力度” 约 2006

起源	荷兰
车架材质	碳和铝
传动装置	20 速
车轮参数	28 英寸（70 厘米）

“艾萨克力度”是一辆轻便、骑行顺畅的自行车，三角形主车架是碳纤维一体成形而成。后下叉和座撑的材质都是车出的管铝。让制造者引以为豪的车架精雕细琢，是手工制造的。

◁梅花“大师”55 2008

起源	意大利
车架材质	钢
传动装置	22 速
车轮参数	28 英寸（70 厘米）

为了庆祝手工制作车架 55 年的历史，梅花公司生产了“大师”55 车型。全车采用奢华的抛光管接头，独特的凹槽顶管和下管与之相连。梅花公司第一款直刃式前叉“普雷斯卡”（Precisa），现已行销全球。

▷崔克“乐夏”女款 2012

起源	美国
车架材质	铝
传动装置	18 速
车轮参数	28 英寸（70 厘米）

女性骑车人数的增长，促使崔克生产出一系列适合女性骑行的自行车，“乐夏”（Lexa）是其中之一，其铝合金车架采用女车特有的外形，采用邦特雷格和禧玛诺组件。该车实惠，让健身骑行者能买得起。

◁闪电“多尔丝”2014

起源	美国
车架材质	铝和碳
传动装置	24 速
车轮参数	28 英寸（70 厘米）

“多尔丝”是一款优雅的多功能运动女车，具有女士专用的零部件。铝制车架搭配装有策兹（Zertz）避震阻尼器的碳纤维前叉，可以吸收道路产生的颠簸。带有三重链条组的 8 速飞轮，使得变速范围宽裕，让骑手在不同场景都能调整出适合的速度。

▽“维新”R4-56 约 2012

起源 美国

车架材质 木头

传动装置 20 速

车轮参数 28 英寸（70 厘米）

“维新”（Renovo）R4-56 的木质车架坚固耐用，能够吸收振动，而其重量仅比最好的碳纤维车架略高一些，骑行感受也与碳纤维自行车相仿。“维新”公司总部位于美国俄勒冈州波特兰市，R4-56 采用禧玛诺传动装置，前轮辐条外观是径向放射形。

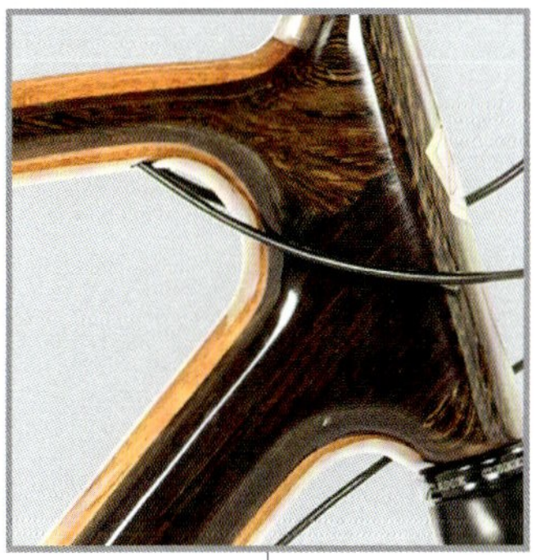

木质车架

复杂的车架连接头，使用特殊的环氧树脂粘合。这种环氧树脂的强度非常强，并且耐潮湿耐高温。铝套管用于连接头管、中轴和座管。

◁创世纪“平衡点”2015

起源 英国

车架材质 钢

传动装置 20 速

车轮参数 28 英寸（70 厘米）

为了取悦英国许多骑自行车的新手，创世纪公司（Genesis）将这款“平衡点”自行车设计为一款全能车型。车身使用雷诺兹双层管接头，缝焊和碳纤维前叉工艺简洁，确保了稳定和舒适的乘坐感受。适合运动、旅游，也可作为城市通勤车型。

2015 年米兰—圣雷诺比赛，捷安特队车手约翰·德根科尔布夺冠

大型制造商

捷安特

作为亚洲制造业的成功故事，捷安特（Giant）是一个影响深远的全球品牌．捷安特提供花样丰富的自行车和零配件，是全球营收规模最大的自行车公司，取得了令人羡慕的地位，这种地位不是来自于与对手“一对一”的直接对抗，而是依靠制造出的创新产品，将骑行体验扩大到极致。

*“我们的**使命**就是让越来越多的人喜欢和享受自行车骑行。”*

刘金标，捷安特创始人兼主席

鼓舞人心的领导者

捷安特无所畏惧的创始人刘金标。他鼓励新观念，不断创新，挑战传统。他开始骑自行车的时间较晚，但在上世纪 70 年代就完成了环台湾岛骑行。2014 年，他在 80 岁时，再次完成了环台湾岛骑行。

捷安特靠为美国制造低成本的贴牌自行车起家，后来逐渐成为设计和制造高品质自主品牌自行车的先行者。它于 1972 年在中国台湾省成立，那时自行车行业还是美欧公司牢牢控制的天下，而那些美欧公司论及买卖自行车，几乎都有长达数十年的历史。钢铁当时还是制造自行车车架的唯一材料，而最好的车架则是由手艺人在小作坊里手工制作的，每年产量算起来也就是几百辆。

捷安特的创始人刘金标创业时 36 岁，是一位有工程师背景的企业主，在他的名下已经有几家小型合伙公司。1971 年，台风摧毁了他的鳗鱼养殖场，于是他就和 10 个朋友组建了一家自行车公司，并以台湾一流棒球队——“巨人队”（Giants）的名字来命名。10 速高速赛车的热潮那时正在扫荡美国，他们希望顺潮而动，依靠台湾作为出口基地的有利条件，投资自行车产业。刘金标把批量生产自行车的设备和技术融入秩序规范的流水线作业，在生产过程中坚持严格的日本工业制造标准。他敦促台湾其他自行车公司统一零部件规格，让大家抱成团，加强合作。

早年捷安特的发展很不顺利，一直在交学费。有些公司指责捷安特仅仅是一个测试用的实验室，论起制造自行车就是个外行。然而台湾本地和日本的竞争对手尽管收获大量来自海外公司的代工订单，却出了很多质量问题。刘金标对细节的关注和对质量的渴望终于开花结果。1976 年，捷安特首席执行官罗祥安拉到了一位大客户——施文自行车公司，这家成立于 1895 年的公司那时仍然是美国自行车行业的核心老大。施文公司检查了捷安特钢制车架及表面处理工艺的质量，签署了一份合同，使得捷安特成为原始设备制造商（OEM）。罗祥安后来透露，如果没有施文的这单业务，捷安特可能真就活不下去了。施文不仅将其新的台湾合作伙伴作为 OEM 代工制造商，还派出专家，培训捷安特的员工：车架制造、表面工艺、品控流程……另外还提供了制造自行车所需的工厂模具和工装设备。与施文的合作，为这家成长中的小公司带来了信誉，终于开花结果。1980 年，施文的芝加哥工厂发生罢工，施文干脆将更多的业务交给台湾的捷安特公司。两家公司的合作关系更加紧密了。

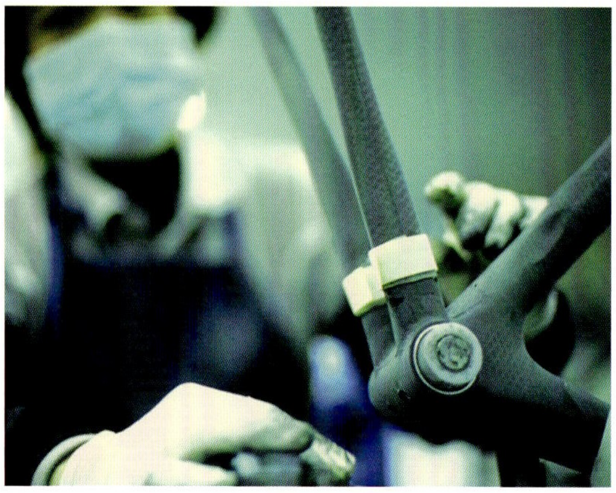

碳车架技术

捷安特研发项目的突进，使其在碳纤维车架生产领域处于市场领先地位。

20 世纪 80 年代中期，施文公司三分之二以上数量的自行车已经归由捷安特生产。但是，施文逐渐陷入困局，财务一片混乱，而捷安特却越做越强。1985 年，施文将生产转交中华自行车公司（位于香港），与捷安特分道扬镳。

来自捷安特的订单突然出现了亏空，但刘金标和罗祥安采取了前所未有的解决方案，将公司转变为自主品牌。1981 年之后，捷安特已经为台湾市场生产过小批量的自主品牌车型，而大客户施文造成的损失进一步促使公司进入新的领域。在台湾地方政府资助下，捷安特成立行业技术研究院，开始研发碳纤维技术。只用了不到两年，公司就造出了第一辆碳纤维自行车——捷安特 Cadex 980C 公路自行车，全车由碳纤维管材与铝制接头接合而成。

飞起来的骑手

捷安特是山地自行车技术的先驱，尤其是在速降赛领域。

1986 年，捷安特在荷兰成立了第一个欧洲总部。之后的 5 年，捷安特在美国、日本、加拿大、澳大利亚和中国大陆设立了前哨站。起初，消费者对捷安特态度谨慎，私下里认为这些自行车不过是“台湾制造”的大路货。

但很快人们被捷安特自行车的高品

Cadex 980C 款自行车 1987

1972 捷安特制造公司在台中成立。
1974 产量达到 3800 辆，但订单增长依然缓慢。
1976 捷安特与施文签订合同。
1980 捷安特为施文生产了 100 万辆自行车，原因是后者的芝加哥工厂发生罢工。
1981 捷安特在台湾开始销售自主品牌自行车。
1986 捷安特自谋生路，因为来自施文的大部分业务都丢了。

TCR 公路自行车 1997

1987 Cadex 980C 款自行车推出，“经济实惠的碳材料”问世。
1988 捷安特赞助公路、山地和赛道比赛的职业车手。
1991 在美国的销售量达到 30 万辆，略超施文销量的一半，后者在次年申请破产。
1995 美国银行高盛集团向捷安特投资 1250 万美元，持有其 9% 的股份，为该公司提供了国际信誉。

ATX1 DH 山地自行车 2000

1996 捷安特在荷兰开设工厂。
1997 TCR 自行车推出。
1997 捷安特推出 MCR1 碳复合公路自行车。其单体模制的“硬壳”车架后来被国际自行车联盟（UCI）禁用。
2004 “马识途”（Maestro）全避震山地自行车发布，旨在改善刹车和蹬踏效率。
2007 捷安特的产量突破 500 万。

“律动 E 精灵”电动自行车 2011

2009 俄罗斯公路自行车手丹尼斯·门卓夫（Denis Menchov）骑着捷安特自行车在环意自行车大赛夺冠。
2010 开始利用其全球影响力来支持自行车宣传，并为修缮自行车交通道路提供资金。
2011 推出新型电动自行车“律动 E 精灵”(Twist Esprit)，并继续开发混合动力技术。
2011 捷安特赞助拉博 - 丽芙(Rabo-Liv)女子车队。队长玛丽安娜·沃斯赢得世界越野锦标赛和环意大利女子公开赛冠军。

走上舞台中央

捷安特 TCR 紧凑型公路自行车。2000 年，西班牙 ONCE 车队的劳伦特·亚拉波特（Laurent Jalabert）骑着该型车，在一群赛手中脱颖而出。

捷安特标识

质所吸引。与早先的知名品牌相比，捷安特自行车的确物超所值。

作为一家拥有自主品牌的制造商，捷安特将自己的精力投入到研究新的骑行方式之中。它获取了许多关于山地车和小轮车的技术和专业知识，研发设备，改进工艺，以便批量生产铝合金车架。该公司涉足职业自行车赛，成为赞助商。1995 年，赞助了捷安特—曼尼通山地自行车队；1998 年，赞助勒西班牙“第一次”公路自行车队（ONCE）。在公众面前，捷安特的光芒一度被许多已经成名许久的自行车品牌所掩盖。但在私下里，捷安特的专业性已经被它的竞争对手们认可。

常规思维一直在探究公路自行车到底应该是啥样。1997 年，捷安特公司发布了一款标志性的自行车，对这种思维发起挑战。为了与公司在材料和制造领域的效率保持同步，捷安特推出整体紧凑公路（TCR）车架。这种车架结构紧凑，从侧面观察时具有倾斜的轮廓。管身显得更短促，其中最入戏的是它向对角线方向倾斜的顶管——它是英国设计师麦克·布罗斯设计出来的，并已成为捷安特山地自行车家族的特色。

捷安特靠创新性的公路和山地自行车设计上了新闻头条，但一直在混合动力自行车、女式自行车、儿童自行车和电动自行车等领域稳定发力。进入 2000 年后，这些新生代车型变成了主导力量。2008 年，捷安特在台北开设了第一家女式自行车专卖店，并于 2011 年推出了女性品牌丽芙（Liv）。在中国大陆，捷安特有 7 家工厂，在荷兰和台湾岛内各有 1 家工厂，总共年产自行车约 600 万辆。捷安特在全球拥有约 11000 名员工，不仅持续塑造定义自行车这个产业，而且为全世界生产了便于骑行的自行车。

风洞测试

碳纤维“三位一体”Pro TT 捷安特最符合空气动力学特性的计时赛型车架

硬尾山地自行车

避震系统首先应用到山地自行车（MTB）上，方法比较简单，在硬质的前叉上附加一个带弹簧的前叉就行了。随着自行车运动的发展，不同类型的全避震山地自行车发展起来，配置不同，各有用途。相对而言，硬尾自行车比较简单，作为具备刚性硬质架身的山地自行车车型，只在前叉安装了悬挂避震装置，这种自行车很受欢迎，追捧者也不少。通常认为，硬尾自行车在爬坡骑行时更有效率，因为它们通常较轻，并且在后轮悬挂车架方向没有能量损失。对于技术难度较低的越野骑行，全能的硬尾山地自行车也是优中之选。

▷ 崔克 4300 2014

起源	美国
车架材质	铝
传动装置	27 速
车轮参数	26 英寸（65 厘米）

崔克公司总部位于美国威斯康星州，成立于1975年，是世界大型自行车制造商之一。崔克 4300 款自行车在 2000 年首次出现，中间停售了几年，后来又重新进入市场。铝合金车架性能超凡，价格相对适中。

◁ 察治“库克” 2014

起源	英国
车架材质	铝
传动装置	18 速
车轮参数	29 英寸（74 厘米）

察治（Charge）公司成立于 2005 年，是一家小型专业山地自行车制造商。它的“库克”系列车型包含了不同价位的钢架和铝架自行车。图中这款车型车轮直径 29 英寸（74 厘米）；此外还有直径 27.5 英寸（70 厘米）的深缘轮辋，适于安装宽胎。

非避震自行车

硬尾和全刚性山地自行车比起全避震车型有几个优点。硬尾自行车的避震前叉很容易更换，但是更换全避震车型的后避震装置就是另一回事了。全刚性车架的重量就更轻，机械构造也更简单，这意味着花在维护上的时间就更少。而且由于非避震车架的制造成本更低，制造商就能把更多预算经费投入到变速器、刹车和车轮等部件的开发上。

舍尔利“普格斯利”2005 款

舍尔利公司成立于 20 世纪 90 年代后期，地点在美国明尼苏达州布卢明顿市。2005 年，公司推出了“普格斯利”（Pugsley）车型，因为该车轮胎超宽，被人称为“胖子车”，适于在雪地、沙地这样的软路面骑行。

▽ 加能戴尔“小路 1 号”2016

起源	美国
车架材质	铝
传动装置	30 速
车轮参数	28 英寸（70 厘米）

加能戴尔“小路 1 号”，旨在让骑手感受世界高端山地自行车的性能。“小路 1 号”与其说是真正的硬尾山地自行车，还不如说是一款硬尾运动车。2016 年，“小路”系列所有车型都采用了直径 28 英寸（70 厘米）的车轮。

三托公司的避震前叉
行程 4 英寸（10 厘米）

▷ 世佳品“说不”21 世纪初

起源 意大利
车架材质 钢
传动装置 24 速
车轮参数 26 英寸（65 厘米）

世佳品（Scapin）是一家意大利自行车制造商，在 20 世纪 50 年代中期开始生产公路自行车。“说不”（Nope）是一款手工制造的山地自行车，旨在实现高速行驶。虽然这款车型采用全钢车架，但在后期的改进版本中，座管和头管内衬均改用碳纤维材料制成。

时尚的弧形座撑

行程 3 英寸（7 厘米）的避震前叉

前轮辐射状辐条

▽ 落基山 顶点 SC 21 世纪初

起源 美国
车架材质 铝
传动装置 27 速
车轮参数 26 英寸（65 厘米）

自 20 世纪 80 年代初以来，落基山自行车公司一直是专业的山地车制造商。它的“顶点”款自行车是轻型的高端硬尾山地自行车，采用经过氩弧焊接的伊斯顿 SC7000 钪铝合金车架，配有气压式避震前叉。

伊斯顿 车座

路克消 SID 避震前叉，行程 3 英寸（7 厘米）

全避震山地自行车

近几十年来，山地自行车制造商开始变得专心于提供前后悬挂避震装置，即使很多客户很少野外骑行，何况避震装置也基本用不上。便宜的全避震车型已经在市场出现，竭尽所能迎合低端市场的需求。许多品牌厂商，例如本节所列的那些特色厂商，砸进大量资金，花费大量研究时间，创造出优秀的前叉和后叉避震装置。技术有了突飞猛进的发展。现今，市面上有多种全避震装置，从单枢轴、分体式枢轴、霍斯特连杆到“软尾”（或叫“后三角悬吊”设计），无所不包。

“彦豪”公司

合金V形刹车

尽管使用碟式刹车的自行车越来越多，但是直拉式悬臂刹车仍然很受欢迎。它们通常被称为V字刹，如这款彦豪公司（Tektros）的这款产品。它也是禧玛诺旗下的商标。

△**“响尾蛇”S20 21世纪初**

起源	美国
车架材质	铝
传动装置	24 速
车轮参数	26 英寸（65 厘米）

20 世纪 70 年代，美国本土品牌“响尾蛇”（Diamondback）靠造小轮越野自行车起家。20 世纪 80 年代，“响尾蛇”开始制造山地自行车。S20 款自行车是全避震自行车市场上的入门级自行车。它拥有自己的 4 连杆避震系统。

△**斯科特“反射”FX-25 2007**

起源	瑞士
车架材质	铝
传动装置	27 速
车轮参数	26 英寸（65 厘米）

通过配备“天才”LC-R 吸震装置，斯科特“反射”FX-25 自行车解决了地形颠簸变化的问题。从骑行模式切换到锁定模式，动作轻轻，一杆搞定。

▷**博德曼 车队 FS 款**

起源	英国
车架材质	铝
传动装置	27 速
车轮参数	26 英寸（65 厘米）

这款是一款配备“路克消”前叉及后避震装置的全避震自行车，旨在为越野和耐力赛选手提供装备。它是按照前英国奥林匹克公路自行车赛手克里斯·博德曼所需的尺寸制造的。

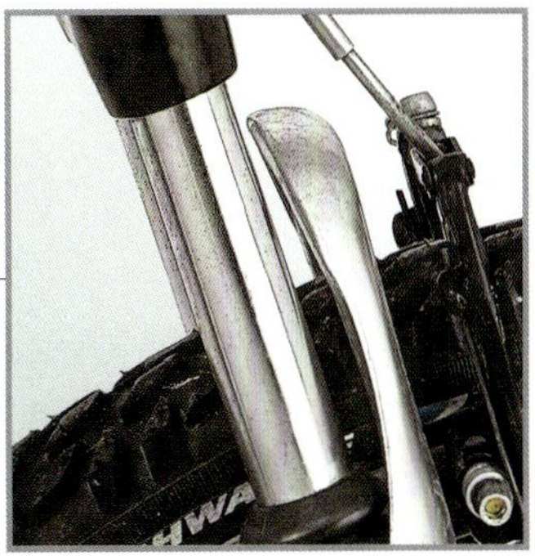

前悬挂避震装置

总部位于日本的 SR“三托”公司制造各种各样的避震前叉，以适应各种预算需求。这辆自行车上使用的减震设备最早是便宜的卷簧 XCC 前叉。

车轮和轮胎

这辆入门级自行车的车轮有着基本的合金轮圈，轮毂能快速拆卸。它的轮胎能同时适应城市和越野路段。

“超超级”SL 级铝合金车架

路克消“拳击手”世界杯避震前叉

速联（SRAM）XO
1x10 速传动系统

路克消“活力”R2C
后轮吸震器

▷ 捷安特“荣耀”2014

起源	中国台湾
车架材质	铝
传动装置	10 速
车轮参数	26 英寸（65 厘米）

这款自行车专为速降山地自行车赛而设计，并且具有抗击连续应力拍打的零件。“马识途”避震系统，行程 8 英寸（20 厘米）。

“胜地思”（Syntace）F109
立杆 侧倾 6 度上扬

罗巴鲁 SL29
碳纤维车轮

禧玛诺 XTR Di2
11 速 轮组

◁ 闪电“巨著史诗”2015

起源	美国
车架材质	碳纤维
传动装置	33 速
车轮参数	29 英寸（74 厘米）

“专业化公司”（中国人习惯称其品牌为“闪电”）非常自豪，把这款“巨著史诗”（S-Works Epic）车型的前后悬挂装置称之为“大脑技术”。这意味着，当骑手从平坦的地形转至颠簸的地形时，悬挂系统可自行适应，减缓颠簸。

卧式自行车与三轮车

对于卧式自行车而言，平衡性和操作性可能是一对矛盾，尤其是对于初次骑车的人——但它们仍然比坐姿骑行式自行车舒适得多。由于卧式自行车重心较低，因此刹车也就更方便。此外，由于这些自行车可以让骑车的人采用良好的气动骑行姿势，因此在平地上的速度要比直立骑行式车型快。卧式自行车的骑手经常可以创造出新的世界自行车速度纪录。经典卧式车型有几种型号，包括低速赛车（配有非常低的座位，使空气动力学性能更好）、高速赛车（配有更大的车轮）、串联卧式车、卧式三轮车（“三角洲”，也叫“正三躺”，三轮中两轮在后；“蝌蚪”，也叫“倒三躺”，外观像大头蝌蚪，三轮中两轮在前），以及卧式山地自行车。

设计演变

德国公司“HP 速技”（HP Velotechnik）推出的这款“壁虎”fx（Gekko fx）就是卧式三轮车，融合了许多尖端功能，包括先进的前后悬挂减震装置。然而，最值得注意的是，电动马达是选装件，能安装在后轮上，在上坡和长距离骑行的时候，它能帮上大忙。

卧式自行车的尺寸比传统自行车要大。然而，该车可以在几秒钟内折叠起来，便于运输和存放。

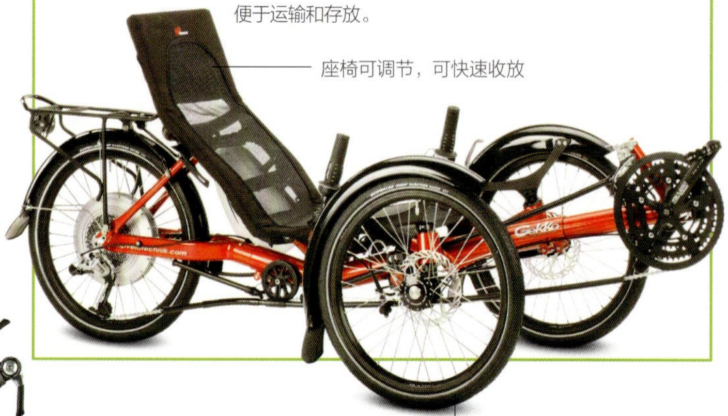

▽ 哈斯 皮诺“全地形”2008	
起源	德国
车架材质	铝
传动装置	27 速
车轮参数	前轮 20 英寸（50 厘米），后轮 26 英寸（65 厘米）

和大多数双人自行车不同，“全地形”其实是半卧式车型。“车长”在后坐立骑行。“副手”卧姿在前。全车可在 10 分钟上下的时间内拆卸完毕，装进常见的掀背式汽车之中。

后刹车

即使在潮湿的情况下，机械式碟刹也可以提供更大的制动力，制动效果可期。和传统的轮刹不同，车轮中心的碟刹钢盘不会受到积水的影响。

后曲柄和踏板

由铝制成，曲柄连接到锥形中轴上。禧玛诺无趾夹踏板安装在曲轴上面，骑手必须穿上带有防滑钉的特殊鞋子，才能与踏板契合。

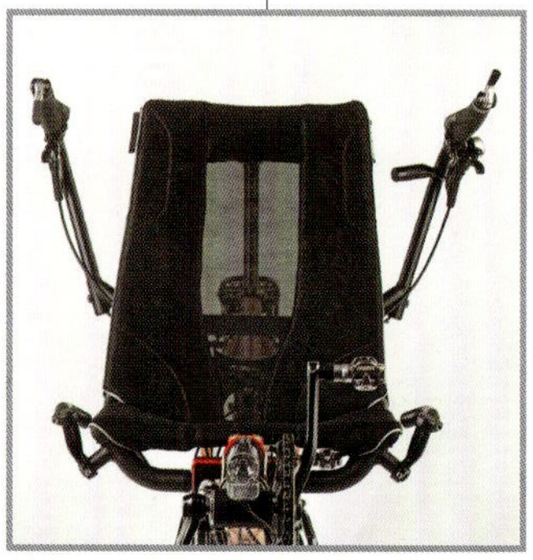

前座

全天候翻斗式座椅，由合成纤维网编制而成。纤维面料便于快速干燥，以确保骑手不会因为汗水积累感到不舒服。

前轮的轮胎

由德国制造商“世文”（Schwalbe）制造。部分精加工的前轮胎适用于任何地形。轮胎内部是一圈橡胶，可防止尖锐石子或玻璃。

◁ **巴切塔“科莎”650c 2004**

起源	美国
车架材质	铝
传动装置	27 速
车轮参数	26 英寸（65 厘米）

“科莎”（Corsa）自行车由巴切塔公司创始人之一马克·克里登设计。为了追求速度，这款自行车采用了轻质铝合金车架和高性能零部件。采用“欧网”公司制造的软座垫，使得全车略微调整了“奢侈品”的定位。

▷ **百客无敌“星期六” 2006 年**

起源	美国
车架材质	钢
传动装置	27 速
车轮参数	16 英寸（40 厘米）或者 20 英寸（50 厘米）

“星期六”（SatRDay）这款自行车高座、高把、高架，后架可折叠，但是看起来相当笨重。然而，由于其巧妙的设计，它可以折叠得足够小，大一点的旅行包或手提箱就能装得下。

◁ **HP 速技“蝎子”2007**

起源	德国
车架材质	铝
传动装置	27 速
车轮参数	20 英寸（50 厘米）

这款卧式三轮车专为追求速度和长途旅行而设计，采用轻质铝合金车架，轴距很长。前后悬挂减震装置是完全可调节的，并且不受骑车者蹬踏动作的影响。

▷ **挑战者“飓风”2009**

起源	荷兰
车架材质	铝
传动装置	14 速
车轮参数	20 英寸（50 厘米）

这款中型赛车具有不同寻常的后悬挂减震设计，车架下方有中央减震器。悬挂减震装置枢轴后掠，与椅背中脊相接，保持高功率输出，使得骑行更顺畅。

高性能双人自行车

没有哪些自行车能像双人自行车那样转头。与其他类型的自行车一样，它也是在19世纪90年代发明的，它们的设计，包括所使用的材料，也在稳步发展。虽然目前大多数车型都是为旅行而设计的，并且由钢铁制造，但是也出现了碳纤维赛车以及双人座的越野车型。早期双人自行车的缺点之一是尺寸太小，为了保持车身强度和刚度，车架很短，使得骑乘者的姿势很不舒服。现代材料的使用，意味着车架可以更长，而不会降低其整体性能，从而塑造更愉快的骑乘体验。当然，车架更长，意味着现代双人自行车的存放和运输比旧式双人自行车更棘手。一些制造商认识到了这一点，如轨道（Orbit）和桑塔纳公司，他们生产了设计精妙的"可拆卸"车架，可在几分钟内拆分整车。

△ **文塔纳 El"蒙大拿征服者"2015**

起源 美国

车架材质 铝

传动装置 27速

车轮参数 26英寸（65厘米），27英寸（68厘米），或者29英寸（73厘米）

前后都有悬挂装置，车架几何形状相当独特。为了在更小空间转头，设置了较短的轴距，适合在任何小路上骑行。文塔纳公司的老板舍伍德·吉布森原来是越野自行车车手。

△ **轨道"顶峰"2015年**

起源 英国

车架材质 钢

传动装置 30速

车轮参数 26英寸（65厘米）或者28英寸（70厘米）

从20世纪50年代开始，轨道公司就在约克郡制造双人自行车，在2015年生产了18种不同的型号。"顶峰"款自行车，采用雷诺兹631车架，是利兹队鲍勃·杰克逊的订购车型，最终出品了3种型号，全部采用轨道公司的镀铬钢质前叉以及S&S公司的联轴。

可拆卸的车架

由于车身太长，双人自行车存放和运输一度都是难题。为了克服这一缺陷，一些车型如桑塔纳，在车架中设计有专用的折叠车架，可以很容易地拆开。

△ 加能戴尔 29 号 2015	
起源	美国
车架材质	铝
传动装置	10 速
车轮参数	29 英寸（73 厘米）

这辆双人自行车的铝车架，还有它直径 1.5 英寸（4 厘米）舵叉，使得骑手即使在颠簸的越野道路上也能很好地操控自行车。车轮的大小也确保了骑手能够承受路面甚至岩石的力道，而不用担心被颠出去。

△ 桑塔纳车队“钛元素”2015	
起源	美国
车架材质	铝
传动装置	30 速
车轮参数	28 英寸（70 厘米）

由于比单人自行车多了额外的车架和零件，双人自行车很少有轻便的款式。然而，桑塔纳尽全力让钛合金车架的重量低于 7 磅（3.17 千克）。桑塔纳声称：使用无缝拉伸管材，定制专用双人自行车，独我一家。

▽ 赛法“碳双人”2015	
起源	法国
车架材质	碳纤维
传动装置	30 速
车轮参数	多种轮径

法国制造商赛法（Cyfac）利用了多种制造方法，顾及各种定制规格，最终生产出这款双人公路自行车。T800H IM 碳纤维车架配有凯夫拉加固件。这款自行车的轻便和快速令人难以置信。

城市自行车

新世纪 2000 年以后，制造商将混合动力自行车更名为城市自行车，旨在吸引年轻人以及需要骑自行车上下班的成年人。这些自行车就像上世纪 90 年代后期的混合动力自行车一样，仍然有山地自行车和旅行车的元素，但在规格上差异很大。有些车型采用 28 英寸（70 厘米）车轮和光面轮胎，仅在公路上使用；而其余车型则采用 26 英寸（65 厘米）车轮，以及其他形式的胎面，成为路面尚可时骑行的理想选择。很多城市车型，其车架上装有挡泥板，有的还有货架或篮筐，它们价格低廉，采用轻质铝制造，制造厂通常在远东地区。

避震前叉 吸收冲击

△ 卡雷拉“交叉火力”2005

起源	英国
车架材质	铝
传动装置	8 速
车轮参数	28 英寸（70 厘米）

卡雷拉是一家把预算控制得很好的制造商，通常在远东地区生产重型自行车，并配备入门级零件。避震前叉旨在吸收冲击，但实际上操控响应减缓了。

抛光合金座椅

塑料挡泥板

◁ 野马“阿兹特克”加强版 2005

起源	荷兰
车架材质	铝
传动装置	8 速
车轮参数	28 英寸（70 厘米）

野马“阿兹特克”加强版自行车，是欧洲常见的现代多用途通用自行车的典型代表，技术含量不高，但是经济实惠，而且装上了防爆胎。塑料的链条护板，可以防止骑手的衣服绞到链条里，把维护成本也降至最低水平。

三重对接的铝质顶管

钢辐条 增加耐用性

▷ 加能戴尔“坏小子”2005

起源	美国
车架材质	铝
传动装置	8 速
车轮参数	26 英寸（65 厘米）

与其他城市自行车相比，这款自行车“坏小子”相对昂贵，最先综合了山地自行车的所有特质，并使其适应城市通勤的要求。轻质铝合金车架和碟式刹车，使其备受客户欢迎。

泡沫填充的轻量级座垫
采用铬钼合金钢轨骨架

带有外皮的前刹车线

塑料的水壶托

◁ 闪电“交叉道”2005 年

起源	美国
车架材质	铝
传动装置	8 速
车轮参数	28 英寸（70 厘米）

这款轻便、快速的自行车，其特点是碳纤维前叉填充了策兹橡胶，旨在吸收车架的受到的振动。车手可以立姿骑行“交叉道”自行车上下班。这款车很受他们青睐。

▽ 崔克“领航员”2012

起源 美国
车架材质 铝
传动装置 22 速
车轮参数 26 英寸（65 厘米）

崔克“领航员”自行车配备豪华轮胎，此外还有避震前叉及可调节的车把柱，是一款专为实用和舒适而设计的自行车。合金车架和大型轮胎，意味着它可以在任何地方使用，而且因其价格低廉，受到周末健身骑手的欢迎。

全地形变速器

该车型设计初衷，是用于越野以及城市骑行。配有多种变速齿轮，可适应所有的骑行环境。

▷ 帕什利“十四行诗”2013

起源 英国
车架材质 钢
传动装置 5 速
车轮参数 28 英寸（70 厘米）

“十四行诗”款自行车将传统风格的优雅与现代制造技术结合在一起，做到了两全其美。英国帕什利公司使用铬钢制造它。其复古的造型隐藏了一件事实：这款自行车比 20 世纪早期的原始版本更轻。

在城里骑自行车

第二次世界大战前，许多国家的人们骑自行车上下班是常态。随着小轿车成为主流交通工具，交通规划就不在鼓励自行车骑行。现在，为了重新把骑车者吸引回城里，城市规划者改进了自行车道。此外，自行车行业生产出了一系列适合城市使用的自行车。

更安全的城市骑行

随着城市自行车数量的增加，世界上许多城市现在都在建设单独的自行车骑行道。

世界上很多地区贫穷落后、交通不便，特别像阿富汗喀布尔这样饱受战争蹂躏的地方，自行车是当地人唯一的交通运输工具，可靠且廉价。图中，这名阿富汗男子正骑着载满喷壶的自行车去市场摆摊。他身后就是喀布尔西部的达鲁·阿曼王宫，已是一片废墟。20 世纪 90 年代，这里是塔利班和对立军阀交火最为激烈的战场之一。

货运自行车和载客自行车

这些结实的自行车在 20 世纪初期十分流行，最早是给生意人运货用的。第二次世界大战后，货运行业用上了客货两用汽车或者大货车，货运自行车就很少露脸了。直到 20 世纪 80 年代，商业开始注重生态环保，货运自行车才略有复兴。随着众多家庭寻求更环保的出行替代方式，货运自行车发展成能够搭载重物、野营装备甚至儿童的高科技车型，它们的前轮通常比后轮小，以便为载具腾出空间，同时通过降低重心提高了稳定性。某些车型还在前部配备两个车轮以提高稳定性。

直刃式前叉。质地坚硬，末端非椎体，上下一般粗

世文“大本钟”耐磨轮胎

重型双足车梯支架

△ 超级自行车公司“碾子”2015

起源	美国
车架材质	钢
传动装置	24 速
车轮参数	前轮 26 英寸（65 厘米），后轮 20 英寸（50 厘米）

坚固耐用的“碾子”自行车外观粗犷，是一款专用的货运载重自行车，适应性强。较小的后轮可以降低重心，而加长的轴距使得自行车更加稳定，即使在重负载时也是如此。还可以添加儿童座椅、货袋或挎斗。

▽ 尼货拉 4.0

起源	丹麦
车架材质	铝
传动装置	8 速
车轮参数	前轮 17 英寸（44 厘米），后轮 22 英寸（55 厘米）

这辆结实耐用的自行车的重量为 265 磅（120 千克），其巨大的前舱可以容纳 4 个小孩。座位设计考虑到安全性，座舱部分的双管铝架与钢制部分焊接在一起。

玛古拉（Magura）停车刹

防雨罩

铝座杆

世文“马拉松”加强版轮胎

◁巴布“曲线”2015

起源	荷兰
车架材质	钢
传动装置	7 速
车轮参数	前轮 20 英寸（50 厘米），后轮 26 英寸（65 厘米）

这款自行车非常适合搭载幼儿。在很多荷兰城市里的学校，这款自行车很常见。它们的载重量为 220 磅（100 千克）。防雨罩是选装件，让乘客和货物免于雨淋，保持干燥。

▷奥木牛“迷你多变”2015 年

起源	丹麦
车架材质	钢
传动装置	3 速
车轮参数	前轮 16 英寸（40 厘米），后轮 28 英寸（70 厘米）

奥木牛（Omnium）公司这款“迷你多变”（Mini-Viriant）自行车的承载能力并不是很大，车身也不长，但提升了机动性。它拥有超大的轮胎，车架没有顶梁，骑行时可以保持直腰姿势。这些特色全方位提升了骑行舒适感。

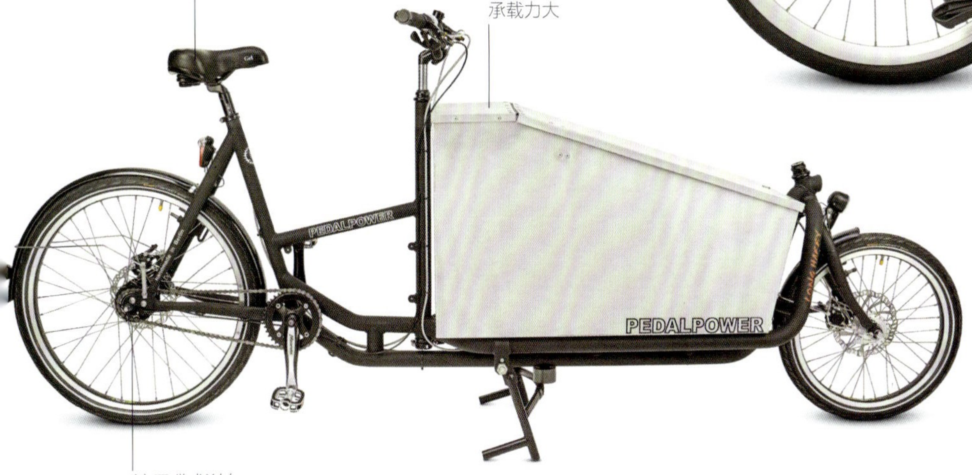

◁“蹬踏力道”2015

起源	德国
车架材质	铝
传动装置	24 速
车轮参数	前轮 20 英寸（50 厘米），后轮 26 英寸（65 厘米）

“蹬踏力道”（Pedalpower）公司的这款运货车型，全长为 104 英寸（266 厘米），几乎可以运输任何东西。车身低到快要碰到地面，但它惊人地平稳。其配备的新芬奇（NuVinci）N360，是市场上第一款持续可变自行车传动系统。

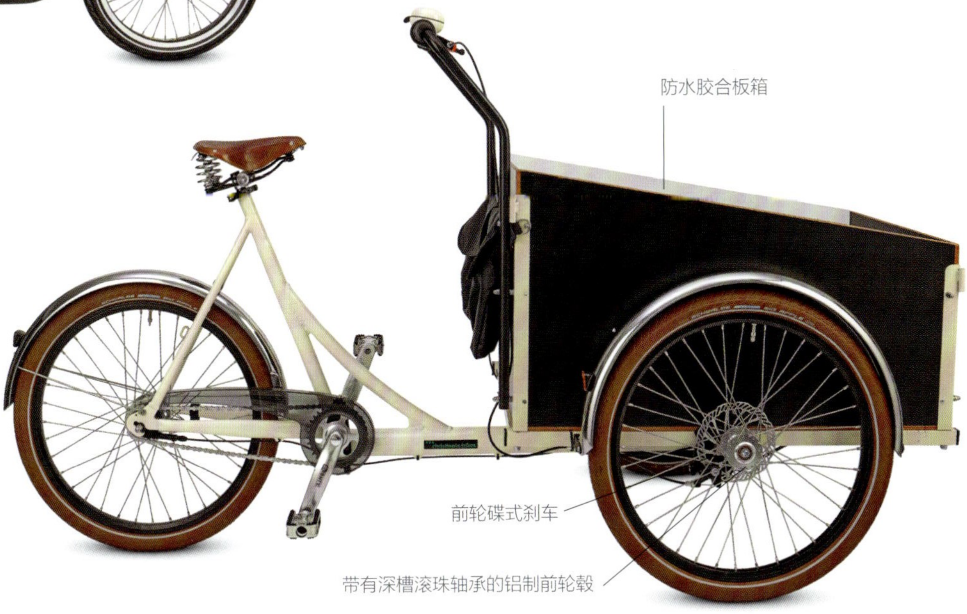

▷克里斯蒂 经典款 2015

起源	丹麦
车架材质	钢
传动装置	8 速
车轮参数	前轮 20 英寸（50 厘米）

克里斯蒂的镀锌钢制三轮自行车在前轮上采用了碟式刹车，大大缩短了制动距离。手刹兼具停车功能，增加了安全性。

通勤自行车

1981 年，第一辆山地自行车问世，之后它们成为上班族的流行选择：它们凭借坚固的车架和强大承载能力，可以兼作多用途车型和运动车型。1988 年，混合动力自行车作为新车型面世，迎合了众多城市骑手不断增长的需求。混合动力自行车结合了山地、公路、旅游众多车型的特点。专为通勤设计的混合动力自行车具有平直的车把、宽大的轮胎，其骑行舒适度高，载重能力强，品种丰富多样，可适应各种路面。小轮折叠自行车，是上班族的另一种常见选择。通常大家可以骑小轮折叠自行车上班，把它折叠好还可以带上公交车。

▷ 蒙太格“瑞士自行车”XC90 2007

起源	美国
车架材质	铝
传动装置	30 速
车轮参数	26 英寸（65 厘米）

“瑞士自行车”XC90 是一款高性能的折叠式山地越野自行车。它有全尺寸的 26 英寸（65 厘米）车轮，在折叠自行车中很另类。车架中间的基础部分是一个长方形，三角形后车架可以沿中轴旋转 180 度。这样，折叠后的车身就可以很紧凑。

车架设计独特，可折叠，能旋转

后轮碟式刹车

车架可以在几秒钟内折叠

单管车架设计

内置后托架和运输轮

◁ 布朗普顿折叠自行车 21 世纪初

起源	英国
车架材质	钢
传动装置	5 速
车轮参数	16 英寸（40 厘米）

这款自行车于 1975 年首次推出，在众多城市中无处不在。其独特的设计使其折叠方便、体积紧凑，非常适合骑行者搭乘公共交通工具时携带。它敏捷、稳定、高度灵活，适于城市道路骑行。

混合动力自行车

混合动力自行车是山地车的衍生品。1988 年，兰令一马当先引领风尚，紧随其后的是比安奇。混合动力自行车意在保持山地自行车良好的刹车性能、宽传动比，以及直立的骑行姿势，但是所装备的却是公路自行车上常见的轻型车架和窄轮胎。混合动力车有不同类型，大多数可以用于城市骑行和休闲骑行。

▷ 酷斯“牛津”约 2010

起源	美国
车架材质	钢
传动装置	21 速
车轮参数	28 英寸（70 厘米）

这款自行车采用双头对接钢车架，还有避震前叉，适用于在野路上骑行。这意味着即使在崎岖的地形上，骑行也很舒适。它的重量偏向于后轮，用以增加骑行稳定性，提升越野“抓地”力。

刹线 控制 V 形刹车

追求速度的细长轮胎

△靛蓝 折叠自行车 2013

起源	英国
车架材质	铝
传动装置	3速
车轮参数	16英寸（40厘米）

靛蓝（Indigo）折叠自行车的车架参考了代步车的设计，下管车架是大方口铝管。车把和座杆高度可调，使自行车很容易折叠。

▷大行“威格”P9 2014

起源	中国
车架材质	铝
传动装置	9速
车轮参数	20英寸（50厘米）

大行“威格”（Vigor）采用厚胎，操纵性和稳定性都很优秀。铝质车架、前叉、车轮减轻了车体重量。车子很容易折叠起来，体积小巧。

◁马林 费尔法克斯 2014

起源	美国
车架材质	铝
传动装置	27速
车轮参数	28英寸（70厘米）

费尔法克斯款自行车专为城市多功能用途而设计。变速齿轮各种各样，碟式刹车功能强大。车身配有平把、铝制车架，还配有车筐和挡泥板，故可兼作旅行车。

前沿的设计

经过近一个半世纪持续不断的发展，自行车设计和技术特点越来越受到专业化单一方面的影响。有的自行车如饥似渴地追求速度，把一系列零部件融入车架，以此优化气动效率。还有的自行车名曰“胖墩”车，装上了防爆胎的超大号轮胎，在雪地或沙滩上畅行无阻。现在，自行车的形状、尺寸、规格丰富多样，不拘一格，可以满足任何品味的要求。从一级方程式赛车专家，到世界知名自行车品牌商，这些独领风尚的专业人士重新定义了碳纤维等前沿材料的性能。不过，工匠们仍然有空间，利用纯粹主义者喜爱的钢材，手工制作出卓越的作品。

▷ **佩戈雷蒂“马赛罗”2012**

起源	意大利
车架材质	钢
传动装置	订制
车轮参数	28 英寸（70 厘米）

达里奥·佩戈雷蒂（Dario Pegoretti）制造的每一个车架都是独一无二的，无论是涂漆、外形，还是意大利工匠谜一般随性添加的那些标志性细节。“马赛罗”采用了佩戈雷蒂式氩弧焊接钢管，这种钢管的直径比大多数钢架管材大，可提升骑行品质。

◁ **里奇“突击队”2015**

起源	美国
车架材质	钢
传动装置	订制
车轮参数	26 英寸（65 厘米）

“突击队”自行车是由山地自行车先驱汤姆·里奇制造的，只不过所提供的现成部件只是车架。它借鉴了经典越野自行车的“胖墩”风格，装有超宽轮胎，适用于沙滩、泥地、深雪这样的松软路面。

▷ **卡特勒姆“卡里二重唱”限量版 EPS 2015**

起源	英国 / 德国
车架材质	碳纤维
传动装置	22 速
车轮参数	28 英寸（70 厘米）

这款带电动助力转向系统（EPS）的车型由卡特勒姆汽车公司设计，在 2015 年限量发售 73 辆。这标志着这家英国跑车品牌到 2015 年，已经问世 73 年。“卡里二重唱”售价约为 15000 英镑（约合 25000 美元）。这辆精妙绝伦的自行车采用独特的“双刃”（Duo Blade）式车架，可疏导自行车周围的气流。

佩戈雷蒂“大镰刀”碳纤维前叉

▽ 圣克鲁斯 V10 CC 2016

起源	美国
车架材质	碳纤维
传动装置	7 速
车轮参数	27.5 英寸（70 厘米）

圣克鲁斯 V10 CC 在很多高水平速降比赛重屡次获胜，名声比其他山地自行车要大。这款自行车是最先进的全避震自行车之一，它的碳纤维车架足够结实，适合速降骑行。

在行驶期间，避震系统的阻尼系数恒定不变

大直径碟刹的转子

7 个变速齿轮，为速降追逐赛准备

▽ 崔克“马东”9 系列 RSL 2016

起源	美国
车架材质	碳纤维
传动装置	22 速
车轮参数	28 英寸（70 厘米）

“赛车店限量版”（Race Shop Limited，RSL）是崔克工厂赛车顶级专业团队所用自行车的复制品。每一个零件都经过精心挑选，或系定制而成。为了追求纯粹的速度竞技，崔克公司最终生产出这款高度集成的气动型跑车。

单体成型的气动型车把和把柱

刹车和变速线隐藏在车架内

“等速”（IsoSpeed）座管提高舒适性

座管截面是“卡玛条”虚拟尾翼的翼型可改善空气动力学特性

崔克定制的中置式刹车

深轮缘、气动型碳纤维车圈

大型赛事

2012 奥林匹克女子自行车公路赛

这场女子自行车公路赛事，属于 2012 年伦敦奥运会自行车赛的一部分，于 2012 年 7 月 29 日举行。赛程的起点和终点都在白金汉宫前边，选手们先穿越伦敦中部和西南部，然后进入英国乡间。

2012年伦敦奥运会

女选手获得与男选手同期参加自行车比赛的权利，这也是奥运史上首次。

越过终点线

在非常潮湿的条件下，玛丽安娜·沃斯经过激烈角逐，赢得了她的第二个奥运会冠军。

英国选手妮科尔·库克（Nicole Cooke）在 2008 年北京奥运会上（也是在雨中）赢得了金牌，这次成功卫冕冠军。女子公路赛与男子公路赛的路线相同，但是女选手在萨里郡山路段（Surrey Hills）行经的搓板路要少一些（见对页赛程地图）。她们的骑行距离总共为 87.2 英里（140.3 公里）。

通常，公路赛一开赛，就会有几个选手先从大部队脱离出来，冲在前面，但是所有最有实力问鼎冠军的选手此时却喜欢潜行在大部队之中，彼此暗中观察。这之后，领先的车队会派出队友发起攻势，向前猛冲，试图消耗对手的体力。大部队前面的车队持续较劲，后面车队的行动策略其实也差不多。大雨的到来，意味着锋利的沙粒已冲到路面上，多名骑手的车胎因此漏气爆胎。恶劣的条件导致状况百出，一些选手还撞了车。所有的这些突发事件，都意味着有些选手失去了宝贵的时间。

第一次激烈的攻势发生在博克斯山（Box Hill）的第一个爬升阶段，英国的艾玛·普利、美国的克里斯汀·阿姆斯特朗，以及荷兰的埃伦·凡迪克，表现尤为主动。在这次著名的爬坡过程中，竞技持续进行，强度越来越大。普利迅猛向前，以致另一名荷兰选手玛丽安娜·沃斯不得不奋起直追。这意味着普利的队友莉兹·阿米斯特德（Lizzie Armitstead）可以保持原来速度前进，并能节省一点体力。最终，赛程还剩 31 英里（50 公里）的时候，有 30 名骑手已经冲在最前边，正当大家胶着在一起的时候，沃斯、阿米特斯特德、俄罗斯选手奥尔加·扎贝林斯卡娅以及美国选手雪莱·奥兹发力，与大家拉开了明显的距离。

女子公路赛开赛

从白金汉宫出发后不久，身着黄衣的荷兰选手就已“咬”了上来。丽兹·阿米特特德（中间穿白蓝衣者）与埃玛·波莉（左二）作为英国选手则紧跟大部队奋力前行。

2012年奥运女子计时赛的获胜者

个人计时赛是奥运会公路自行车赛的另一场大赛。美国的克里斯汀·阿姆斯特朗（中）赢得了金牌；银牌由德国的朱迪思阿恩特（左）获得；铜牌（这场比赛以及公路赛）由俄罗斯的奥尔加·扎贝林斯卡娅（右）获得。

赛程还有最后 15.5 英里（25 公里）的时候，奥兹的自行车爆胎，这意味着领先的选手只剩下 3 人。扎贝林斯卡娅奋力前进，她身后德国队带着大伙已经追了上来，但是并没有对 3 人组的领先地位产生任何动摇。3 名选手一直并列前进，直到她们再次到达购物中心。在最后 656 英尺（200 米）赛段中，金牌的角逐在阿米特斯特德和沃斯之间进行，她们进入了最后的冲刺阶段。结果，沃斯战胜了阿米特斯特德，以领先一个车身的优势赢得了金牌。扎贝林斯卡娅获得了铜牌。妮科尔·库克只获得第 31 名。

2013 年，沃斯获得了她的第三次世界公路赛冠军，同时也是越野赛世界冠军。到 2020 年为止，她已经赢得了 7 个越野赛世界冠军，3 个公路赛世界冠军，及 2 枚奥运会金牌。

重要事件

排行榜

金牌：玛丽安娜·沃斯，荷兰

银牌：丽兹·阿米特斯特德，英国

铜牌：奥尔加·扎贝林斯卡娅，俄罗斯

赛程

女子公路赛的赛程长达 87.2 英里（140.3 公里），起点在伦敦白金汉宫前的购物中心。始发路线穿过伦敦市中心，然后转向西南，直奔萨里郡里士满，与汉普顿宫赛段会合，然后通过维桥往萨里山。接着，继续向南到果木雪尔，然后向东到多尔金小镇，在那里赛段向北转了一小段，陡峭的博克斯山区爬坡赛段开始了。经历博克斯山上下两圈艰难的赛道后，女选手们通过莱瑟黑德、埃舍尔和泰晤士河畔的金斯顿后返回伦敦。她们重新进入里士满公园那条出伦敦时经过的路线，并再次返回白金汉宫前边的购物中心。玛丽安娜·沃斯以 3 小时 35 分 29 秒完成比赛。总共有 66 名车手出发，其中 7 名未能完成比赛。

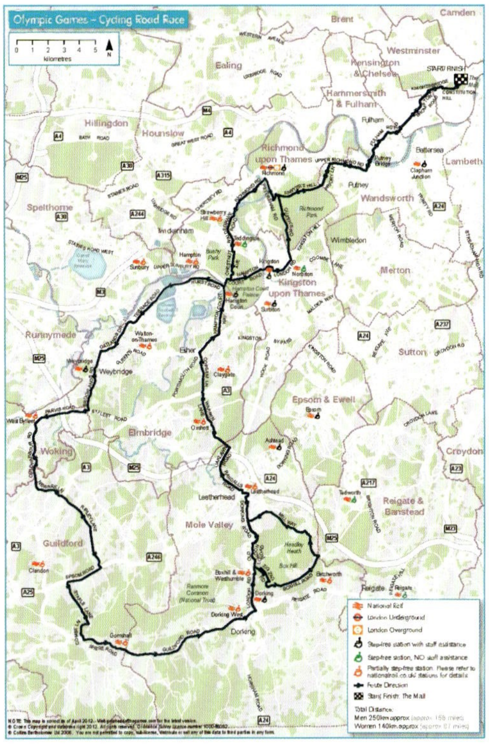

伦敦奥运公路自行车赛地图

男子和女子的公路自行车赛路线相同。在著名的博克斯山陡峭路段（右下角），女子需要骑完 2 圈，男子需要骑完 9 圈。

“这**意味着什么**？ 这意味着四年的付出得到了**回报**。”

丽兹·阿米特斯特德在获奖后的仪式上接受采访。

LCL LCL
sky
sky
DOGMA
SKODA

专业公路自行车骑行需要骑手具备惊人的体能水平，他们踩着踏板穿越炫美的风景，接受成百上千观众的助威。著名的盛大赛事——环法国、环意大利和环西班牙自行车大赛——在 3 周的时间内赛程覆盖数千英里。图中，是 2013 年环法自行车赛的一幕，英国选手克里斯 · 弗罗姆（左下，一马当先，穿着绚丽的黄色球衣），代表天空队，正在艰难的山地赛段奋力骑行。

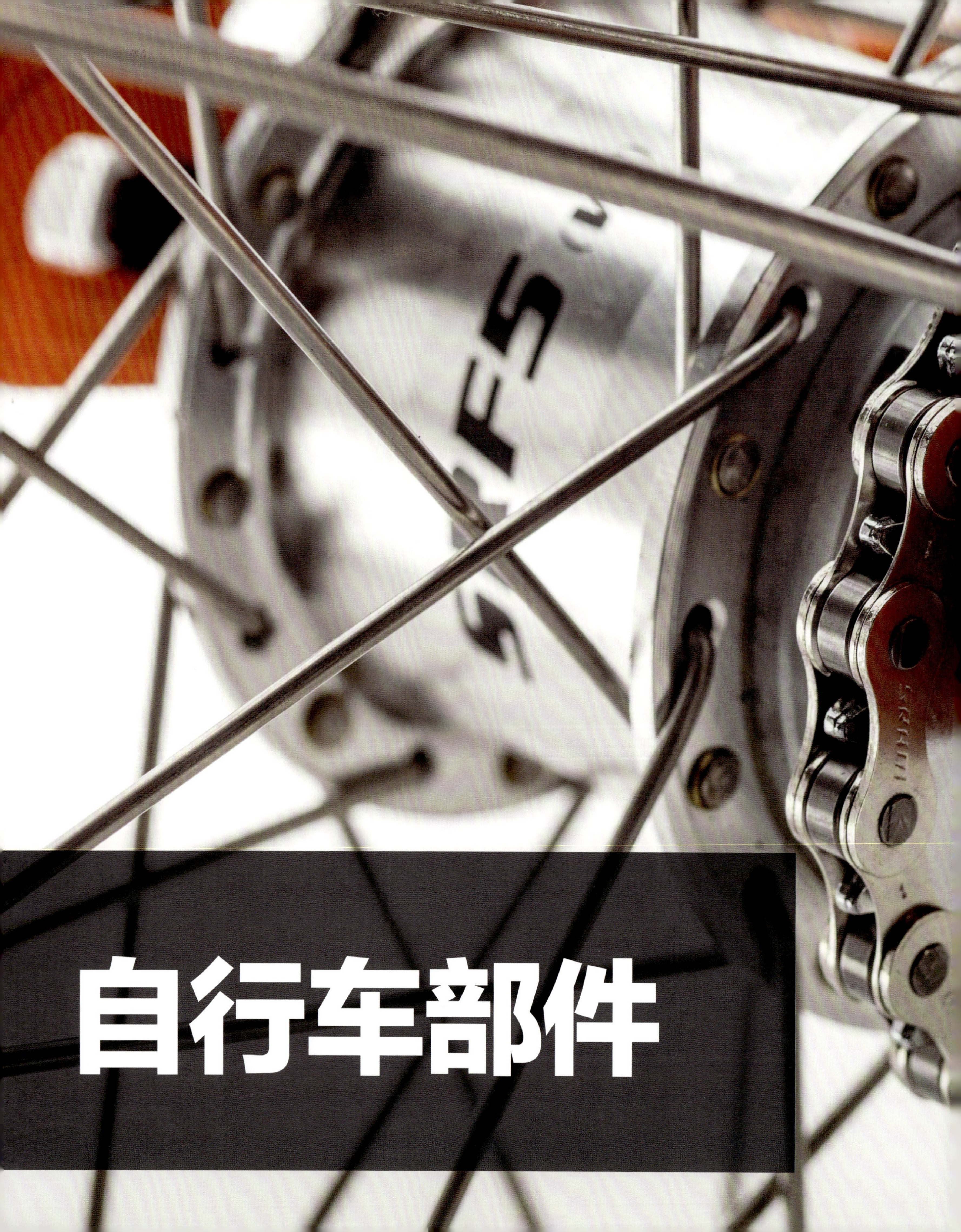

自行车部件

自行车剖析

人们跨上自行车，骑行平稳，出行方便，却很少顾及组成自行车的零部件。只有骑行者停下来检查脱落的链条或者刹车皮时，才会明显注意到各部件的相互关联是如此精巧复杂。车架就好比是自行车的骨骼，而关键的接触点——座垫、踏板和车把，则构成了骑行者和自行车之间的关联界面。刹车和变速系统控制着自行车的上的主要力量——加速和减速，而车轮则可以将人的脚踏力转化为持续的动力。

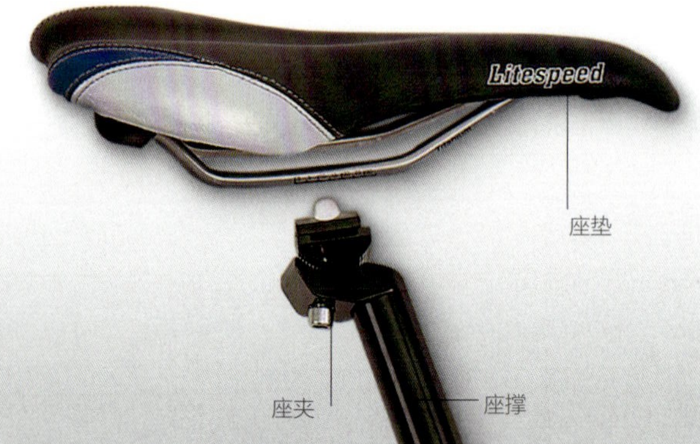

车架设计

车架是自行车的核心，其他一切——潜在用途、骑行品质和零部件选择，都依赖于它。自行车车架可以用多种材料制造，从常用的钢铁、铝和碳纤维到不那么常见的钛、木材和竹子。无论选择何种材料，车架必须足够坚硬，以便支撑骑行者和其他设备，并且可以保证从曲柄到后轮的高效动力传输，同时要赋予骑行者舒适、充裕的骑行空间。车架的主三角架，由座管、顶管、下管和头管组成；此外还有后三角架，主要是协调后下叉和座撑。大多数自行车的车架仍然是基本的菱形（或曰钻石形），这种样式首次问世已经是 19 世纪 90 年代的事了。

车架材料

每种材料都有其特性。钢材承力性能更宽裕，方便加工修理，早已闻名。而铝车架在崎岖地形传递颠簸力道，所以碳纤维就成了替代材料。钛不会生锈，不易腐蚀，强度高，重量轻，但价格偏贵。

钢制车架，通常采用管接头——管材接入预制的套管，再通过焊接或者氩弧焊接这样的电焊工序连接在一起。圆角钎焊则是另一种工艺方法，管材彼此通过斜接或对接的方式拼在一起，拼接处用黄铜或青铜焊接加强。

世佳品“说不”自行车 2000

钛车架，需要精心焊接才能将管材连接在一起，这使得它们与钢车架和铝车架相比非常昂贵。管材可以通过一种利于粘合其他材质的稀有材料粘连在一起：例如碳纤维座撑，就采用了这种胶粘剂。

施文“派拉蒙”钛自行车 20 世纪 70 年代

碳纤维车架，可以被制造成一体成形的（连续模制件），也可以利用胶质，将预制成型管材与内管接头或外管接头粘结在一起。碳纤维车架有多种可定制的选择，可以根据特定目的，对所选碳纤材料的弹性和硬度进行调整。

闪电“鲁贝”自行车 2009

剎车与传动装置

掌握平衡和踩踏基本技巧后，刹车和变速就成了自行车骑行中最重要的两项技能。但是停车和变速的简单性掩盖了执行这些功能的机械部件的复杂性，各种不同的制动和变速技术——从线缆制动的轮辋刹车，到液压的碟式刹车，再到电子变速器——多年来一直在发展。

刹车对在任何自行车的安全骑行都至关重要，因此必须对其进行充分调整并定期检查，以确保其有效运行。刹车皮磨损对轮辋刹车来说可能是一个特殊问题，因为附着在轮辋上的水和砂砾会对刹车皮产生侵蚀，在这种潮湿肮脏的情况下，轮毂或碟式刹车往往更有效一些。对于齿轮组而言，传动系统可由单个固定齿轮或多达 30 个变速齿轮组成，此时保证调速的极致精准以及链条的超级润滑，至关重要。

刹车的类型

刹车是自行车最必要的特征——因为要是没有这套能让车子停下来的玩意儿，最早的“震骨机”也绝对不会发展起来。现代自行车的刹车根据其在车轮上的位置，而有三种主要类型：轮辋刹车、轮毂刹车和碟式刹车。通过操纵安装于车把上的杠杆，轮辋刹车和碟式刹车可以通过金属线缆或液压管线启动，而轮毂刹车几乎总是通过线缆进行操作。

轮辋刹车

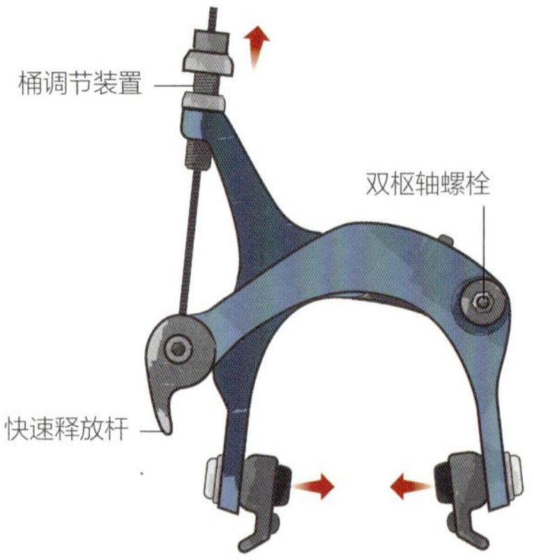

双枢轴卡钳式刹车

侧拉式刹车钳是双臂结构，通过收紧双臂，将两个橡胶刹车皮压在轮辋上，从而产生阻力。广泛用于公路自行车。

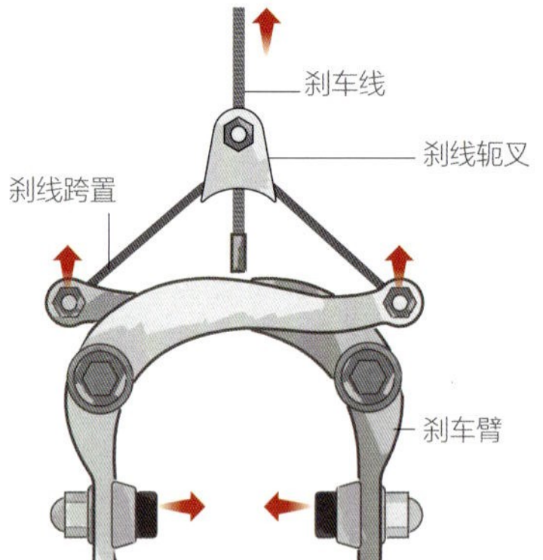

中拉式卡钳刹车

这是一种 20 世纪六七十年代的流行设计，具有两个对称的刹车臂。刹车线通过轭叉连接两臂，将拉力均匀地分布在两臂上。

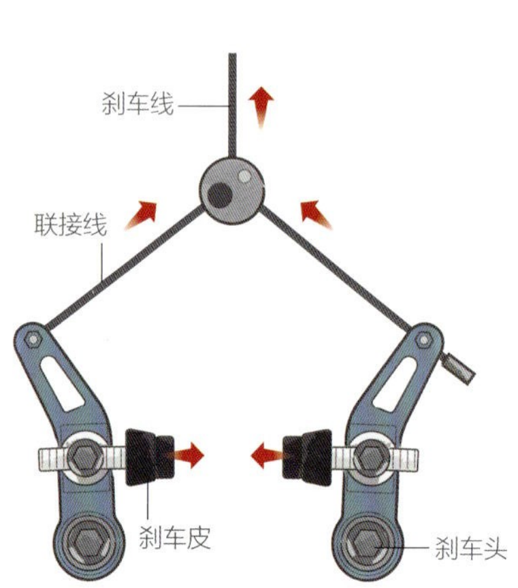

悬臂式刹车

这种刹车系统在越野自行车上很常见，具有良好的清除泥浆的能力。两个悬臂铆接在刹车头上，刹车头再与车架或前叉相连。

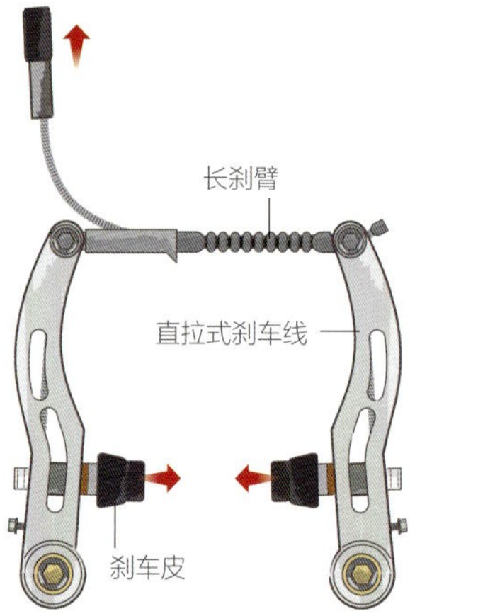

V字刹车

这是一种悬臂式刹车装置，只不过刹车臂更长，可提供更大的力臂，刹车能力也就更强。在混合动力车、童车、短程山地车上很常见。

轮毂刹车

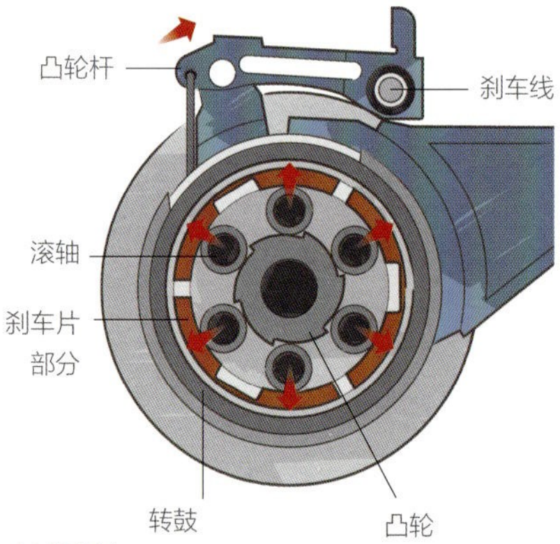

轮毂刹车

轮毂刹车有一个刹车片和一个内置于轮毂壳内的滚筒。拉动刹车手柄时，刹车片向刹车鼓外边移动，产生摩擦力，从而减慢轮子的速度。轮毂刹车很可靠，经常用于多用途和通勤自行车。

碟式刹车

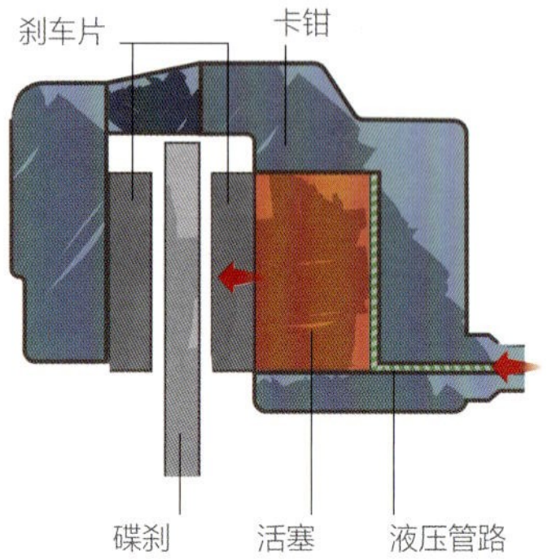

液压碟式刹车

碟式刹车包括一个用螺栓固定在轮毂上的“转子”以及一个用螺栓固定在车架或前叉上的卡钳。卡钳内有两个刹车片，它们向碟刹收紧，使车轮减速。非常强大的碟式刹车在山地自行车上很常见，但也用于公路和越野自行车。

传动系统的构造

动力传动系统是一系列零件的组合，它们将骑行者上下蹬踏踏板产生的力量转换到后轮，再由后轮驱动全车前行。链条将轮组与飞轮连接起来，这两组部件共同确定传动系统的传动比，并因此确定自行车对应于地形变化和骑行者的力量应该采取多快的速度。在大多数自行车上，会使用轻便且相对便宜的前后齿拨（变速器）。而内部轮毂变速齿轮更耐用，但更重、更昂贵。

链条解析

所有动力传动系统的基本组成部分就是链条。骑行者通过轮组，将动力输出，链条则将链轮组与飞轮及后车轮连接。因此，链条必须足够坚固、足够有弹性，才能够咬住齿盘和链轮，并能让齿拨把一个齿牙分导到下一个齿牙。

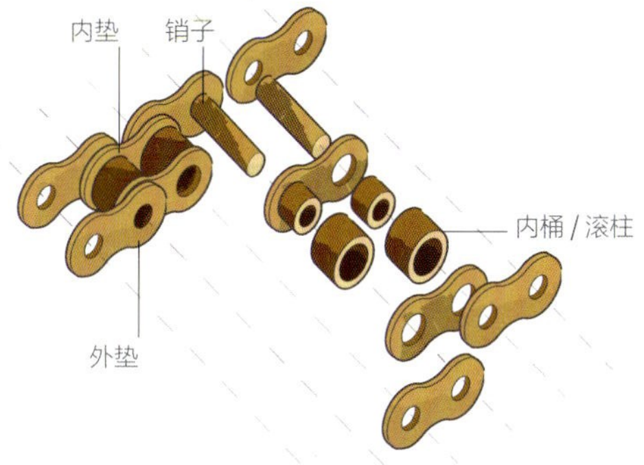

轮组和飞轮

图中这种轮组包括两条曲柄，踏板连接在曲柄上面。此外，还有连接链条运行的齿盘。飞轮由不同尺寸的链轮组成，接受链条传导的驱动力，并将其传送至后轮。

后变速器

外形上大致是个平行四边形，可左右摆动，使链条从一个链轮“脱轨”转到另一个链轮；还可使链条处于张紧状态，以防止链条在与较小的链轮或齿盘啮合时发生下垂。后变速器通常由安装车把上的杠杆或开关控制，使骑行者可以快速地完成换挡。

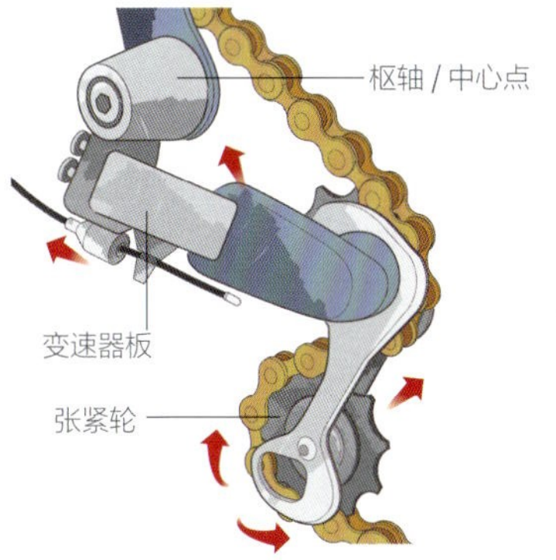

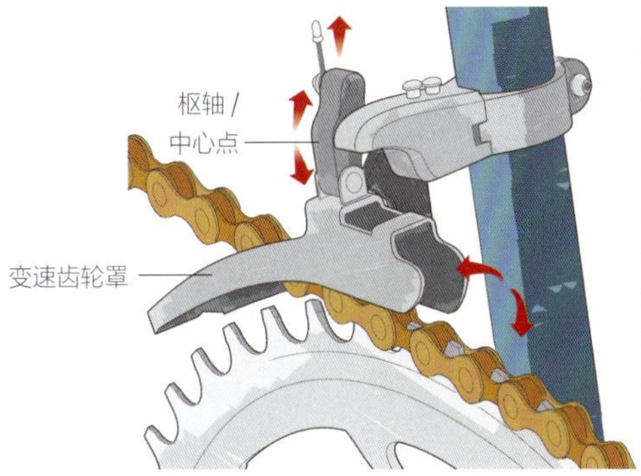

前变速器

与后变速器一样，前拨链器也采用了平行四边形设计，可左右摆动，将链条从一个齿盘“拨”向另一个齿盘。前后两个变速器通常都是通过张紧线缆来控制的，该张紧线缆也用来连接齿拨和换档装置。越来越受欢迎的是电子变速器，通过手柄上的开关就可以激活电子变速器中的小型电机。

内部轮毂变速器

在轮毂内部装有复杂的换档机构，性能可靠，使用寿命长，并且几乎不受雨水和污物的影响。链条驱动的外部飞轮，与内部齿牙和齿环相连接。选定哪个齿轮，是内外部件相互作用的结果。

组合控制杆

大多数现代自行车都具有组合式控制杆，可将刹车杆和变速杆同时整合在一个部件单元中，使骑行者可以同时制动或换档。

接触点

虽然车架是确定自行车的操控和骑行品质的关键，但是骑行者与自行车、自行车与地面的接触点对于自行车骑行的整体“感觉”同样重要。选择什么类型的车把、车座或踏板，会影响骑行者与自行车的互动感。而骑行者做出蹬踏、制动、速降、攀爬或转弯等动作时，车轮结构和轮胎的选择也能发挥一定作用，影响到自行车的动作响应性与骑行的舒适度。避震系统（悬挂系统）可以对骑行者在自行车座垫上的体验产生极大的影响。山地自行车有着最复杂的避震系统，其中减震器可以在崎岖的地形上提供 8 英寸（20 厘米）或更长的车轮行程。一些多用途和混合动力自行车也配有悬挂系统，以提高舒适性，而碳纤维公路自行车可能会通过调校，或在车架内置入软管以提高舒适性。

座垫设计

座垫也许是骑行者和自行车之间最重要的联系，它支撑着骑行者的大部分体重。大多数座垫都具有固定在座杆上的平行导轨，允许进行定量的前后调整，以实现最佳骑行姿势。

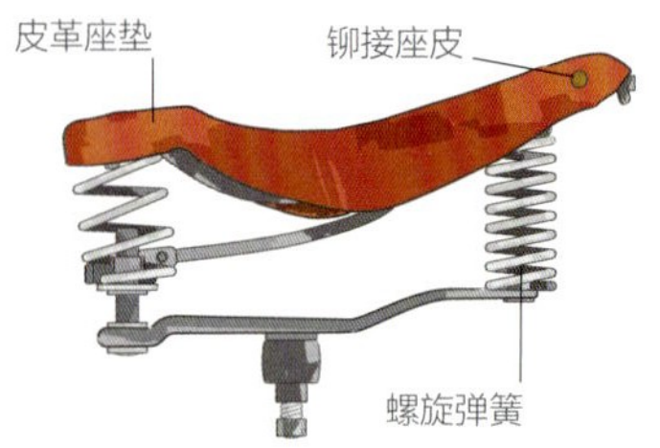

皮革座垫

传统上，座垫是由一块铺设在螺旋弹簧钢架上的皮革制成的。随着时间的推移，皮革将变形，并成为属于骑行者专有的独特形状，以提供极致的舒适感。

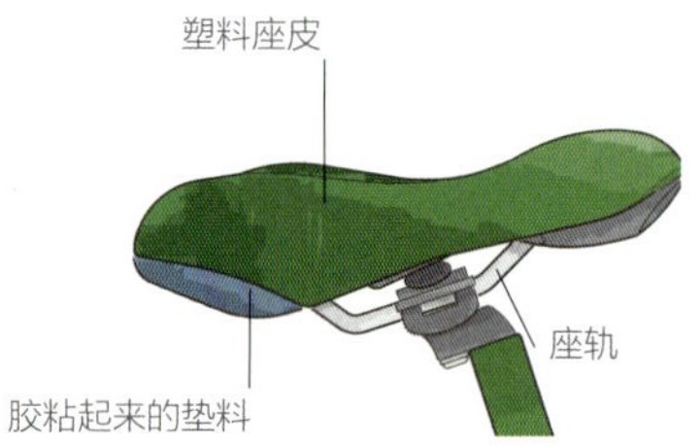

休闲座垫

垫料填入预制基材（通常为半柔性塑料）与塑料或皮革座皮之间。现代垫料的成分可以是硅胶，也可以是三明治状的泡沫塑料。休闲座垫的垫料通常还会额外添加一些。

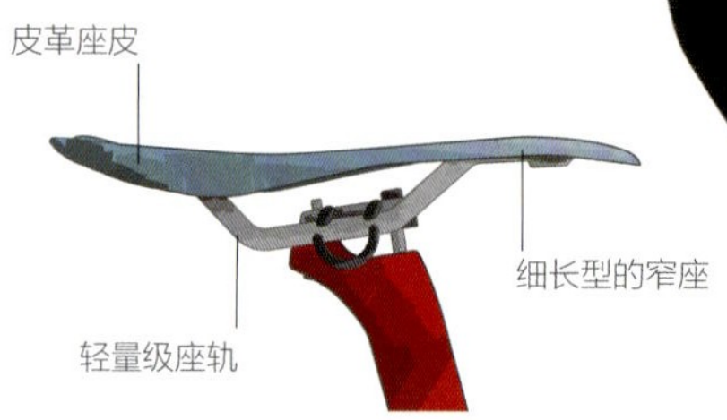

功能座垫

功能性座垫往往外形狭窄，填充物料很少，承载骑行者的各项性能得以优化。碳纤维基材和钛座轨可以实现轻量化并达到高强度。

踏板

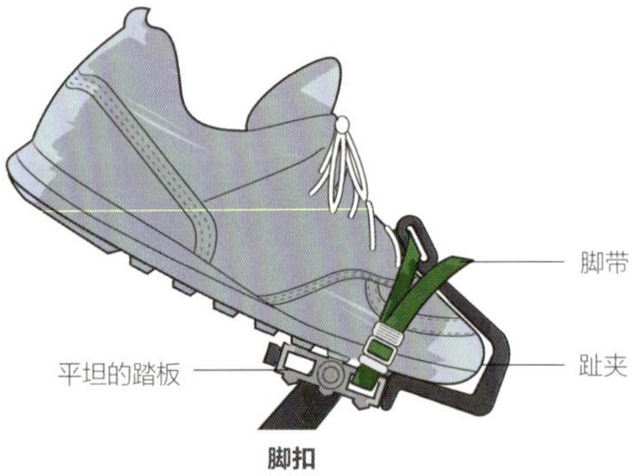

脚扣

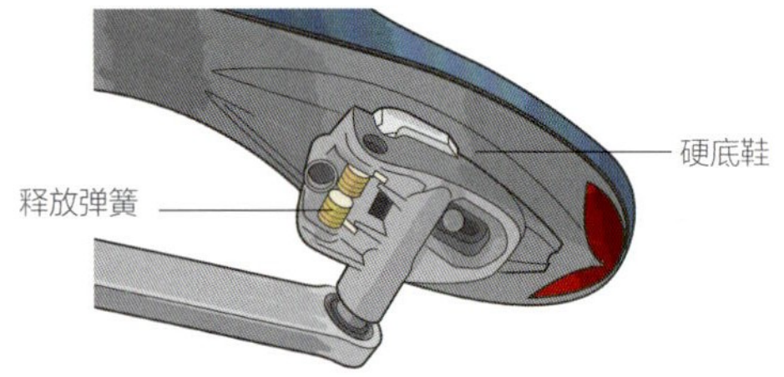

公路自行车自锁踏板

大多数自行车都有平坦的踏板（脚蹬），有时会配有趾夹和脚带，方便将鞋放在踏板上。高性能自行车使用无趾夹踏板，其机械结构可卡扣到专用运动鞋上。对于公路自行车，无趾夹踏板倾向于采用更轻更宽的设计，以提高传动性能。而山地自行车的踏板更加坚固，设计上考虑了清除泥浆的需求。

车把的类型

车把是骑行者掌控自行车的首要部件。针对选定的骑行类型，车把必须提供充裕的把位。下降式车把通常用于公路自行车，把位有几个，可缓解长时间坐姿骑行产生的压力和紧张感。山地自行车使用平把或上升式车把（或叫立把），把位略少，但骑行者获得一个握持更牢固、更安全的操作台，即使在崎岖小路也可安然骑行。给车把装上橡胶把手，或者采用压胶的车把，都是必不可少的措施，可防止双手受到来自路面震动、颠簸和冲击。

上升式车把

下沉式车把

避震技术

随着时间的推移，许多类型的前后轮悬挂装置已经开发出来，但主要的进步来自于20世纪90年代，那时候，山地自行车设计师开始借鉴摩托车技术。虽然越野骑行是避震装置的主要应用场景，但一些城市自行车也装备了减震设备。

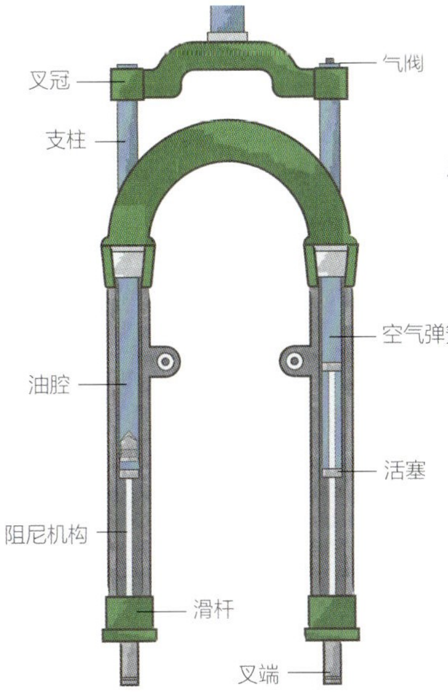

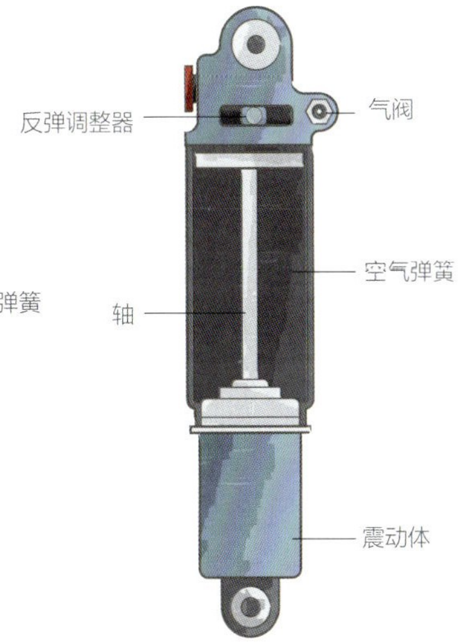

前悬挂装置

最流行的前避震装置包括：一副可伸缩的前叉、一套弹簧（气压式、金属线圈式或橡胶）、一个位于滑块和支柱之间的阻尼器（介质通常是油）。当阻尼器控制住前叉反冲的速度时，弹簧吸收来自道路的震动。

后悬挂装置

一些配有前悬挂装置的自行车同时也装备了后悬挂装置，进一步缓解了骑行者所受到的冲击。后悬挂装置需要：一副枢连着后轮三角架的车架；一套减震组件，带有弹簧和阻尼器，可控制上下颠簸。

车轮结构

自行车轮由轮毂和轮辋组成，轮毂和轮辋由一组辐条或其他支撑系统（例如碳纤维碟式轮盘）连接。车轮必须坚固轻便，保证将其重量降到最低，骑行才能不费力。

轮毂

通过快速释放机构，轮毂通常紧夹在车架中。轮毂内的松动轴承或密封轴承使得车轮可以平稳地旋转。

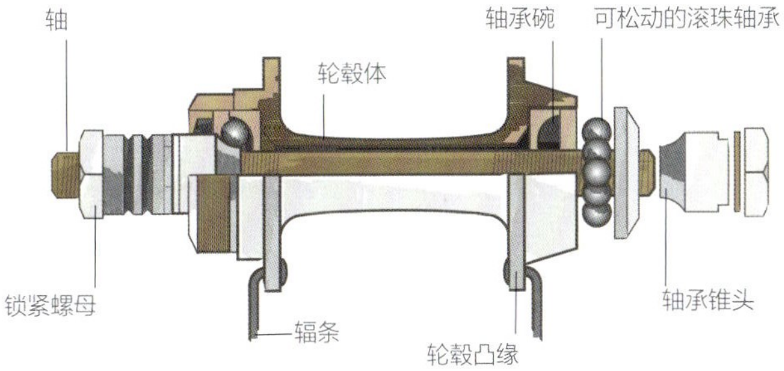

轮辋

轮辋支撑轮胎，并且为带有轮刹装置的自行车提供刹车面。无胎轮辋允许使用低压轮胎，紧钳轮辋是标准类型，而管状轮辋则用于竞技自行车。

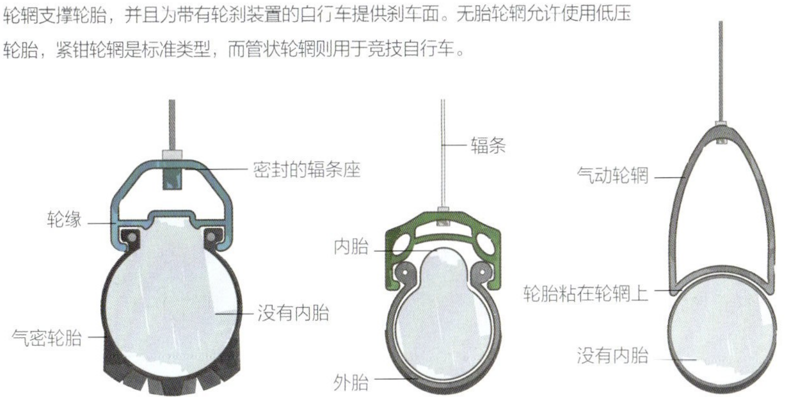

无内胎的轮辋　　紧钳轮辋　　深缘管状轮辋

索引

Page numbers in **bold** refer to main entries

D

E

F

G

U

V

W

X

Z

致谢

The publisher would like to thank the following for their kind permission to reproduce their photographs:

(Key: a-above; b-below/bottom; c-centre; f-far; l-left; r-right; t-top)

12 TopFoto.co.uk: Roger-Viollet (bl). **13 Alamy Images:** Uber Bilder (clb). **Lesseps:** (cra). **16 Alamy Images:** Universal Art Archive (tl). **Nationaal Fietsmuseum Velorama, the Netherlands:** (b). **17 Archives du Calvados:** Collection de Sanderval (cr, c). **Sterba-Bike:** (ftl, tr). **RMN:** René -Gabriel Ojeda (ftr). **The Art Archive:** Collection Grob / Kharbine-Tapabor (cra). **24 TopFoto.co.uk:** Roger-Viollet (cl). **Michael Valenti:** (tr). **24-25 Rex Shutterstock:** Roger Viollet. **25 A.S.O:** GEOATLAS.com (tr). **Rex Shutterstock:** John Pierce Owner PhotoSport Int (tl). **31 Colnago:** (br). **36 The Bicycle Museum of America. 40 Alamy Images:** Universal Art Archive. **41 The Art Archive:** Collection IM / Kharbine-Tapabor (tl, br). **46 Courtesy of Campagnolo:** (tl, b). **47 Cannondale Bicycle Corporation:** (ftr). **Gerard Brown:** (br). **Courtesy of Campagnolo:** (ftl, tl, tr, cra, clb). **Chuck Schmidt / velo-retro.com:** (cla). **56-57 Getty Images:** Keystone-France. **60 Alamy Images:** The Art Archive (tr); Universal Art Archive (ftr). **Offside Sports Photography Ltd:**Archivi Farabola (cla). **60-61 AF Fotografie:** (b). **61 Marco Ferreri:** (br). **Rex Shutterstock:** Olycom SPA (tr). **64 Copake Auction Inc,:** (tr). **68 Alamy Images:**Universal Art Archive. **69 Gerrit Does:** (crb). **Offside Sports Photography Ltd:** L'Equipe (ca). **72 Alamy Images:** Vintage Archives (bc); Universal Art Archive (bl). **Getty Images:** Frank Pocklington (tl). **Raleigh UK Ltd:** (cr, cla, fbl). **73 Alamy Images:** Universal Art Archive (cra). **Raleigh UK Ltd:** (fcra). **74 Copake Auction Inc,:** (cl). **77 Bianchi, Cycleurope Group:** (tr). **84-85 Magnum Photos:** Henri Cartier-Bresson. **88-89 Offside Sports Photography Ltd:** L'Equipe (c).**88 Alamy Images:** Universal Art Archive (tr). **Offside Sports Photography Ltd:** L'Equipe (cl). **89 Corbis:** Tim de Waele (tr). **Geographicus Rare Antique Maps:** (br). **94 Alamy Images:** Keystone Pictures USA. **95 AF Fotografie:** (cla). **Getty Images:** Archives / AFP (br). **96 Copake Auction Inc,:** (tr). **97 Copake Auction Inc,:** (cl, tr). **Budget Bicycle Center:** (br). **98 AF Fotografie:** (tl, cl). **Peugeot Cycles:** (bl, r). **99 akg-images:** Alfons Rath (cla). **Alamy Images:**Universal Art Archive (cra); Penrodas Collection (fcla). **Speed Bicycles:** (tr). **Peugeot Cycles:** (ftl, tl, fcrb). **Peter Kohl:** (ftr). **Roland Smithies / luped.com:**(clb). **101 The Bike Place:** (br). **102-103 Mary Evans Picture Library:** Roger Mayne. **104 Rex Shutterstock:** Colorsport (cl). **105 Speed Bicycles:** (cl). **MH Srl / www.mhsrl.it:** (br, br/1). **110-111 Copake Auction Inc,:** (b).**110 Copake Auction Inc,;**(cl). **Bukowskis:** (bl). **Steve Lee:** (t). **111 Budget Bicycle Center:**(bc). **112 Bertin Classic Cycles:** (br). **Tim Keith:** (tr). **114 Action Plus:** Imago (c). **Corbis:** Tim De Waele (bl). **Chuck Schmidt / velo-retro.com:** (ftr). **Neil Stevens :** (tr). **114-115 Offside Sports Photography Ltd:** L' Equipe. **115 www.rvv.be:** (br). **116 Copake Auction Inc,:** (tr). **117 Copake Auction Inc,:** (cr, tl).**118-119 Getty Images. 120 Science & Society Picture Library:** (tr). **121 Copake Auction Inc,:** (bl). **Budget Bicycle Center:** (tl). **124 Chisholm Larsson.125 Joe Breeze:** (cl). **Rex Shutterstock:** Sipa Press (cr). **127 Danny Hellevig, Galaxy Bikes, galaxybikes.com:** (clb). **128 Speed Bicycles:** (br). **129 Getty Images:** John Burke (br). **130 Colnago:** (tl, bl, cla). **131 Speed Bicycles:** (ftl, tl, tc). **TopFoto.co.uk:** ulls282203 (bl). **133 Budget Bicycle Center:** (tl, cr). **John Watson:** (bl). **138-139 Rolling Dinosaur Archive:** Wende Cragg. **140 Budget Bicycle Center:** (tr). **Kelly Schall:** (b). **141 Collection of Chuck DeCroix:** Raymond Klass (bc). **Kelly Schall:** (tl, cr). **142 Getty Images:** Marco Garcia / Stringer (ftr, tr); Peter Read Miller / Sports Illustrated (b). **143 Corbis:** Elizabeth Kreutz (tr); Patrick Mcfeeley / National Geographic Creative (bl). **World Triathlon Corporation:** All Rights Reserved. IRONMAN® / **matkindesign.com** (br). **147 Budget Bicycle Center:** (cra). **150 Roland Smithies / luped.com:** Bicycle Posters & Prints. **151 Moulton Bicycle Company:** (br). **Press Association Images:** AP (cl). **156 Cannondale Bicycle Corporation:** (tl, bl, cr). **156-157 Cannondale Bicycle Corporation:** (b). **157 Velo Aficionado:** (tr). **Cannondale Bicycle Corporation:** (ftl, ftr, cra). **Corbis:** Stefano Rellandini / Reuters (br). **158 The Bike Place:** (br). **Musée des arts et métiers-CNAM, Paris:** Pascal Faligot (cl). **159 The Bike Place:** (bl). **Olii Erkkila:** (cr). **160 Andy Nesbit:** (cl). **Cor Vos:** (bc). **168 Budget Bicycle Center:** (bc). **Brad Farlow:** (cl). **168-169 Budget Bicycle Center:** (t). **169 Mercian Cycles Ltd:** (tr). **172-173 akg-images:** Manfred Prüfer. **174 Kelly Schall:** (tr). **175 Tim / electrongeek:** (cr). **176 Trussardi:** (cl). **177 Condor Cycles Ltd:** (br). **178 Début Art:** Vince McIndoe (tr). **Offside Sports Photography Ltd:** Offside - L'Equipe (b). **179 Andre I. Loas:**(br). **Rex Shutterstock:** John Pierce (tr). **181 Easy Racers, Inc.:** (cr). **Fred H. H. Heitmann: flickr.com** (tl). **184 Chisholm Larsson. 185 Getty Images:** Gary M. Prior / Staff (c). **Shimano Inc:** (cra). **187 Moulton Bicycle Company:** (bc). **188 Corbis:** Tim de Waele (tl). **Shimano Inc:** (cla, cra, bl, br). **189 Corbis:** BAS CZERWINSKI / epa (bl); Felix Kästle / dpa (cra). **Shimano Inc:** (ftl, tl, tr, ftr, br). **190 Leigh West:** (tr). **191 Giant, www.giant-bicycles.com:** (cra). **Bill Vetter:**(br). **196 Ray Stone:** (tr). **198 Speed Bicycles:** (br). **The Bike Place:** (cl). **200 Budget Bicycle Center:** (bc). **Thomas Baumann:** (l). **200-201 Peter Chu:** (t).**202-203 Alamy Images:** Kim Karpeles. **204-205 Corbis:** Ales Fevzer (b). **204 Jerry E Riboli:** (cla). **IOC/Olympic Museum Collections:** (tr). **205 Getty Images:** Nathan Bilow / Allsport (cla); Doug Pensinger (tr). **www.DurangoMountainSport.com:** (br). **210-211 Gerard Brown. 212 Neil Stevens . 213 Bamboosero:** (clb). **Rex Shutterstock:** Photosport Int (br). **217 Evans Cycles. Evans Cycles:** (bl). **218 Corbis:** Imaginechina (ca). **Getty Images:** Bryn Lennon (tl). **Giant, www.giant-bicycles.com:** (bl, crb). **219 Giant, www.giant-bicycles.com:** (ftl, tl, tr, br, bl, ftr). **220-221 Evans Cycles. Evans Cycles:** (t).**220 Evans Cycles. Evans Cycles:** (cl, br). **Surly Bikes Intergalactic:** (bl). **223 Giant, www.giant-bicycles.com:** (cr). **Specialized:** (bl). **224 HP Velotechnik OHG:** (tr). **225 Bacchetta Bicycles:** (tl). **Challenge:** ELAN Recumbents (br). **HP Velotechnik OHG:** (bl). **229 Alamy Images:** Alex Segre (br). **230-231 Getty Images:** AFP PHOTO / SHAH Marai. **234-235 Montague Corporation:** (t). **235 Evans Cycles. Evans Cycles:** (cr). **236 Caterham Cycling:** (bl). **Ritchey Design Inc. :** (cl). **236-237 Gita Sporting Goods Ltd.:** Julian Andretta (t). **237 Santa Cruz Bicycles:** (tr). **Trek Bicycle:** (br). **238 Corbis:** Tim De Waele (fcla).**Jordan Trofan:** (tr). **238-239 Corbis:** Cathal McNaughton / Reuters (b). **239 Action Plus:** Christian Charisius (tl). **Collins Bartholomew Ltd :** © Crown Copyright and database right 2012. All rights reserved. Ordnance Survey Licence number 100046062. (tr). **240-241 Gerard Brown. 242-243 Gerard Brown**

All other images © Dorling Kindersley
For further information see:
www.dkimages.com

Dorling Kindersley would like to thank Richard Gilbert and Chris Sidwells for their support throughout the making of this book.

In addition, Dorling Kindersley would like to extend thanks to the following people for their help with making the book: Lauren Andrich, Public Relations Manager, Cannondale USA; Joe Breeze, Curator, Marin Museum of Bicycling, USA; Irene Chen, Giant INC USA; Lara Clarke-Wardle, Raleigh UK Ltd; Ben Hillsdon, PR Officer, Shimano Europe, Netherlands; Elliot Lambour, Communication Manager, Peugeot Biycles, France; Violet Liu, Marketing Manager, GIANT Europe B.V.; Joshua Riddle, Press Manager, Campagnolo, Italy; James Thompson, Copake Auction INC, USA; Alessandro Turci, Marketing Director, Colnago Bicycles, Italy.

The publisher would like to thank the following people for their help with making the book: Steve Crozier at Butterfly Creative Solutions, Priyaneet Singh for editorial assistance at DK India; Rajesh Singh and Ashok Kumar at DK India for assistance with image reproduction; Joanna Chisholm for proofreading; Vanessa Bird for the index; and the staff at Warwickspace Ltd, Warwickshire (www.warwickspace.org.uk) for the use of their facilities.

The publisher would also like to thank the following museums, companies, and individuals for their generosity in allowing Dorling Kindersley access to their bicycles for photography:

Bicycle Museum of America
7 W Monroe Street, New Bremen, Ohio, OH45869, USA
www.bicyclemuseum.com
Becky Macwhinney, Head Curator
Jim Elking, Museum Assistant
John Boeke, Museum Assistant

Brick Lane Bikes
118–119 Bethnal Green Road, London
www.bricklanebikes.co.uk
Maciek Wrotek

Deutsches Fahrradmuseum
Heinrich-von-Bibra Strabe 24,
97769 Bad Bruckenau, Germany
www.deutsches-fahrradmuseum.de
Mona Buchmann and Ivan Sojc

J.D Tandems
Unit 1 Cawood House,
Asquith Industrial Estate, Gargrave,
North Yorkshire
www.info@tandems.co.uk
Ruth and John Hargreaves

Iconoclassic 2015
Market Square,
Warwick Town Centre, Warwickshire
www.iconoclassic.org
Tom Price-Jones, Steve Brown, Dan Chambers, Justin Rixon, Nick Taylor, Nick Williams, Craig Smith, Caspar Lee

London Green Cycles
Chester Court, Albany Street, London,
www.londongreencycles.co.uk
Roman Magula

Murray Maclean (Private Collection)
The Nursery, Collins Farm,
Abingdon, Oxfordshire

National Cycle Museum
The Automobile Place,
Temple Street, Llandrindod Wells, Powys
www.cyclemuseum.org.uk
John Gill, Trustee

Pedal Pedlar
106 Balls Pond Road, London
www.pedalpedlar.co.uk
Wayne Blenkin

Retrospective Cycles
1–6 Crescent Mews, Wood Green,
London, UK
www.retrospectivecycles.com
Niall McCart

Stuart Bikes
The Nursery, Cote, Oxford, OX18 2EG
www.info@oxfordbicycles.co.uk
Stuart Ranson with assistance from
Tim Bartlett

Universal Cycle Centre
122 Manor Road,Maltby, South Yorkshire
www.universalcyclecentre.co.uk
Dave Marsh

Victory Show 2015
Foxlands Farm, Cosby,
Leicestershire, LE9 1SG
www.thevictoryshow.co.uk
G Bouckley, Russell Pitt, Mark Taylor